职业教育"岗课赛证"一体化教材 **国家级教学资源库线上课程配套教材**
省级精品在线课程配套教材

U0771657

主　编　熊　雯　戴文婷

本书另配教学课件等资源

中国教育出版传媒集团

高等教育出版社·北京

内容提要

本书是职业教育"岗课赛证"一体化教材。

本书以培养学生的会议运营技能为核心,以工作过程为导向,采用项目式教学的方式组织内容,每个项目来源于企业的典型案例,包括 11 个项目和 30 个工作任务,每个项目由知识准备、技能训练以及项目实训等模块组成,本书内容深入浅出,通俗易懂。

本书适合作为高等职业本科、专科院校会展策划与管理、旅游管理、工商管理、文秘等专业的教材或参考书,同时也可作为在职人员进行职业培训、职业资格考试、工作实践的指导用书。

图书在版编目(CIP)数据

会议运营 / 熊雯,戴文婷主编. -- 北京:高等教育出版社,2025. 8. -- ISBN 978-7-04-065161-4

Ⅰ. C931.47

中国国家版本馆 CIP 数据核字第 2025RS0298 号

策划编辑 张文博 钱力颖 **责任编辑** 张文博 **封面设计** 张文豪 **责任印制** 高忠富

出版发行	高等教育出版社	**网　址**	http://www.hep.edu.cn	
社　址	北京市西城区德外大街 4 号		http://www.hep.com.cn	
邮政编码	100120	**网上订购**	http://www.hepmall.com.cn	
印　刷	上海华教印务有限公司		http://www.hepmall.com	
开　本	787mm×1092mm　1/16		http://www.hepmall.cn	
印　张	17.5			
字　数	405 千字	**版　次**	2025 年 8 月第 1 版	
购书热线	010-58581118	**印　次**	2025 年 8 月第 1 次印刷	
咨询电话	400-810-0598	**定　价**	42.00 元	

会议业作为现代服务领域的主要组成部分,对促进我国经贸发展、对外交流、文化互通、产业互联、供应互链起到重要保障作用。随着全球会展经济的蓬勃发展和我国"会展十"战略的深入推进,作为会展经济重要支柱的会议产业迎来了绝佳的发展机遇,同时面临着向专业化、数字化、国际化转型的迫切需求。

作为高校旅游大类专业的重要核心课程之一,"会议运营"课程及其教材建设对培养创新型会议行业专业人才具有重要意义。基于此,本书编写团队全面落实立德树人根本任务,遵循认知规律,立足会展专业人才培养目标,以"产教融合、能力递进、实战导向"为核心理念,对教材内容进行重构,搭建"以工作过程导向"为特征的"理实一体化"的内容框架。

本书内容包括会议认知、会议策划、会议筹备、会场布置、会议准备、会议接待、会议服务、会议记录、会议收尾、会议评估与总结、数字会议认知。本书按照会议工作过程,以项目导向、任务驱动来设计体例,安排教学内容,构建"基础认知—专项技能—综合实训"三级能力培养体系,旨在介绍会议运营与管理的观念、知识与技能,帮助读者掌握会议运营的基本程序、基本方法与操作技能。

本书具有以下特点:

1. 定位准确

本书从编写的指导思想,到内容选择、体系设计、编写模式,都以培养应用型人才的综合能力为出发点。

2. 内容实用

本书采用校企合作、双元开发;联合亚展国际会展(湖南)有限公司、长沙慧诚会议服务公司等业务丰富的企业,将企业内训手册转化为11个项目、30个任务。本书不仅涵盖传统线下会议的全流程运营技巧,还紧密贴合时代发展,对线上会议、数字会议的创新模式与技术应用进行了详细阐述;突出实践在课程中的主体地位,实现"理实一体化"。

3. 形式创新

本书以会议行业需求为导向,按照会议前期筹备的策划布局、资源整合,中期执行的流程把控、现场管理,再到后期评估的经验总结、持续优化的会议工作流程展开。通过制定"学习目标""学思践行""项目框架""任务说明""任务实施"介绍每个项目的知识点、技能点;通过引用大量真实的案例,使学生在自学、争辩、讨论的氛围中理解理论知识,掌握实际操作技巧。每个项目结尾还设置"技能训练",便于学生巩固知识,并将其转化为能力。

4. 资源丰富

本书编写团队开发了全国高职会展策划与管理专业国家级教学资源库首批建设的"会议运营"线上课程资源,内含会议虚拟仿真实训平台,支持线上线下一体化教学,被认定为湖南省精品在线课程。同时,为满足教学需要,精选了一部分微课视频,读者可通过扫描书中二维码在线阅读和使用。本书另配课件资源、教案和资源库平台(含微课和习题),供教师教学使用。

本书由长沙商贸旅游职业技术学院的熊雯和戴文婷担任主编,广东交通职业技术学院的孙资颖、辽宁交通高等专科学校的杨天舒、乌鲁木齐职业大学的吴夏楠、长沙商贸旅游职业技术学院的韩燕平、王莉担任副主编,本书具体的编写分工如下:熊雯编写项目一、项目二、项目三,吴夏楠编写项目四、项目五,杨天舒编写项目六、项目七,孙资颖编写项目八、项目九,戴文婷编写项目十、项目十一,韩燕平编写项目一至项目七的技能训练,王莉编写项目八至项目十一的技能训练。

感谢长沙商贸旅游职业技术学院的黄璇、鲁浪浪、阳梦麟、黄铖、周原宇,石家庄职业技术学院的田红芳,亚展国际会展(湖南)有限公司的王海军,湖南帝爵国际会展服务有限公司的谭谈,湖南逸思文化发展有限公司的周旺对本书的编写提供了有益的建议。

本书既可以作为高等职业教育本科、专科院校旅游管理专业、会展策划与管理专业学生的教材,也可以作为会展业、旅游业以及相关行业从业人员的工作参考书或会展会议企业新员工培训用书。

由于作者水平有限,书中不足之处在所难免,恳请广大读者不吝赐教。

编　者

2025 年 7 月

目录

会议认知——识别真面目

 学习目标

通过本项目的学习,了解会议的起源、产生的基础与发展历程;了解会议的定义、特点、构成要素、分类与作用;掌握世界和我国会议业的发展历程与现状;了解会议运营岗位分类与职业要求。

知识目标：

1. 了解会议的定义、特点、构成要素、分类与作用。

2. 了解会议业的概念、特点与发展历程。

3. 了解会议运营岗位分类与运营岗位职业要求。

能力目标：

1. 能够提炼总结会议活动的构成要素。

2. 能够区分传统会议与现代会议。

3. 能够掌握会议运营岗位的分类与职业要求。

素养目标：

1. 紧跟时代发展,更新观念,培养会展与文秘、旅游专业人员应有的数字素养和运营管理的系统思维。

2. 培养具备合法申办与组织会议的基本法律意识,节俭办会的环保意识,自觉维护会议信息的安全意识和现代服务业细致的服务意识。

3. 培养使用现代数字技术解决会议运营与管理问题的意识,树立专业认同感与职业自信。

 学思践行

勇做时代奋进者

现代化国家建设对会议业提出了高质量发展的新要求:对象个性化、市场全球化、策划高端化、展演媒体化、服务精细化、运营智能化。会议业将在进一步融入世界市场和百年变局的不确定环境中,持续推进技术、模式、业态创新,迎接专业化服务、数字化融合、市场化效率、全球化竞争的考验。

当前,智慧会议、数字会议、绿色会议概念已逐渐变成一种工具和思维,影响着会议参与者的行为和做事方式,会议企业决策也逐渐由"拍脑袋"的经验决策转变为基于多元业态融合分析、经营数据分析、绿色低碳可持续分析、价值链分析、风险分析等的科学决策。每一个会议人都要培养自己的信息技术应用能力、数据分析能力、国际化视野和跨文化交流能力、创新能力以及前瞻性思维。

★思考与践行

王琳毕业于会展策划与管理专业,就职于一家会议公司。她深知现代技术的发展正在促使会议行业发生深刻的变化,基础的会场布置、会议接待等低附加值、高重复性业务正逐渐被外包和智能化的信息系统取代,会议运营正由传统的会议营销与策划转向会议设计与项目管理。企业对会议运营与管理领域的人才需求越来越大。

 项目说明

本项目首先介绍会议的定义、特点、构成要素、分类与作用;其次介绍会议产业的概念、特征、发展历程,并重点介绍新技术在会议领域的应用;最后介绍会议运营与管理人员岗位设置和职业要求。

本项目将帮助了解会议产业现状、挑战和发展趋势,会议运营与管理人员职业素养等内容,帮助王琳这样的初学者建立起对会议运营与管理的初步认知,逐步迈入现代会议行业的大世界。

 项目框架

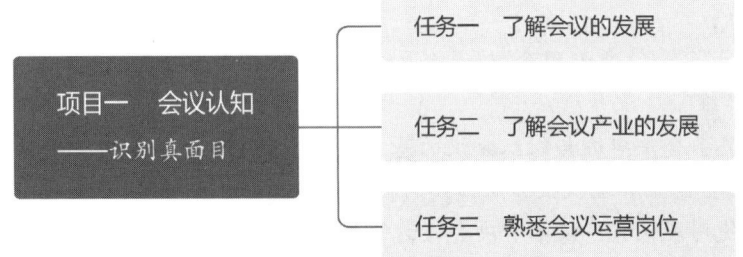

任务一　了解会议的发展

 **任务说明**

本任务通过讲解会议的起源与发展、概念、特点、类型、要素以及作用等内容,使学生对会议运营形成初步认知。通过本任务的学习,应该能够独立回答以下这些问题:会议运营是什么?不同类型会议具有什么样的特征?如何区分传统会议和现代会议?

任务实施

一、会议的起源与发展

当今世界,各种名目的会议每时每刻都在进行,大到国与国之间,小到家庭成员之间,其目的或是开展政治、经济、科技、教育、文化等方面的合作与交流,或是协调人与人之间的关系、交流思想、联络感情、解决矛盾。会议已成为人类社会活动中不可缺少的一种交流方式。

(一) 会议的起源

会议是人类社会古已有之的社会行为,其起源可以追溯到早期的人类社会。据史料记载,早在原始社会时期,部落首领召集氏族议事、选举酋长等就已经采用了会议的方式。在我国的史籍中就记载着尧召集部落酋长用会议形式决定继承人和治水人选的事情。这是会议的萌芽状态,体现了人类早期的集体决策和社会组织形式。

在中外社会发展的历史长河中,有不少关于重要会议的记载,例如,我国春秋时期,齐桓公于公元前 651 年在葵丘召开各诸侯会盟,提出"尊王攘夷"的政治主张,从而确立了自己的春秋霸主地位;又如 18 世纪 70 年代,在美国大陆会议上,与会各州的代表宣布美国独立,同时发表了《独立宣言》,从而宣布北美 13 个殖民地独立,标志着美国的诞生。

在现代社会里,会议不仅没有消失,反而被人们更高频率地使用,甚至成为许多人职场工作的主要内容。据调查,经理级和专业人员每周约有 1/4 的时间花费在会议上,而在企业,有 80% 的员工获得重视或提升是源于他们在工作和会议上的表现引起了上司的注意和赏识。由此可见,会议已经高度渗透到了现代人的职业生涯中,而每个人的会议表现,则成了领导对员工职场表现的一个评价依据。所以可以毫不夸张地说,现代社会里,只要你在工作,就一定离不开会议。

(二) 会议的发展

会议的发展经历了多个阶段。从原始社会的雏形阶段,到封建社会的成熟阶段,再到现代社会的完美阶段,会议的发展与社会经济、科技进步和文化交流密切相关。

以下是会议的发展历程:

1. 原始社会时期

会议的雏形阶段。这一阶段的会议仅为获得具体的劳动对象(或狩猎或采集),而由某一个个体示意召集而成,是一种临时和简单的群体商议过程。

2. 封建社会时期

会议的成熟阶段。人类的群体活动具有初步的组织形式之后,会议已不再是简单个体劳动的组成部分,而是对群体事务进行管理的一种方式。

3. 现代社会时期

会议的完善阶段。随着社会经济的发展,会议在人们社会交往实践中,作为一种重要的交流、管理手段逐渐发展和完善起来。现代会议不仅涵盖传统的面对面会议,还包括电话会议、视频会议等多种形式。

综上所述,会议的起源可以追溯到人类早期的部落议事,而会议的发展则是社会发展的必然结果。从原始社会的简单商议到现代社会的多样化会议形式,会议一直是人类社会进行信息交流、决策制定和文化传播的重要途径。

知识拓展

圆桌会议的起源

一、圆桌会议的概念

圆桌会议是一种平等、对话的协商会议形式,与会者(或参会者)不分等级围圆桌而坐,每个人都以平等的身份参加会议。这种会议形式强调集思广益、共同决策的原则,鼓励各方面对问题进行全面、公正的分析和讨论。

二、起源背景——英国亚瑟王传说

圆桌会议的起源可以追溯到英国亚瑟王的传说。传说中,亚瑟王(King Arthur)是5世纪时布立吞人(Briton)的首领,他有超人的本领,率领布立吞人抵抗撒克逊人的入侵。亚瑟王召集骑士开会时,不分上下席位,围着圆桌而坐,于是有了圆桌会议一词。

三、历史影响

尽管关于亚瑟王和圆桌骑士的传说有着各种各样的版本,但圆桌会议的精神则延续下来。第一次世界大战之后,这种形式被国际会议广泛采用。到今天,圆桌会议已成为平等交流、开放的代名词,是国家之间以及国家内部一种重要的协商和讨论形式。

四、起源地

圆桌会议的起源地是温切斯特(Winchester)。它是英格兰中世纪早期最强大的王国的都城,它的历史可以追溯到古罗马时期,曾是罗马帝国的军事重镇。直到11世纪诺曼人征服者威廉推翻了哈罗德二世的统治,才将伦敦定为英国首都。可见温切斯特当时在英国的地位。

五、结论

综上所述,圆桌会议起源于英国亚瑟王的传说,其精神在现代国际会议中得到了广泛应用。而温切斯特作为圆桌会议的起源地,其历史地位十分重要。

二、会议的定义与特点

(一) 会议的定义

会议是指在特定的时间和空间,通过发言、讨论、演示、商议、表决等多种形式以达到议事协调、交流信息、传播知识、推进联络等目的的一定人数的群体活动。

知 识 拓 展

会议的引证解释

1. 聚会论议

《后汉书·卷一四·宗室四王三侯传·齐武王缜传》中有："诸将会议立刘氏以从人望。"

《五代史平话·梁史·卷上》中有："僖宗使宰相会议。"

《史记·平津侯主父列传》中有："每朝会议，开陈其端，令人主自择，不肯面折庭争。"

《东坡志林·勃逊之》中有："与勃逊之会议于颍，或言洛人善接花，岁出新枝，而菊品尤多。"

《桃花扇·辞院》中有："这等又会议不成，如何是好？"

2. 有组织有领导地商议事情的集会

杜鹏程在《在和平的日子里》第一章写道："一天中，第九工程队的党委委员们，坐在嘉陵江边的草地上，举行党委会议。"

3. 一种经常商讨并处理重要事务的常设机构或组织

例如：中国人民政治协商会议；部长会议。

(二) 会议的特点

现代的会议各种各样，其共同的特点有以下几项。

1. 目的性

会议是为了某一明确的目的而开展的活动。有的会议是为了布置任务、落实措施，有的会议是为了贯彻政策、互通信息，有的会议是为了总结工作、交流经验，还有的是为了宣传教育、表彰先进。例如，举行各级人民代表大会就是为了使各级国家权力机关及时、充分地发挥其职能。又如，举办中国旅游景区管理经验交流会的目的是帮助旅游业行政管理人员、旅游景区管理人员和相关理论研究者更深入、更集中地了解国内旅游景区的现状和发展趋势，为解决景区可持续发展过程中出现的前沿问题搭建互动平台，从而使景区更快、更健康地发展。

2. 必要性

召开会议前，应提出这样的问题：是否非要开会？是否有其他方法可以代替？如果答案是"是"，不开会就解决不了问题或解决问题有难度，而且没有其他方法可以替代，那就说明开这个会很有必要。否则就没有必要，可以不开。

3. 组织计划性

会议活动不仅要有明确的目标，而且要有一定的组织和计划。一般会议都会有主持人，一些大型的会议有时还要设立会议组织机构，包括秘书组、学术组、会务组等。组织一场会议，常常要经过确定会议目标、制定会议议题、选择会场、确定会议时间等一系列程序。会议活动只有具备高度组织性，才能使会议有序地进行，从而实现会议的目标。

4. 群体沟通性

会议是一种有三人（及以上）参加的群体沟通活动。随着科技的迅猛发展，人们的沟通方式越来越多，现在人们可以通过电话、E-mail、多媒体等各种形式进行沟通，但是面对面群体沟通的这种会议方式，是任何其他沟通方式都难以替代的，因为这种方式最直接、最直观，也最符合人类原本的沟通习惯。

5. 交流方式多样性

传统的会议是以口头交流为主、书面交流为辅的活动方式，现代的会议在会场上还可以运用图表、电脑多媒体、影视或录像等方式进行交流。会议是一个集合的载体，大家聚集在一起共同讨论、交流。通过会议使不同的想法汇聚一堂，相互碰撞，从而产生新想法、金点子，许多高水准的创意就是会议期间不同观念相互碰撞的产物。

三、会议的基本构成要素

为了确保会议取得理想的效果，必须了解会议的基本要素。一个完整的会议一般需要具备以下几个基本要素。

（一）会议名称

正式会议必须有一个恰当、确切的名称。俗话说，名不正则言不顺。会议的名称要求能概括并能显示以下部分内容：会议的内容、性质、参加对象、主办单位或组织、时间、届次、地点或地区、范围、规模，等等。会议名称一般由会议举办单位和会议的主题构成。例如，"××有限公司2024年度绩效考核工作会议""××院校关于整顿校风、提高教学质量的研讨会"。

会议名称必须用确切、规范的文字表达。它既用于会前的会议通知，使与会者心中有数，做好准备，又用于会后的宣传，扩大会议的效果；更用于会议过程中，使与会的全体成员产生凝聚力。

大中型的会议名称被制作成横幅大标语，置于会议主席台的上方或后方，作为会议的标志，简称"会标"。会标必须用全称，不能随意省略，以免不通，产生误会。

（二）会议时间

会议时间包含两方面内容：

（1）到会时间，即要求与会者到达会场、出席会议的具体时间。到会时间要具体到年、月、日、小时和分钟，如"于×年×月×日上午8:00召开××会议"。

（2）会期，即会议全过程预期延续的时间。会期必须向与会者明确，以便参会人提前做好相关的用品准备和工作安排，例如"×年×月×日—×日，共×天"。

安排会议时间时还要考虑三个方面的因素：① 不能和大多数与会者，尤其是主要成员的时间安排冲突。② 气候因素，如庆典会议、大型运动会开幕式，要尽量避开多雨季节。③ 每次会议一般持续时间最好不超1小时。

（三）会议地点

会议地点，又称"会址"，既是指会议召开的地区、城乡，又是指会议召开的具体会场。会议地点要根据会议的实际需要进行选择。为了使会议取得预期效果，选择会议的最佳会址得考虑多种因素。

国际性或全国性会议,要考虑政治、经济、文化等大因素;专业性会议,应选择富有专业特征的城乡地区召开,以便结合现场考察;小型的、经常性的会议可安排在单位的会议室。选择会址,还要考虑会场设施、交通条件、安全保卫、气候与环境条件等因素。

值得关注的是,随着科技的进步,会议形式不断创新,会议地点可以不局限在一个地方、一个会场。利用先进的科技和通信设备,可实现跨越空间限制的高科技会议,如电话会议、视频会议、国际卫星会议等。

(四) 会议主办者

会议的主办者是会议的具体组织者,其任务主要是根据会议的目标和规则制订具体的会议方案并加以实施,为会议提供必要的场所、设施和服务,确保会议正常进行。

1. 主办者的类型

会议的主办一般有以下几种情况:

(1) 由相关领导机关主办。在一个管理系统内,负有领导和管理职权的机关往往需要通过会议的方式,宣布决定、传达指示、通报情况、布置工作、听取意见,这时会议的主办者一般称为会议召集者。

(2) 由会议的发起者主办。一般协作性、交流性的会议,主办者常常由会议的发起者担任。例如国际性的学术会议,就是由一个组织发起并主办,或由几个组织联合发起并共同主办。

(3) 轮流主办。很多合作性和学术性组织都要召开经常性会议或例会,每一个成员单位(包括国家、地区或非政府组织)都有主办会议的权利和义务。

(4) 通过一定的申办程序确定。一些重大的会议,由于具有一定的政治、经济等方面的影响,同时也为了提高会议的质量,会采取申办竞争程序来确定主办者。申办程序和条件一般要在会议规则中进行明确。

2. 与主办者相关的术语

主办者要素常常与下列术语相关。

(1) 发起者。会议的发起者是指最早倡议并参与组织会议活动的单位或个人,因此,发起者往往也是会议的主办者。

(2) 承办者,即具体落实会议组织任务的机构或个人。一般情况下,会议的主办者即承办者,有时也有所区分。如 2001 年 APEC 会议的主办者是中国,但具体承办者则是中国上海,承办者对主办者负责。

(3) 东道主,即会议活动举行地的主人。东道主可以是一个国家、一个地区、一个组织,也可以是某个人,其任务主要是提供会议活动场所和设施,负责会议活动的接待。

(五) 参会人员

参会人员,即参加会议的对象,通常又称为会议成员。参会人员是会议的主体,因而是会议成功与否的重要因素。参会的人数越多,会议的规模越大。广义的参会对象包括会议发言人、会议嘉宾、普通参会者。其中，会议发言人主要包括会议主持人、致辞人、演讲人。狭义的参会对象仅指普通参会者。

例如，在政务会议中，参会人员可划分成以下四种资格，资格不同，其在会议中的权利和义务也不同。

（1）正式成员，即具有正式资格，有表决权、选举权和发言权的会议成员，也是会议的主要成员。同时正式成员也必须履行相关的义务。

（2）特邀成员，即由会议的主办者根据会议的需要而专门邀请的成员，这类成员的地位较特殊，其在会议中的权利和义务可由会议主办者或会议的领导机构来确定。

（3）列席成员，即不具有正式资格，但有一定的发言权，无表决权和选举权的会议成员。是否需要列席成员参加会议，哪些对象应当作为列席成员，列席成员参加会议中的哪些活动，由会议的组织者根据会议的实际需要来确定。列席成员的人数一般不超过正式成员。

（4）旁听成员，即受邀请参加会议，但不具有正式资格，既无表决权，也无发言权的会议成员。旁听成员一般坐在规定的旁听席上。

参会人员主要考虑"谁来开会"和"多少人参加"两个方面的因素。参会人员范围是根据会议性质、议题来确定的。参会人员的数量是决定会议规模的主要因素，因此，会议规模过小，会议的辐射力和影响力就小，会议效果也会受影响；若会议规模太大，投入大，会议成本提高，控制不当，则也难以收到预期效果。

（六）会议议题

会议议题是开会的前提，它是围绕会议主题，根据会议目标确定并提交会议讨论或解决的一个个具体问题，是会议主题的具体化和必备要素。举行会议首先要明确为什么"议"和"议"什么。会议议题主要基于会议目的以及目标参会者的需求来确定。会议议题是否恰当，能否满足参会者的需求是会议能否成功的关键因素。

1. 议题的主要作用

（1）服务于会议的目标。会议的目标有主次之分，目标的主次决定了议题的主次。中心议题必须体现中心目标或主要目标，不能准确反映目标或者与目标无关的议题必须坚决舍弃。

（2）明确会议发言的核心。议题是会议交流的中心，参会者的报告、演讲应当紧紧围绕议题。一个好的议题往往能起到集思广益的作用。而议题含糊不清，或者角度选择不当，就会造成议事困难，从而影响会议的效率。

议题必须具有必要性和重要性，又必须具有明确性和可行性。会议围绕这样的议题展开讨论、进行研究，才容易取得共识或最后表决通过。每次会议的议题应该尽可能集中、单一，不宜过多，不宜太分散。尤其不宜把许多互不相干的问题放在同一会议上讨论，这样使与会者的注意力分散，不利于解决问题。

2. 议题的来源

一是上级机关和领导布置的事项；二是下级部门提交需要研究的问题；三是本层次管理活动需要研究的问题；四是行业或产业近期的热点、难点话题。

3. 不同群体的议题需求

为准确选择并确定会议议题,策划者应对会议相关领域有所了解,不仅要了解该领域的发展现状及趋势,还要了解相关领域的问题和需求,并在对上述情况分析的基础上选择并确定会议议题。一般规律是:商会、协会人员比较关注宏观问题,专业人士比较关注自己熟悉的专业知识领域,企业人士比较关注建立业务关系和寻求商业机会,地区性组织比较注重建立网络联系和区域性合作,而国际性组织则对共同面临的挑战发展趋势或先进的管理经验比较感兴趣。会议议题是会议要集中讨论、所要研究的课题或是所要解决的问题,是构成会议的重要因素。会议议题是会议内容的具体化体现,也体现了会议目标、会议目的。每个会议都必须有明确的指导思想、具体的任务和要达到的目的,否则,会议文件、与会人员等都无从确定和落实。

(七) 会议成果

会议的成果包括会议最终形成的决议或决定、与会者达成的共识、会议的选举结果等。会议的成果能反映出会议的效率、会议主持人的水平、与会者的参与程度等多方面的情况。那些"会而不议""议而不决"的会议,客观而言并没有实现会议目的,更没有发挥会议的功能,自然也不会有什么会议成果。

四、会议的类型

(一) 按会议的规模划分

按与会人数的规模划分,分为以下 4 类:

(1) 小型会议。参会代表人数少则三五人,多则几十人,一般参会代表人数少于199 人。

(2) 中型会议。参会代表人数为 200~799 人。

(3) 大型会议。参会代表人数为 800~1 999 人。

(4) 特大型会议。参会代表人数为 2 000 人以上,例如节日集会、庆祝大会。

(二) 按会议的主办单位划分

按会议的主办单位划分,主要分为企业会议、社团会议、政府会议、事业单位会议四种类型。

1. 企业会议

企业会议是由企业主办的,以行政、管理、技术、营销等为内容,以促进企业的发展为主要目的的会议。企业会议的规模不一,小到几个人,大到上千人。企业管理者强调的是信息传递,而企业内部信息传递的最基本方式之一便是会议,因此企业会议的数量极其庞大。企业会议通常以管理、协调和技术等为主题,具体可分为销售会议、经销商会议、技术会议、管理者会议及股东会议等。

企业会议有以下几项特点。

(1) 会议举行频率高,无规律。除了股东大会、年度销售会议和奖励会议之外,公司全年都有可能举行会议,一般会议多在每周工作日时间举行。

(2) 会议筹备时间短,如表 1-1 所示。

表 1-1　主要公司会议筹备时间表

公司会议类型	筹备时间
股东会议	提前 3～6 个月
年度销售会议	8～12 个月
奖励会议	8～12 个月
其他会议	2～6 个月
危机会议	数小时

（3）有关员工必须参加。

（4）会议人数确定早。

（5）不需要通过促销吸引人们参加（仅针对内部公司会议）。

（6）无各种委员会。

（7）会议组织者事先了解参会者情况。

（8）会议资金由企业全额支付。

2. 社团会议

社团会议是由协会、工会、妇联、学会、商会、基金会、研究团体等各种社会团体主办的会议。目前,我国协会主办的会议以学术会议为主,其中医药、医学类会议占有绝对优势,这类协会会议在会议市场中同样占有相当重要的位置。协会因人数和性质而相同,它们的规模从小型地区性组织、省市级协会到全国性协会乃至国际性协会不等。协会会议大致可以划分为行业协会、专业和科学协会、教育协会和技术协会等类型。其中,行业协会被认为是会议业最值得争取的市场之一,因为协会的成员多为业内成功的管理人员。这类会议常常与展览结合举行。例如,我国定期举行的旅游交易会每次都吸引着大批来自全国各地乃至境外旅游企业的参与。

社团会议有以下几项主要特点。

（1）商业化运作。社团会议参与采用自愿报名的制度,即参与者基于各自的意愿决定是否加入。具体而言,国内代表的参会费用为数千元人民币,而国际代表的费用则高达数万元人民币。这种差异化收费体现了"价值驱动"的理念,即参与者相信通过本次会议能获得相应的知识、资源或人脉,从而愿意为此支付相应的费用。这种商业化运作模式不仅体现了市场化的原则,也是保障会议能够持续发展和提升质量的重要手段。

（2）筹备周期长。通常情况下,社团会议的筹备时间会跨越多个年度,具体筹备时长因会议规模和性质而异。国内协会会议的筹备时长通常为 1 至 2 年,而国际协会会议的筹备时间则更长,通常在 2 至 8 年之间。部分国际协会会议的筹备周期甚至更长。例如,2006 年举办的"第 5 届国际病理生理大会"早在 1998 年就开始筹备,历时 8 年才得以顺利举办。这一事例充分说明国际协会会议的筹备工作复杂且时间跨度较大。

（3）举办有风险。① 经济风险。一是资金风险。国际社团会议一般没有政府财政资金支持，往往需要自资金或寻求商业运作。一旦商业运作不成功，参会者人数将会减少。二是汇率风险。社团会议往往人数众多，有的会议可能还会面向国外参会者，若遇上经济形势变化、汇率变化，参会者缴纳的参会费折算成人民币会贬值，导致会议经费减少。② 自然风险。2003 年我国发生了公共卫生事件，原计划当年举行的国际植物保护大会不得不延期到 2004 年举行。

（4）规模比较大。近年来大型协会会议参会人数情况如表 1 - 2 所示。

表 1 - 2　近年来大型协会会议参会人数情况

会 议 名 称	人数(人，约数)	主 办 单 位
第 13 届全国临床肿瘤学大会	16 000	中国抗癌协会等
第 12 届骨科学术会议	10 000	中华医学会
第 1 届全球华人口腔医学大会	8 000	中华口腔医学会
第 21 届长城国际心脏病学会议	7 000	长城国际心脏病学会议组委会
第 8 次中华医学会重症医学大会	7 000	中华医学会重症医学会分会
第 12 届中国科协年会	5 000	中国科学技术协会
第 14 次全国消化系病学术大会	5 000	中华医学会(消化病学分会)
第 9 次全国内分泌学学术大会	4 000	中华医学会(内分泌学分会)

（5）支出相对高。支出高的原因源于活动多：一是社团会议的活动多；二是专业活动多；三是社会活动多；四是餐饮活动多，包括冷餐会、宴会、茶歇和鸡尾酒会；五是会务活动多，包括注册、接机等大量活动。

表 1 - 3 是企业会议和社团会议的特点比较。

表 1 - 3　企业会议和社团会议的特点比较

比较项目	会 议 类 型	
	企 业 会 议	社 团 会 议
时间周期	随时都有可能举行会议，不是按固定周期举行	大型会议是按固定时间周期举行，一般为每年一次的年会
前期准备	相对较短，一般不超过一年	事先计划好，平均提前准备年限：年会为 1～4 年，大型会议为 35 个月

续　表

比较项目	会 议 类 型	
	企 业 会 议	社 团 会 议
地理位置	没有笼统的地理模式,主要考虑会址是否适合公司的业务和需要,很少有限制	有显示明显的地理模式,绝大多数国际协会在各大洲之间进行选择;国内协会则在东西部之间,或者在南北之间交替轮换进行选择
酒店类型	统一层次,或是一般酒店类型	不同层次,取决于会议的规模、性质和期限
出席情况	因为大多是指令性和强制性的,公司会议的出席情况有可预测性,出席情况可靠	因为是自愿参加的,策划者只能吸引协会会员来参加会议,出席情况是不稳定的
会议期限	绝大多数是1～2天的短会,培训或奖励会议的会期可长达3～5天	对于全国性会议来讲,平均期限为3～5天,绝大多数带有展示活动的会议不少于3天
展览	公司会议也经常伴有展示活动	协会的标志性活动
会议厅要求	一般要求大小会议厅都能提供	大型会议厅
会议策划和决策人	公司高层管理人员或部门负责人	专门的会议策划人员
创新型需求	强	弱
收集背景资料	不容易收集背景资料	容易收集背景资料
经费来源	企业统一支付	赞助费用、参会者注册费用

3. 政府会议

政府会议是由政府机关主办的,以商讨政府各项事宜为主要目的,主要参会者是政府工作人员的会议。政府会议的特点如下。

(1)以工作会议为主,辅以少量的商务会议。

(2)政府部门会议属于政府采购的范畴。

(3)由于受到消费额度的限制,政府部门工作会议的消费一般在中等或偏下的范围内。

(4)由于政府的工作会议组织形式较简单,没有太多策划的内容,因而不需要与专业的会议公司合作。

(5)政府部门的商务会议常与社会上其他机构合作举办。

(6)政府部门会议一般由办公室、行政部门负责。

4. 事业单位会议

事业单位会议是由学校、医院、科研机构、文艺团体等事业单位组织主办的,以文化、教育、卫生、体育、科学技术为主要内容的会议。

拓展资料

不同会议形式的英语表述

1. congress

congress 通常指普通大会、政治性的代表大会或专业人员代表大会,这类大会一般按一定周期举行。全国性的 congress 通常每年举行一次,而国际性的 congress 则每 2 至 4 年举行一次。会期一般为 3 至 5 天,会议形式包括开幕和闭幕时的全体代表大会(general session),中间则设置分组会议(session)。值得注意的是,在欧洲,convention 常被用来表达与 congress 相似的含义。

2. convention

convention 是指大型会议,其涉及议题可以涵盖政治、经济、科技等多个领域。该词常被用来指代各类组织的年度会议,如 annual convention。与 congress 类似,convention 的计划、组织及活动安排也遵循一定的规则。与此同时,现代的convention 通常会设置展览活动,进一步丰富了其内容和功能。

3. conference

conference 指专业性会议,是就某个领域的问题进行讨论、研究和交流而召开的会议。科技界的会议常常使用该词。一般包括主会和讨论问题、解决问题的专题讨论会(workshop),如医药会议、计算机会议。一般来说,conference 比 congress 的规模要小一些。

4. forum

forum 指论坛,是非正式的、开放的会议。其特点是反复深入的讨论、气氛宽松。两个或更多的发言人向听众而非对方自由发表自己的看法、见解、观点、言论并进行阐述、说明,听众可以提出问题,主持人引导发言并总结各方意见。

5. symposium

symposium 指研讨会,通常是科学家或专家就某个领域中的某些具体专题进行研讨,广泛应用在自然科学领域中的研讨会议。这些会议比较正式,通常以报告会为主,分为口头报告会(oral session)和张贴报告会(poster session),按内容不同主要分为学术报告会、专题研讨会。

6. seminar

seminar 指研修会,是参与者在主持专家的引导下共同分享经验,由 10 到 50 个具有共同兴趣的人为接受培训和学习的目的而参加的一个或系列会议。seminar 的目标是提高参与者的技能。

7. panal

panal 指专题小组讨论会,要求有三位甚至更多的发言人讲述其观点,发言人和与会者一起进行充分的讨论,也可以穿插在 conference、convention 或 congress 中进行。

8. colloguium

colloguium 指学术讨论会、专题座谈会,一般为非正式形式,通常是学术或研究方面的专家、学者就共同感兴趣的主题来相互交换意见。这种非正式的研讨会包含一系列的会期(session),每个会期由一个主席主持,每一位发言人按照计划安排的时间依次发言。这种会议视需要及方便而不定期举行。

9. lecture

lecture 指讲座,通常由一位专家、学者单独作讲解、示范,最后常留出一定的时间回答听众的提问。

10. training courses

training courses 指培训课程,通常是单向的,也可以是双向的。一般要用至少一天,多则几周时间。这类培训需要有特定的场所,培训内容高度集中,由某个领域的专家、教授授课,通过培训要实现一定的目标。

11. workshop

workshop 指小组讨论会(工作坊),参与者分为若干个小组,所有小组成员参与,就相同的专题讨论、交流、研究。通常在 conference、convention 或 congress 之前或穿插其中进行。

12. session

session 指一场(届)会议或 congress、colloquium、conference 等会议中的一场(次,阶段)会议。congress、colloquium 或 conference 等会议可以由很多个 session 组成,每个 session 讨论一个议题,由一位主席主持,中间可以有休息、用餐时间。

13. meeting

meeting 是最广泛的用法,上述各种会议的总称。规模可大可小,层次可高可低,可以是很正式的,也可以是很随意的,另外也常指小型的会议,例如,年度股东大会。

(三) 按参会者的国别划分

参会者的国别是指参会者的国籍,可以分为国际会议和国内会议。

1. 国际会议

国际会议是由来自 3 个或 3 个以上的国家或地区(含港澳台)的代表参加的会议,或境外参会代表占全部参会人数 40%(含)以上的会议。

2. 国内会议

国内会议,即在国内举办的会议,规模和影响力较国际会议有一定的差距。按照上述对国际会议的认定,国内会议可以这样概括:由来自 2 个或 2 个以下的国家或地区的代表参加的会议,或境外参会代表不足全部参会人数 40% 的会议。

(四) 按会议的举办周期划分

按会议的举办周期,可以将会议划分为定期会议和不定期会议。无论是政府、事业单位还是企业、协会,都有定期会议和不定期会议,基本都有规律可循。

1. 定期会议

定期会议是按照规定的时间或时间间隔召开的会议,通常有一年一次、两年一次、三年一次、四年一次等召开频率。其中,协会的定期会议的"定期"性质最为明显。如博鳌亚洲论坛年会在每年4月左右,中国国际贸易促进会主办的"中国会展经济国际合作论坛"(CEFCO)通常在每年1月中旬举办。股东大会、董事会、常务董事会、干部会议,这些一般都是定期举行的。

2. 不定期会议

不定期会议是不按固定周期召开的会议,有时因临时或突发性事件而召开,或因主办机构对于下次会议何时召开未能达成共识,不能下定决心而临时决定开会。这种不定期会议因主办方缺少承诺和投入而在主题和议题设置上投入不够,难以招募到足够多的参会者,也难以邀请到高质量的演讲嘉宾,企业没有足够的预算安排员工参会或出资赞助、参展。因此,不定期会议的质量很难保证。

知识拓展

党政机关严格精简会议,能不开的坚决不开,
可合并的坚决合并

依据2025年5月修订发布的《党政机关厉行节约反对浪费条例》及相关配套文件,核心内容可归纳如下。

中共中央、国务院印发了修订后的《党政机关厉行节约反对浪费条例》(以下简称《条例》),并发出通知,要求各地区各部门认真遵照执行。

《条例》第六章对会议活动作出规定,部分内容如下:

第六章　会议活动

第三十二条　党政机关应当严格精简会议,召开会议严格实行计划管理,能不开的坚决不开,可合并的坚决合并。从严控制会议规模、会期,合理确定会议规格和参会人员范围、层级,不搞层层陪会。积极运用现代信息技术手段改进会议形式,提高会议效率。

第三十三条　会议召开场所实行政府采购定点管理。会议住宿用房以标准间为主,用餐安排自助餐或者工作餐,严禁提高会议用餐、住宿标准。会议活动现场布置应当简朴,工作会议一律不摆花草、不制作背景板。严禁违反规定到风景名胜区举办会议。

会议期间,不得安排宴请,不得组织旅游以及与会议无关的参观活动,不得以任何名义发放纪念品。

第三十四条　党政机关会议实行分类管理、分级审批。严格执行会议费开支范围、标准和报销制度,未经批准以及超范围、超标准开支的会议费,一律不予报销。严禁违规使用会议费购置办公设备,严禁列支公务接待费等与会议无关的任何费用,严禁套取会议资金。

财政部门应当会同机关事务管理等部门制定本级党政机关会议费管理办法。

第三十五条　健全培训审批制度,严格控制培训数量、时间、规模,严禁以培训名

义召开会议。适合采取线上方式培训的应当通过线上方式开展。

严格执行分类培训经费开支标准,严格控制培训经费支出范围,严禁在培训经费中列支公务接待费、会议费等与培训无关的任何费用。严禁以培训名义进行公款宴请、公款旅游活动。

第三十六条　精简规范节庆展会论坛活动,实行清单管理,从严审批。严禁使用财政资金举办营业性文艺演出。从严控制举办大型综合性运动会和各类赛会。

经批准的节庆展会论坛、运动会、赛会等活动,应当严格控制规模和经费支出,不得互相攀比、大操大办、铺张浪费,不得违规摊派或者转嫁费用,不得借举办活动发放各类纪念品,不得违规使用财政资金邀请名人明星参与活动。举办活动应当充分使用现有资源,专门配备的设备在活动结束后应当及时收回,严禁购置奢华物资设备。

第三十七条　精简规范评比达标表彰和创建示范活动,实行清单管理,从严审批。评比达标表彰项目费用由举办单位承担,不得以任何方式向相关单位和个人收取费用。参与评比达标表彰和创建示范活动的单位应当节俭办事,杜绝浪费,不得举债搞创建。不得开展以乡镇(街道)、村(社区)、学校为对象的达标活动。

会议的作用

五、会议的作用

(一) 传递、交流并创造信息

会议所带来和创造的信息(知识、观念、思想等)首先使会议目的地受益。当今社会已经进入了信息时代,当今的经济也已经进入知识经济时代,会议是一种信息传递、交流、创造活动,它所带来和创造的信息通过当地与会者和当地媒体的传播,使会议目的地优先获得这些信息,促进会议目的地的社会、经济、文化等方面的发展,从而在与其他城市或国家的竞争中赢得先机。

> **实例 1—1**
>
> #### 《财富》论坛
>
> 《财富》(Fortune Magazine)是一本由美国人亨利·鲁斯创办于 1930 年,主要刊登研究经济问题文章的杂志,现隶属时代华纳集团旗下的时代公司。《财富》杂志利用其影响力举办了一系列的财经论坛,如"《财富》500 强论坛(首席执行官)""《财富》首席金融官论坛"等。《财富》杂志于 1995 年开始主办世界 500 强年会,即《财富》全球论坛,每年在世界上选一个具有吸引力的热门地点举行一次,邀请全球跨国公司的董事长、总裁、首席执行官及世界知名的政治家和学者参加,共同探讨事关世界经济发展全局的重大问题。其中 1999 年、2001 年、2005 年、2013 年、2017 年的年会分别在中国上海、香港、北京、成都、广州举办。

（二）为所在城市或国家的会议产业带来直接收益

会议宾馆或会议中心从会议接待服务中得到会议场地及会议设施设备的使用费和会议服务费，会议主办者获得与会者缴纳的注册费或购买的门票收入和企业支持的赞助收入，会议公司从为会议进行组织安排中获得佣金和其他收入。所以，会议中心或会议宾馆和会议主办者及直接为会议服务的会议公司首先获得直接收益。

实例 1-2

《财富》全球论坛年会给会议组织者带来的收益

2017 年 12 月，《财富》全球论坛在广州举行。年会共吸引了超过 1 000 名世界政经要人、富商巨贾出席。"广州是中国通往世界的南大门，是 2017 年《财富》全球论坛的理想之地。几个世纪以来，广州作为国际贸易中心，是中国参与全球商业的象征和代表。"时代公司首席内容官兼《财富》杂志总裁穆瑞澜如此讲述此次广州论坛的新使命。

2017 年《财富》全球论坛是党的十九大召开后，在中国举办的一场重要的多边国际会议。党的十九大报告中坚持全面深化改革、坚持新发展理念的主张，让世界对中国未来的发展充满希冀。积极发展全球伙伴关系，推动构建人类命运共同体的呼声，也让中国受到更加广泛的关注。此次论坛的主题为"开放与创新：构建经济新格局"，重点关注全球化和数字化两大主题。在全球化遭遇逆风的当下，广州论坛能有力地表明经济全球化的重要性，以及技术进步正在给全球商业带来怎样深刻的影响。

（三）为所在城市或国家的旅游业、商业等服务业带来间接收益

会议给旅游业、商业等服务业及相关生产行业所带来的间接收益比给会议业所带来的直接收益大得多，后者与前者之比为 2∶5，此比例依会议目的地服务业及相关生产行业的发达程度而有所不同。

实例 1-3

会议给举办地(国)带来的收益

巴黎每年接待的国际会议有 100 多个，2023 年，会议和其他相关活动给这个城市带来 7.24 亿欧元收入；1999 年，上海《财富》全球论坛年会期间的广告、宣传收入达到 1 亿元以上，上海宾馆业的收入大幅增长，机场、航空公司、出租车公司、商场、餐饮、旅行社等行业也都获得不菲的收入。

从旅游产业的角度看，会议接待(亦称为"会议旅游")是旅游客源市场的高端服务，是城市创新发展的新兴领域和经济增长点。2008 年，我国以会议为目的的入境旅游接待花费 228.7 美元(人/天)，远超过入境过夜接待 186.18 美元(人/天)的水平，也明显高于观光、休闲度假、探亲、商务、朝觐等旅游目的的花费。会议经济被喻为"强者经济"，只有综合实力较强的城市，才能承接高规格、大数量的会议。全球知名的会议目的地都是世界顶级的旅游城市，如英国伦敦、瑞士日内瓦、墨西哥坎昆、

西班牙马德里等。会议消费不仅可以创造巨大的经济效益,通过拉动上下游超过100个相关行业和细分产业,还将对优化城市产业结构产生积极促进作用。以承办国际会议著名的瑞士达沃斯小镇,每年举办300~1 500人的大型国际会议50多个、小型国际会议200多个,全年国际会议收益3亿瑞士法郎,占全镇生产总值的近40%。当一个城市承办会议达到一定数量和规模后,会议经济的综合效益便凸显出来,对城市经济和产业结构的优化作用也将不言而喻。

(四) 可以提升会议所在地的知名度

会议在进行宣传、促销时,顺带把会议所在地推向了全国(世界)各地来自外地(国)的与会者,把对会议所在城市(国家)的感性认识传播开去。媒体记者在对会议进行采访报道时也把会议所在地推向了世界各地。

1. 会议筹办的提升效应

承办国内、国际会议需要具备若干"软硬件",如对外交通、会议场馆、食宿供应、市内交通、环境卫生、导游翻译等。通过筹办大型会议,可实现会议条件从无到有、从少到多、从基本具备到全面达标。城市国际化程度也因此可以得到同步提升,如城市功能、城市环境、城市形象、城市服务、城市外向度等。城市作为会议经济的主要基地,在承办大型会议的过程中,借助会议这个最快捷、最直接的信息传播平台,也得以使自身声名远播。

2. 媒体宣传的聚焦效应

大型会议特别是国际会议一向是各类媒体关注的焦点,会议规格越高、规模越大,受关注度也就越高。北京奥运会期间,参与采访的新闻媒体记者超过2.1万人,总量超过运动员和随行官员;上海世博会期间,申请采访的媒体人员超过1.4万人,分别来自约600家媒体机构;在美国举行的国际核安全峰会,采访记者超过2 500人。各类"宣传机器"的启动,使会议举办城市成为国际乃至全球性焦点,城市的知名度空前提高。

3. 参会者的口碑效应

口碑传播是世界上最廉价的信息传播工具,有"零号媒介"之誉,也是高可信度的宣传媒介,具有强大的市场影响力和控制力。国际会议的有关参与者包括代表、随行人员、记者等,通过会议期间所感受的全方位接待服务和对城市相对较深的参观考察,印象要远远超过一般游客。会议参与者对有关城市的口碑宣传,可发挥亲历者"现身说法"的作用(如同《马可·波罗游记》《消失的地平线》等),在一定时期内将影响周围一批人,对提升城市国际知名度具有积极意义。

实例 1-4

因会议而成名或提高知名度的城镇

会议成果具有持续效应。国际会议大多具有一定的代表性与重要的现实性,无论是专题性会议,还是例会、轮值会议,讨论议题及会议成果都有深远的影响。例如，世界贸易组织的多哈回合谈判、上海合作组织的年度会议、瑞士达沃斯经济论坛、博鳌亚洲论坛等。许多国际会议的举办地不乏一些小城镇，之所以为人们所熟知，是因为会议成果的广泛影响。今天国人耳熟能详的"国酒"茅台，让人不时想起近百年前举办"万国博览会"的巴拿马，因为茅台酒在那个会上得了金奖。

（五）可以促进会议目的地的建设和经济发展

高规格的会议一般要提前数年确定举办地，各申办地为了竞办会议，都要对相关城市提出建设美化计划，取得举办权的申办地为迎接会议的召开，也会进行高标准的市政工程建设，为当地"美容"甚至"整容"，提升当地的环境和管理水平，此举还可以拉动当地或所在国的建筑、钢铁、水泥、装修等行业的发展，并为当地提供一定的就业机会。

实例 1－5

会议促进周庄、长沙的城镇建设发展

周庄为迎接 2001 年 6 月 APEC 贸易部长非正式会议的召开，于 2000 年启动古镇污水处理工程，2001 年 3 月投资 2 000 万元的首期工程主管网完成；对河道进行了治理；实施了管线地埋工程；增加绿地面积 6 000 多平方米；对有关建筑按照粉墙黛瓦的风貌进行改造，进一步突出了江南水乡的风格。

长沙也是一座以会兴城、打造国际会展的名城。长沙国际会展中心占地面积约 800 亩，总建筑面积约 44.5 万平方米。作为中部地区规模最大、设施最先进的会展场馆之一，其拥有庞大的展览空间和先进的设施设备，能够满足各类大型展会的需求。目前，长沙还拥有湖南国际会展中心、红星国际会展中心、湖南省展览馆等多个大场馆。2023 年长沙市主要会展场馆展览面积已达到 160.83 万平方米。2023 年长沙启动国际会展新城的建设。在 30 平方千米的开发面积里，长沙片区会展区块面积就占了 9.84 平方千米。2023 年片区控规修编范围 27.4 平方千米；可出让经营性净用地约 11 463 亩，总体建筑面积 2 064 万平方米；规划常住人口约 24 万人，容量人口约 26.3 万人；产业及会展流动人口超 500 万人，"千亿会展产业"蓝图已跃然纸上。

同时，长沙在交通基础设施方面投入了大量资源，从公路到地铁的点位辐射，形成了发达的交通网络，为参展人员和观众的交通出行提供了便利。

当然除了"硬件"外，长沙"软件"实力也毋庸置疑，尤以夜经济全国闻名，带动旅游业强势崛起，为长沙商贸业发展带来了新一波的燃料。

（六）帮助人们消除隔阂、促进和平

会议可以沟通信息。有隔阂的各方代表坐在一起开会，进行交流、沟通，彼此就可增多理解，减少误会，甚至消除隔阂，避免进一步的纷争。

会议是一种社交活动。有敌意的各方代表能一起开会本身就是彼此友好意愿的表

示。在会议过程中,各方代表握手、寒暄、坐在同一个会议场馆,倾听对方的发言,喝着同一种饮料,甚至一起用餐、住在同一个宾馆,又能增进友谊,减少甚至消除仇恨、敌意,最终避免争吵,和平共处。

(七) 促进会议目的地社会文明程度提高

为迎接会议特别是国际会议的召开,东道主城市或国家要对有关接待人员进行礼貌礼节等文明知识或技艺的培训,甚至对当地居民进行文明礼貌知识的宣传教育。

实例 1-6

国际会议促进长沙市民的文明程度的提高

在长沙举办的中非经贸博览会不仅在经济层面推动了长沙的发展,也在社会文明和文化交流层面对长沙市民产生了积极影响,提升了市民的文明程度和国际视野。

1. 平台影响力提升

中非经贸博览会作为中非经贸合作的重要平台,吸引了众多国内外代表参与,这不仅促进了经贸合作,也提升了长沙市民的国际视野和文明意识。

2. 文化交流

中非经贸博览会期间,琳琅满目的非洲风物与中国品牌交相辉映,促进了中非文化的交流与融合,增强了长沙市民对多元文化的认同和尊重。

3. 城市形象提升

长沙以创建"全国文明典范城市"和"国家卫生城市"为契机,全面提升城市品质,营造了浓厚的国际交流氛围,展示了长沙"山水洲城"的良好形象,提升了市民的自豪感和文明意识。

4. 人文交流加深

长沙与非洲的人文交流不断升温,如穆萨·特劳雷等非洲人士在长沙创业、生活,分享长沙的美景美食,促进了中非人民之间的相互理解和交流。

5. 市民参与度提升

长沙市文明创建工作强调群众参与、成果共享,提升了人民群众的参与率、知晓率、支持率、满意率,形成了共建共创的强大合力,营造了创建工作人人有责、人人共享的社会氛围。

6. 文明素质提升

长沙市通过文明创建工作,推动解决群众急难愁盼问题,着力提升群众生活幸福指数和城市生活品质,推动精神文明建设充满生机活力,全面提升了文明创建水平。

7. 国际合作项目

长沙与非洲的合作项目如中非经贸总部大厦的启动,不仅促进了经贸合作,也为长沙市民提供了更多的就业机会和国际合作经验,提升了市民的国际视野和文明素质。

8. 友城交流

长沙与非洲多座城市结为友好城市,通过友城交流,增进了相互间的了解和友谊,提升了长沙市民的国际交往能力和文明程度。

任务二　了解会议产业的发展

⚓ 任务说明

本任务帮助了解什么是会议产业、会议产业的特征和历史沿革以及会议产业现状和发展前景。会议产业被认为是高收入、高盈利、带动力强的环保型朝阳产业,在发展初期出现问题也很正常,关键是要认真分析会议产业的基本走向,确实把握会议市场的真正需求,并据此制定出符合会议企业实际的方案措施,只有这样,才能在未来会议市场的竞争中立于不败之地。

🎯 任务实施

一、会议产业的定义

会议产业真正的产生时间很难判断。通常,判断一种产业是否真正形成的客观标准是该产业协会的成立。因此,会议业协会的成立标志着会议作为一种产业而存在。如在欧洲,会议产业产生于20世纪中叶到晚期。

会议产业,是指以规模化、集中化、现代化的手段运作会议及相关活动的行业。

二、会议产业的归属

(一) 归属变迁

会议产业属于第三产业,是一种新兴的产业形式,是市场经济发展到一定阶段的产物。目前,我国统计部门还没有形成专门的会议产业门类统计规范。2011年,《国民经济行业分类》(GB/T 4754-2011)将"会议及展览服务"列入"其他商务服务业"范畴,具体是指为商品流通、促销、展示、经贸洽谈、民间交流、企业沟通、国际往来而举办的展览和会议等活动。2012年,国家统计局发布了《文化及相关产业分类》,2018年公布的目录中,"会展服务"门类属于"文化辅助生产和中介服务"门类,主要是指"会议展览服务"。

一个产业从某个中心逐渐延展,发展壮大并逐渐走向成熟,往往需要较长的历史过程,会议产业也是如此。从归属上看,会议产业是会展产业的一部分,虽然会议和展览等其他会展形式在组织形式上存在区别,但在内在属性上具有相同性。

（二）会议产业划分

1. 按部门划分

会议产业按部门不同，可以分为以下几类。

（1）会议生产机构，包括会议主办单位、承办单位。

（2）会议供应机构，包括场馆、视听设备供应商、租赁服务商、通信服务商、交通运输公司、翻译公司、展台搭建商、新技术服务商、礼仪服务商、广告公司、安保公司、保洁公司等。

（3）会议中介机构，包括代理商、目的地营销机构、场地中介、活动和公关公司、演讲人服务公司、会议物流公司、会议金融服务机构等。

（4）其他机构，包括行业与专业协会、行业媒体、外部监管机构、咨询机构、教育机构等。

2. 按产业链划分

会议产业链具有以下特点：① 传统产业价值链是上游利润空间最大，从上至下依次降低，而会议产业价值链呈 U 字形；② 中游机构的利润率相对较低，一般维持在 10% 左右；③ 由于硬件的稀缺性，使下游的硬件利润率较高，可达 35% 左右。

会议产业按产业链划分具体包括三个方面：

（1）会议产业链上游，包括会议发起机构、会议策划机构。

（2）会议产业链中游，包括专业会议组织者和目的地管理公司。

（3）会议产业链下游，包括会议中心、会议型酒店等硬件提供方，以及交通运输商、翻译设备、网络、礼品、演出、印刷等辅助公司。

三、会议产业的特征

（一）会议产业属于朝阳产业

市场经济的发展，使更多的个人和组织成为经营主体，而如何推销自己及其产品和思想，并建立起广泛的商业关系也就成为十分紧迫的任务。营销的有效手段是高效沟通，虽然现代通信技术与传播手段使人们之间的信息沟通变得十分便利，但是仅靠通信工具与传播手段并不能达到高效沟通的效果。会议作为面对面的双向沟通方式，可以通过某一主题吸引与之有关的各方参与其中，并围绕主题共同探讨发展思路，交流经验和文化，传递信息、知识、观念，寻找投资项目或投资者，最终获得一般场合难以获取的资源。因此，会议产业会随着市场经济的发展而不断发展壮大。

（二）会议产业以文化为其基本内涵

会议产业就其本身而言是一个传递信息的枢纽，起着上传下达、科技推广、信息交换等作用。会议吸引人们参加的唯一原因是会议的主题符合自己的需要。因此，以产业形式组织的会议，必须以重大的文化主题作为号召，并邀请重要人物参加，从而使会议真正成为当前思想、信息、技术交流的前沿舞台。

（三）会议产业与旅游业密切相关

旅游是人类休闲的一种方式，但旅游与会议产业的结合则体现了经济生活的需要让参会者同时兼顾旅游的这种方式，既是单位对员工的奖励，也是会议接待单位对客人的奖励。目前，"国际会议旅游"形式发展迅速，因为参会者来自全球各国的大企业，所以会议旅游具有规模大、档次高、成本低、停留时间长、利润丰厚等特点，对所在城市的经济发展起着巨大的推动作用。

（四）会议产业具有带动性

会议产业的发展，可以拉动城市建设、完善城市功能、扩大城市影响力、提高城市知名度、促进社会就业、传播信息、扩大交流等，其经济和社会效益十分明显。一个国家举办国际会议的多少，一定程度上象征着该国家的经济、政治、文化、科技等方面的实力高低。同样，召开国际会议的多少也是衡量一个城市是否称得上国际大都市的标准之一。正因如此，世界各国对国际会议举办权的竞争日趋激烈，很多国家也形成了相应的会议产业，建有众多会议旅行社、专业会展组织机构等。

会议产业还可以带动商贸、影视、信息、餐饮、宾馆、交通、娱乐、服装、旅游、广告和印刷等相关产业的发展。据测算，国际上会展业的产业带动系数大约为 1：9。

会议产业的直接收益主要来自场租收益、城市交通、航空运输、城市建设等。

会议产业的间接收益主要来自酒店业、餐饮业、旅游业、零售业、手工业和通信业等。

四、我国会议产业的发展

（一）20 世纪 80 年代——会议产业初露端倪

随着改革开放的不断深入，各种类型的国际会议在中国召开使会议产业在中国萌芽成为可能。在国际上，旅游与开会同样密不可分。"到帷幕已经拉开的神秘的东方古国看看"，是整个 80 年代大多数外国人来中国开会的另一个目的。改革开放后的中国吸引力大得惊人。20 世纪 80 年代初期，纯经营型的涉外饭店逐步落成，会议产业开始萌芽。那时较为著名的就是 1984 年由世界著名华裔建筑大师贝聿铭设计建造的香山饭店。因其设施齐全、先进及极具东方特色，香山饭店成为很多国际会议的首选之地。当时，这里每年要接待国际会议上百个，客房出租率长期保持在 110%～120%，甚至超过 120%，成为当时北京抑或整个中国的饭店中，把举办国际会议作为自己主要业务的典型。然而，饭店增加的速度赶不上需求增加的速度，在这个阶段，上规模的会议场所依然还少，接待能力提高的速度仍然赶不上需求的增长。

（二）20 世纪 90 年代以后——国际会议成为一景

进入 20 世纪 90 年代，会议，尤其是国际会议之多，几乎成了一景。而主办者也已由政府一家变得更为多元化。政府的、民间团体的、跨国界行业协会或学会的会议，应有尽有。以北京为例，据不完全统计，1990 年以后，在北京召开的有大量外宾参加的大型国际会议就不少，其中最著名的有 1990 年 5 月的第十四届世界采矿大会；1990 年 10 月的国际感光会议；1990 年的国际电工委员会(IEC)年会；1992 年的国际昆虫学大会；1993 年的国际养蜂大会；1995 年的世界妇女大会；1996 年的国际地质大会；1997 年的世界石油大会。

20 世纪 90 年代以后，在会议产业获得突飞猛进发展的同时，具有会议功能的大饭店也如雨后春笋般拔地而起，真正意义上的国际会议中心也建了起来。国际会议数量的增加和国际会议的特殊要求也促进了相关人才队伍、服务公司的壮大成熟。此外，一些相关的会议服务公司也兴旺发达，提供的服务内容包括会场的布置，计算机、投影仪、幻灯机的出租，等等。

（三）新时代，我国会议产业快速发展

近些年来，我国会议产业发展很快，成绩显著。会议组织者正走向专业化，会议策划与组织的效果越来越好，会议中心与会议酒店硬件设施快速改善，服务水平也进一步提高。综合来看，我国会议产业一直保持着高涨的发展势头，这与中国经济发展、文化的交融以及学术交流活动增多等密切相关。

会议产业在经历了高速发展的阶段后，未来会议经济需要政府有效引导、适度发展、有所控制，从量变做到质变，要做精品会议。

会议产业在我国还是一个新产业，在发展初期出现各种问题也很正常，关键是要认真分析会议产业的基本走向，确实把握会议市场的真正需求，并据此制定出符合我国会议产业实际的政策措施。只有这样，才能在未来会议市场的竞争中占据优势。

知识拓展

新时代我国会议业的新发展

当前，作为国家级对外开放三大平台的进博会、广交会、服贸会都是展览与论坛并重的大型会展项目。与进博会同期举办的虹桥国际经济论坛，与广交会同期举办的珠江商务论坛，与服贸会同期举办的全球服务贸易峰会，都是国家领导人致辞演讲，国际政要出席讲话，重要信息披露发布的显要场合。

我国结合产业发展的需求，积极申办一批大型国际性专业会议，并特别突出地体现在农业方面。例如"国际养蜂大会""国际养猪大会""国际种子大会""国际草莓大会""国际葡萄大会"等，且都取得了圆满成功。其中，在北京市昌平区举办的"国际草莓大会"和在北京市延庆区举办的"国际葡萄大会"，都直接带动了北京市的草莓种植生产和北京延庆与张家口地区的葡萄种植产业和葡萄酒产业发展。

在高新技术领域，我国于2014年在乌镇创办了世界互联网大会。2022年还在北京成立了世界互联网大会国际组织总部。在我国技术领先的锂电池、超算等产业领域，2022年先后在四川宜宾举办了"世界电池大会"和在长沙举办了"世界计算大会"这样的大型国际性产业型技术会议。此外，一批专营组织接待国际会议的公司也相继发挥出PCO（专业会议组织者）的作用。其中就有中青博联、蓝色方略、名洋数字等一批在新三板上市的会议公司。外资会议公关公司则有达沃斯、迈氏、伟达、奥美等品牌。一批作为知名会议论坛"永久会址"的会议中心则在北京、上海、广州等地兴建起来，极大地扩充了我国会议产业的实力。

任务三　熟悉会议运营岗位

任务说明

本任务帮助了解会议运营岗位的分类以及会议运营岗位任职要求，使学生对会议运

营岗位所需知识、技能、素养有清晰认知，并树立正确的职业观和价值观。

任务实施

一、会议运营岗位分类

会议运营岗位可以根据不同的工作内容和职责进行分类。以下是几种常见的会议运营岗位分类。

（一）会议运营专员

这类岗位通常负责会议的日常运营管理工作，包括但不限于协调场地布置、客户沟通、现场执行等。他们需要具备一定建设服务流程规范的能力，并且能够整合公司服务项目需求，不断完善运营管理流程。

（二）会议策划与统筹专员

这类岗位的主要职责是负责各论坛的整体管理、策划、统筹、宣传、组织等事项。这包括会议的调研、策划、嘉宾邀约、听众组织、媒体宣传、现场会务管理等。他们还需要负责会议的对外合作、协调、实施，以及与其他部门的沟通和协调工作。

（三）会议营销专员

这类岗位专注于会议的市场推广和营销策略。他们的职责包括负责会议中心及行政中心的指标收益考核、月指标分解及完成、经营月报及汇总工作等。此外，他们还需要负责会议中心、行政中心的预订，建立客户确认标准和规范化的现场接待流程等。

（四）会议技术支持专员

这类岗位主要负责提供技术支持，确保会议顺利进行。他们需要负责针对公司内部及外部客户的内容运营工作，完善内容体系（如新媒体端），提升用户对于视频会议产品的使用频率与使用深度。同时，他们还需要深入学习多种数据产品（包括用户行为数据分析工具、A/B实验工具、数据开发建设工具等），根据产品的迭代情况和市场热点，独立进行选题策划，产出相关内容。

以上分类并不是绝对的，不同的公司可能会有不同的岗位设置和职责划分。但总体来说，会议运营岗位的工作内容涵盖了会议的策划、组织、执行、营销和技术支持等多个方面。

二、会议运营职业素养

会议运营职业素养，是指在会议策划、执行和管理过程中，从业人员应具备的一系列专业技能、行为规范和道德标准。以下是会议运营职业素养的几个关键方面：

（一）专业知识和技能

（1）了解会议行业的基本知识和最新动态。

（2）掌握会议策划、组织、执行和管理的技能。

（3）熟悉会议相关的技术和工具，如会议软件、音响视频设备等。

（二）沟通协调能力

（1）能够有效地与客户、供应商、团队成员进行沟通。

（2）协调不同利益相关者的需求和期望，确保会议顺利进行。

（三）客户服务意识

（1）以客户为中心，提供高质量的服务。

（2）能够预见并满足客户的个性化需求。

（四）问题解决能力

（1）在遇到问题时能够迅速做出反应，找到解决方案。

（2）能够处理突发事件和紧急情况。

（五）团队合作精神

（1）与团队成员协作，共同完成会议的各个环节。

（2）能够领导或参与团队项目，发挥团队的整体优势。

（六）创新和创造力

（1）能够提出新的想法和解决方案，提升会议的吸引力和效果。

（2）持续改进会议流程和内容，以适应市场变化。

（七）遵守行业规范和法律法规

（1）保持诚信，不泄露客户信息和商业机密。

（2）具有时间管理和合理规划能力。

（3）能够合理安排会议的时间表和流程。

（4）确保会议按计划进行，避免延误。

（八）适应性和灵活性

（1）能够适应不同的工作环境和文化差异。

（2）在面对变化时能够灵活调整计划。

（九）持续学习和自我提升

（1）定期更新自己的知识和技能。

（2）通过培训和实践不断提高专业水平。

会议运营职业素养的提升不仅有助于个人职业发展，也是提高会议质量和效率、增强客户满意度的关键。

技能训练

一、单项选择题

1. 下列不属于会议的特征的是（　　）。

A. 目的性 　　　　　　　　　　　B. 交流方式单一性

C. 组织计划性 　　　　　　　　　D. 群体沟通性

2. 关于会议起源与产生的描述，下列说法错误的是（　　）。

A. 思想交流导致了"会议"的出现

B. 原始形态的会议在人们的行动或者劳动中进行

C. 会议的起源可以追溯到人类早期的部落议事

D. 会议的产生则是社会发展的偶然结果

3. 关于会议的定义,不正确的是(　　　)。

A. 会议要做到会而有议、议而有决、决而有行

B. 会议是指有组织、有领导、有目的的议事活动

C. 从本质上看,"会议"是把人们召集在一起讨论事情、解决问题的一种社会活动方式

D. 会议是一种有三人或三人以上参加的群体沟通活动

4. 会议类型多种多样,若按会议主办单位划分,可分为(　　　)。

A. 企业会议、社团会议、政府会议、事业单位会议

B. 国际会议、国内会议

C. 商务型会议、度假型会议、展销会议、专业学术会议、政治性会议

D. 年会、论坛、讲座、奖励会议

5. (　　　)不属于会议目的。

A. 推广、宣传、销售　　　　　　　　B. 教育、激励

C. 交流、认识、联谊　　　　　　　　D. 争议、争吵、辩论

二、多项选择题

1. 会议产业特征有(　　　　　)。

A. 属于朝阳产业　　　　　　　　　　B. 以文化为其基本内涵

C. 与旅游业密切相关　　　　　　　　D. 带动性不明显

2. 社团会议有以下几项主要特点(　　　　　)。

A. 商业化运作　　　　　　　　　　　B. 筹备周期短

C. 举办有风险　　　　　　　　　　　D. 规模较大

3. 下列选项属于会议构成要素的是(　　　　　)。

A. 会议名称　　　　　　　　　　　　B. 会议时间

C. 会议主题　　　　　　　　　　　　D. 主办者

4. 在政务会议中,参会人员主要的类型包括(　　　　　)。

A. 正式成员　　　　　　　　　　　　B. 特邀成员

C. 列席成员　　　　　　　　　　　　D. 旁听成员

5. 会议运营职业岗位主要有(　　　　　)。

A. 会议运营专员　　　　　　　　　　B. 会议策划与统筹专员

C. 会议营销专员　　　　　　　　　　D. 会议技术支持专员

三、思考论述题

1. 举办会议的目的是什么?

2. 请举例说明和解释会议的作用。

3. 列举会议的要素。

4. 谈谈你对会议运营职业岗位的认知和理解。

5. 浅谈会议产业的发展历程,思考会议产业未来发展趋势。

项目评价表

学习效果评价表				
任务序号	任务内容	任 务 清 单	权	重
任务一	了解会议的发展	了解会议的起源与发展	5分	5%
		了解会议的定义	10分	10%
		掌握会议的特点	10分	10%
		掌握会议的构成要素	15分	15%
		识别会议的类型	10分	10%
		了解会议的作用	10分	10%
任务二	了解会议产业的发展	了解会议产业的定义	5分	5%
		掌握会议产业的归属	5分	5%
		掌握会议产业的特征	10分	10%
		理解我国会议产业的发展	5分	5%
任务三	熟悉会议运营岗位	掌握会议运营岗位分类	10分	10%
		了解会议运营职业素养	5分	5%
合　计			100分	100%

技术能力评价表				
技能序号	技能内容	技 能 清 单	权	重
技能训练一	会议常识认知	会议的特征	3分	3%
		会议的起源与产生	3分	3%
		会议的定义	3分	3%
		会议类型	3分	3%
		会议目的	3分	3%
技能训练二	会议运营产业与会议运营岗位常识认知	会议产业的特征	5分	5%
		协会会议的特点	5分	5%

续　表

技能序号	技能内容	技 能 清 单	权　重	
技能训练二	会议运营产业与会议运营岗位常识认知	会议构成要素	5分	5%
		参会人员的主要类型	5分	5%
		会议运营职业岗位	5分	5%
技能训练三	会议运营理论与技术认知	论述举办会议的目的	12分	12%
		举例说明会议的作用	12分	12%
		简述会议产业的发展历程	12分	12%
		描述会议运营岗位分类与职业素养要求	12分	12%
		列举会议的要素	12分	12%
合　计			100分	100%

会议策划——凡事预则立

 学习目标

通过本项目的学习,了解会议策划的内涵、主要内容;熟悉会议策划的流程;掌握会议策划的方法;掌握会议策划方案的基本框架以及制定会议策划方案的注意事项;掌握会议预算的编制方法、会议成本控制的原理与重点以及会议赞助书的制定。

知识目标:

1. 了解会议策划的概念与要素。

2. 掌握编制会议策划方案的方法、原则和内容。

3. 了解会议预算、会议赞助书的主要内容。

4. 掌握会议成本控制的原理。

能力目标:

1. 能够编制会议策划方案。

2. 能够制定会议预算。

3. 能够编制会议赞助书。

素养目标:

1. 有备无患,未雨绸缪。培养系统思维、创新意识、全面思考的能力。

2. 充分践行社会主义核心价值观,牢固树立大局意识、责任意识,提高会议策划的可行性与科学性,保证会议的质量。

3. 培养全局意识、风险防范意识、成本控制以及节能减排意识。

 学思践行

有备无患,未雨绸缪

会议产业作为现代服务领域的主要组成部分,对促进我国经贸发展、对外交流、文化互通、产业互联、供应互链起到重要保障作用。要想推动会议产业高质量发展,需要精心策划每一场会议活动,预先撰写具有可行性的会议策划方案。这就需要树立全局意识、辩证思维、新发展理念,统筹考虑会议策划阶段的主要工作。会议策划人员应从策划流程、会议主题、会议内容、会议设置等方面进行预先设计,在不断提高会议策划与组织能力的同时,树立家国情怀与战略思维。

★思考与践行

王琳对会议和会议产业有了初步的认知,理解会议产业对国家、城市发展的重要意义,对会议运营工作充满憧憬的她迫不及待地踏上深度学习之路。她深知成功的会议策划是会议成功的基础,它能够预先规划会议的每一个细节,从而保证会议的流畅和顺利进行。王琳希望通过成功会议策划案例的学习,掌握先进的策划理念、创新的策划方法和严谨的执行流程,能分析不同类型的会议,如商务会议、学术会议、政务会议、社交会议等,针对每种类型会议的特点,分析相应的策划要点,能运用所学知识,独立完成会议策划方案的撰写。

 项目说明

本项目首先介绍会议策划的概念、特点、作用、基本要素以及会议策划的流程与内容;其次介绍会议策划方案的拟写,并重点介绍编制会议策划方案的主要注意事项;最后介绍会议财务预算的制定以及会议风险的防范与应对。

本项目将帮助了解会议策划的内涵和会议策划的方法、内容,掌握会议策划方案编制、会议预算等内容,建立对会议策划的认知,理解一个高效会议的举办,离不开周密完善的策划。只有经过充分完善的策划与准备,并灵活实施,才能打造一流会议。

 项目框架

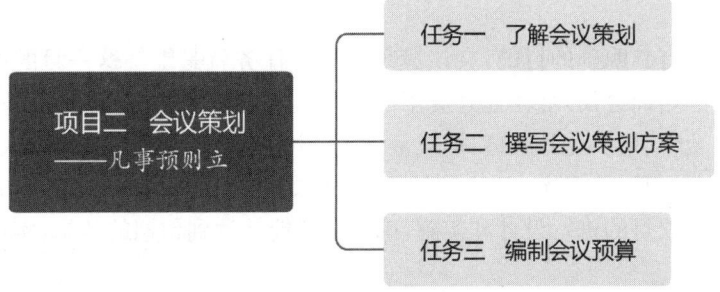

任务一 了解会议策划

 任务说明

本任务通过讲解会议策划的概念、特点、作用、会议策划基本要素以及主要流程等内容,对会前策划工作形成初步认知。通过本任务的学习,应该能够独立回答以下这些问题:会议策划具有什么样的特点?有什么作用?会议策划的构成要素是什么?是否理解会议策划的主要内容？

 **任务实施**

一、会议策划概述

（一）会议策划的概念

1. 广义的概念

会议策划开始于会议之前，广义的会议策划是以一个特定目标作为起点，充分收集会议信息，并在深入分析的基础上，全面构思、设计，运用科学合理的方法，制定出可行方案的创造性思维的过程。简而言之，会议策划就是对会议进行前瞻性规划的活动，是对会议活动从筹备到结束，包括创意构思、目标设定、资源整合到实施执行以及后续评估反馈等一系列环节，进行全过程、全面、细致的规划与安排，旨在确保会议能够高效、有序地达到预期目的，为参会者创造价值，实现会议组织者的战略意图。

2. 狭义的概念

狭义的会议策划，是指对会议本身的各项具体事务，包括会议的目标、主题、形式、时间、地点、会场布置、经费预算、危机处理等具体方面进行周密、细致的安排与设计。

俗话说，好的开始是成功的一半，会议策划是保证会议取得成功的基础，只有考虑周全，对会议的各个部分都进行充分的准备，并通过专业的策划才可能使会议达到预期的效果。

（二）会议策划的特点

1. 目的性

每个会议都有其明确的目的，会议策划的核心任务就是围绕这一目的展开工作。无论是企业内部的培训会议，旨在提升员工的专业技能和业务水平；还是商务洽谈会议，目的是促成项目合作、拓展业务渠道；抑或是学术研讨会，意在交流最新研究成果、推动学科发展，会议策划的每一个环节，从主题的确定、人员的邀请、日程的安排到场地的选择，都必须紧密围绕会议目的进行设计和实施，确保会议能够达到预期的效果，实现组织者举办会议的初衷。

2. 系统性

会议策划是一项复杂的系统工程，需要综合考虑会议主题、时间、地点、人员、预算等多个要素。这些要素相互关联、相互影响，共同构成了会议策划的整体框架。例如，会议主题不仅决定了会议的核心内容和讨论方向，还会影响参会人员的选择、会议地点的确定以及会议形式的设计。同时，会议策划涵盖了会议的筹备、实施和总结阶段，每个阶段都有其特定的任务和目标，需要环环相扣、紧密配合，以确保会议能够顺利、高效地进行。

3. 可行性

会议策划必须基于现实条件和资源进行，确保所制定的方案具有可操作性和可行性。这包括对人力、物力、财力等资源的合理评估和调配。在人力方面，要充分考虑组织者和工作人员的能力和时间安排,确保有足够的人员来负责会议的各项事务,如会务组织、接待服务、技术支持等。在物力方面,要根据会议的规模和需求,选择合适的场地、设备和物资,确保会议现场设施完善、运行顺畅。在财力方面,要制定合理的预算,对各项费用进行精确的估算和控制,确保会议能够在预算范围内顺利进行。同时,会议策划还需要对可能出现的风险进行充分的评估和预判,制定相应的应对措施,以降低风险发生的概率,提高会议策划的可行性和稳定性。

4. 创新性

在当今竞争激烈的社会环境中,会议策划需要不断创新,以吸引更多的参会者,提高会议的影响力和价值。创新性主要体现在会议内容和形式两个方面。在内容上,要紧跟时代潮流和行业发展趋势,挖掘新颖、独特的议题,为参会者提供有价值的信息和见解。例如,随着人工智能技术的快速发展,相关会议可以围绕"人工智能在不同领域的创新应用"展开深入探讨,吸引科技企业、科研人员和投资者的关注。在形式上,可以突破传统的会议模式,采用线上线下混合、互动式、体验式等多种创新形式,增强会议的趣味性和参与感。比如,举办一场虚拟现实(VR)技术体验会议,让参会者身临其境地感受新技术的魅力,提升会议的吸引力和效果。

(三) 会议策划的作用

1. 确保会议目标的实现

(1) 明确方向。会议策划的过程就是对会议目标进行深入剖析和细化的过程。例如,一个企业年度战略规划会议,策划人员在前期要和企业高层充分沟通,明确会议是要确定未来一年的市场拓展方向、产品研发重点还是团队建设规划等。通过策划,把笼统的"战略规划"目标分解为具体的议题,如"新市场开拓区域选择""核心产品升级功能点"等,为会议的顺利开展指明方向。这就好比航海中的罗盘,为会议这艘船确定了前行的航道,避免会议在进行过程中出现偏离主题的情况。如果没有策划,会议可能会在各种无关紧要的话题中纠缠,最终无法达成预定目标。

(2) 合理分配资源。会议策划能够根据会议目标合理分配人力、物力和财力等资源。以一场大型学术会议为例,策划人员需要根据会议的规模和目标(如学术交流、成果展示等),确定需要邀请的专家学者数量和级别。如果会议目标是打造高端学术交流平台,就需要重点邀请领域内的顶尖学者,这就需要在专家邀请费用、交通住宿安排等方面投入较多资源。

同时,会议场地的选择也要基于目标来考虑。如果是注重互动交流的小型研讨会,可能选择一个温馨、设备齐全的小型会议室即可;而大型的学术会议可能需要选择有多个分会场、展示区等功能齐全的大型会议中心。通过策划,确保有限的资源能够精准地投入实现会议目标的关键环节,提高资源利用效率。

2. 提升会议效率

(1) 优化会议流程。会议策划可以对会议的各个环节进行精心安排。从会议的开场、主题报告、小组讨论到总结发言等,每一个环节都有明确的时间安排和内容要求。例如,在一场产品发布会的策划中,策划人员会精确计算产品展示环节的时间,确保产品亮点能够充分展示,同时又不会因为时间过长导致观众疲劳。

通过合理安排流程,可以避免会议中可能出现的混乱局面,如多个议题同时进行、讨论环节无序等。就像一场精心编排的舞台剧,每个场景(会议环节)都按照既定的顺序和节奏进行,使会议能够高效、有序地推进。

(2)提高参与者的积极性。优秀的会议策划会充分考虑参与者的体验。例如,在会议内容设计上,可以结合参与者的兴趣点和专业背景进行安排。对于一场行业峰会,策划人员会根据参会者的行业细分领域,设置针对性的分论坛,让参与者能够在自己感兴趣的领域深入交流。

在会议形式上,策划也可以采用新颖的方式,如互动式演讲、工作坊等形式,提高参与者的参与度。当参与者感受到会议内容与自己密切相关,且参与形式有趣时,他们的积极性就会被充分调动起来,从而提高会议的整体效率,因为积极的参与者更有可能在会议中积极发言、分享观点,促进信息的快速流通和问题的有效解决。

3. 增强会议的影响力

(1)塑造会议品牌形象。会议策划有助于打造独特的会议品牌形象。以一个知名的行业年会为例,策划团队会在会议主题、视觉设计(如会议标志、宣传海报等)、会议服务等方面下功夫。如果会议主题每年都紧扣行业热点且具有前瞻性,视觉设计风格统一且具有辨识度,会议服务周到细致,那么经过多年的积累,这个年会就会在行业内树立起良好的品牌形象。

良好的品牌形象能够吸引更多的参与者、赞助商和媒体关注。就像一些国际知名的科技大会,它们的品牌形象已经深入人心,每年都能吸引全球顶尖的科技企业和科研人员参与,众多媒体也会争相报道,从而进一步扩大了会议的影响力。

(2)促进信息传播。会议策划可以制定有效的信息传播策略。在会议前期,通过精心策划的宣传推广活动,如利用社交媒体、行业媒体等多种渠道发布会议预告、嘉宾介绍等内容,吸引潜在参与者的关注。在会议进行时,策划人员可以安排专门的媒体采访环节,或者利用现场直播等方式,将会议的精彩内容实时传播出去。

例如,在一场重要的政策解读会议上,通过策划好与媒体的合作,会议内容能够迅速传播到相关企业和政府部门,让政策能够更快地被理解和执行。会议结束后,还可以通过发布会议总结报告、精彩瞬间集锦等,延续会议的传播热度,扩大会议的长期影响力。

二、会议策划要素

一份完整的会议策划基本包括会议策划目标、策划主体、策划对象、策划依据、策划方案、策划效果评估等核心要素。

(一)策划目标

会议策划的核心要素之一是会议策划的目标。策划目标可以是单一目标,也可以是复合目标。单一目标,是指会议策划中的具体策略问题,如会议主题、会议名称、会议宣传推广、参会者邀请等;复合目标是指策划方案涉及两个或两个以上的活动目标,如市场占有率、销售利润率等,或同时对价格、渠道、促销等各项活动的预定目标进行策划。

（二）策划主体

策划主体，是指进行创意、规划，提出策划方案的会议组织机构，在会议项目中起着"智囊"的作用。策划主体可以是个人，也可以是某一机构、组织。由于策划是一种智力密集型的创造性活动，因而对策划主体在知识、文化、能力、素质方面有着更高的要求，会议策划活动策划主体的素质直接影响着会议成果的质量水平。

（三）策划对象

策划对象既可以是某项整体会议活动，也可以是会议诸要素中某一要素（如对会议时间进行策划，或对会议地点进行策划等）。

（四）策划依据

策划依据既包括策划者的知识结构、信息储存以及有关策划对象的专业信息，也包括会议项目立项的主客观条件。会议策划要顺利进行，会议组织机构必须获取大量一手资料，掌握相关信息。会议策划主体应根据策划目标的要求，收集、整理与策划目标有关的各种信息，包括会议项目内部可控信息和不可控的环境信息、参会者需求信息和竞争对手信息等。

（五）策划方案

策划方案是策划者为实现策划目标，针对策划对象而设计创意的一套策略、方法和步骤。

（六）策划效果评估

策划效果评估是对实施策划方案可能产生的效果进行预先的判断和评估。在会议策划中，效果评估既是一项会议活动的终点，又是下一次会议活动的起点，它为以后的会议项目策划提供决策依据，也为会议的品牌成长提供可参考的依据。

以上所述的会议策划诸要素是一个相互影响、相互制约的体系，要构建好一个完整的系统工程，还需要会议组织机构及其他利益主体的默契配合、高效运作。

三、会议策划的流程

会议策划并非一蹴而就，仅有零散的创意和书面的文本远远不够。会议策划是一项系统工程，需要有专业的策划能力、会议主题所覆盖的行业知识、参会者需求把握、市场营销知识、项目管理经验、宣传推广基本知识等。一项完整的会议策划活动一般要经过以下几个流程。

（一）成立工作组

会议策划的首要工作就是成立策划小组，由策划小组拟定具体的策划方案。为了保证会议的顺利进行，会务人员要进行分工，既各司其职，又相互配合，共同完成会议准备工作。小型会议只需设立会务组，选派专人进行会议的筹划、组织、安排、协调等工作；大中型会议则要建立完善的会议组织机构，将各项工作任务细分到各小组，各小组在统一指挥下分工合作，共同承担会务工作。

会 议 组 织
机构设置

1. 策划小组的工作内容

（1）制定目标。策划小组要有具体的工作目标，并且这一目标要以文字形式落实在书面文件上。要明确策划小组与承办单位之间的关系,明确策划小组的具体职责以及结束任务的时间。

(2)确定人选。策划小组要确定小组成员的来源,是内部选取还是外部指派。

(3)具体运作。策划小组要有预算,要对会场进行实地考察,定期聚会讨论。

2.策划小组的人员构成

一般情况下,策划小组一般在调查工作开展前成立,具体负责某一特定会议项目的策划工作。策划小组的人数以3～5人为宜。除了核心的策划小组,最好还有一个外围的支持小组,可以为策划小组提供咨询与资料收集等支持。策划小组需要集聚多方面的人才,一般包括以下人员。

(1)业务主管。业务主管具有特殊的地位,一般由业务部门经理、会议总监或副总经理甚至总经理担任,负责整个会议策划项目的管理和协调工作。业务主管需要具备丰富的会议策划经验,能够完成整个项目的规划、预算控制以及资源分配等管理任务。

(2)文案策划人员。文案策划人员负责完成与会议的文字内容和传达方式相关的工作,包括拟定会议主题和议题、撰写演讲稿、收集宣传资料、编写会议手册等。他们需要具备良好的文字表达能力和创意思维,能够将客户需求转化为有吸引力的文案内容,以便准确地传达会议的目标和信息。

(3)设计人员。设计人员负责会议策划方案中的视觉呈现和形象设计,包括会标、会议主视觉、宣传海报、PPT的设计等。他们需要具备出色的设计能力和专业的设计软件应用技巧,能够通过设计元素提升会议视觉效果。设计人员需要与文案策划人员紧密合作,确保所有的视觉元素都能够支持会议的主题和目标。

(4)市场调研人员。市场调研人员负责对会议目标受众和会议市场进行综合调研和分析,包括分析目标受众群体、参会需求、竞争对手、行业趋势等、他们需要收集和整理相关数据,需要掌握市场调研方法,具备调研工具的运用能力,为会议策划提供准确的建议。

(5)媒体联络人员。媒体联络人员负责与媒体进行接触和沟通,完成会议的宣传和媒体报道工作,包括新闻发布、邀请记者参与报道等。他们需要具备良好的沟通和协调能力,与媒体建立良好的合作关系,能够将会议信息传达给目标受众并吸引媒体关注,提高会议的宣传效果和媒体曝光度。

除了上述人员,根据具体的会议策划项目的需求,还可以补充其他专业人员,如会务执行人员、舞台搭建人员、音响灯光技术人员等。这些人员的职责是保证会议的顺利进行,为会议提供全方位的支持和服务。

(二)会前调研

策划小组成立后,需要开展会前调研。会前调研能够帮助策划人员增强预测会议市场趋势的能力,发现更多的市场机会,提高分辨市场机会的能力和成功举办会议的可行性,从而为会议组织者进行科学决策提供重要依据和坚实基础。会前调研,有助于会议组织者发现新的会议市场需求,确立发展方向;有助于会议组织者把握参会者需求;有助于会议组织者制定有针对性的宣传推广策略,掌握市场上同类会议项目的举办情况,了解竞争对手在会议营销和会议组织方面所采取的策略和方法，从而做到知己知彼，以增强会议项目的竞争力。

（三）会前策划

在经过广泛、深入的调查研究，取得大量有用资料后，就应着手进行会议项目策划。会议项目策划是以后具体进行会议项目管理的行动指南。会议项目策划制定得恰当与否，直接关系到会议主题是否具有吸引力，是否有参会者参会。如何有效地执行好会议项目，甚至直接关系到整个会议项目工作的成败。在进行会议项目策划时，首先应确定会议目标，并对目标进行分解和量化；其次应确定参加会议的受众范围、类型、需求等。在确定会议项目目标和受众后，就要确定会议主题，并针对会议受众的特点，选择能突出会议主题、实现目标的传播渠道。

（四）会议筹备

会议筹备是将会议策划方案的各项事宜落实到行动上，并力争变为现实的过程。筹备会议之前，首先要明确会议的目的是什么？是要传达上层决策者的精神，还是为了解决某个具体的问题或危机？不管具体目标如何，召开会议的基本目的都是传达并贯彻所要执行的内容，使各个部门的经营策略与公司目标协调一致，群策群力，找到解决问题的最佳方案。因此，在进行会议筹备时，应明确举办会议的目标、会议的主办方（发起人），与相关领导团队进行沟通并了解他们的想法（包括会议的形式、办会经验需要的资源、预算等）。

（五）会议执行

会议能否取得预期效果，不仅要看会议策划方案制订得是否可行，更重要的是看会议执行情况如何。再好的创意，如果执行不到位，或执行打折扣，效果都会不尽如人意。会议执行环节要考虑人力、财力、物力的有效配比，达到资源的有效利用。可借助甘特图项目管理思路来对会议的工作进行管理，包括会议项目的里程碑、分工、时间点、需要的资金、相关人员及物料设备等。在会议执行前，应与会议相关利益机构，如主办方、承办方、合作媒体等事先约定，明确各方在执行环节的职责，随时进行会议执行把控，并在执行过程中适时检查、调整计划。

（六）会议评估

会议评估不仅是会议项目管理的最后一个流程，也是下一个会议项目的调研起点。会议评估对会议结果进行总结、衡量和评价，是改进会议质量和提高会议服务的重要环节。开展会议评估，一方面可以使会议组织者看到举办会议的明显效果，有助于发现自身在会议举办过程中存在的问题，从而更好地改善服务和提升自己；另一方面也可以帮助会议组织者了解参会者的满意程度，为继续办会提供经验、奠定基础。

四、会议策划的内容

会议策划的内容包含确定会议目标和主题（why）、确定会议规模（who）、确定会议形式（what）、确定会议时间（when）、确定会议地点（where）、确定会议议程（how）、确定会议预算（budget）、确定会务工作（others），以上可以总结为：5w、1h、1b、1o。

（一）确定会议目标和主题（why）

会议的目标是会议组织者的期望所在，是会议所要完成的具体任务。召开会议就是为了达到某种目的或完成某项任务。确定会议目标、明确会议主题，就是要解决为什么开会这一基本问题。只有目标清晰、任务明确，会议才能发挥应有的作用。

（二）确定会议规模（who）

对于会议组织者而言，通常在策划会议时，考虑确定会议目标和主题后就要确定参会者。参会者是会议策划的重要内容，包括"谁来开会"和"多少人参加"（参会者数量决定会议规模）。根据会议内容，考虑是否邀请不同类型的嘉宾，如政府官员、行业主管或中外专家学者等，这些人员的参加将有助于提升会议的级别和层次。

（三）确定会议形式（what）

一般来讲，各种形式的会议有自己的模式和程序。会议性质、会议目的以及参会人员身份决定了会议的形式。

首先，不同性质的会议应采取不同的会议形式。如法定性会议、决策性会议，这种会议严肃而庄重，一般采取程序严格、场面庄严的会议形式。

其次，会议形式取决于会议目的。作出决策的会议，要采取便于议决事项程序化的方式；征询研讨的会议采用便于发表意见、可以充分讨论、开放的形式；宣传教育的会议，考虑采用增强宣传效果的方式；传达精神的会议，则要考虑扩大传达面的形式。

最后，参会人员身份不同，可以采取不同的会议方式。较高层级的领导人会议，要采取便于集中、就地召开的形式；不同单位、不同系统人员参加的会议，应采取座谈、会商的形式进行。

（四）确定会议时间（when）

会议时间主要包括会议召开时间及会期持续时间两方面。会议时间依照会议类型有所不同。一般情况下，2天的会议最为常见，极少数会议会期为1天或超过5天。通常，9:00—11:30，15:00—17:30两个时间段是人们精力最旺盛、思维能力及记忆力最佳的时机，因此要注意将全体会议安排在上午、下午的这些时间段。

同时，会期确定也同样重要。会期确定原则包括：① 依实际需要定，要考虑议程能否完成；② 参会者能否充分表达意见；③ 是否留机动时间；④ 在满足需要的前提下，合理压缩会议时间。

（五）确定会议地点（where）

会议地点的重要性不容置疑。一般情况下，会议组织者将直接参与会议选址工作，也可以交由第三方会务公司完成。会议地点的确立，主要包括了会议空间策划（即在何地开会）和按会议主题、规模等要素选择合适的场所。会议选址要根据会议规模、档次、参会人员身份，并结合会议内容来考虑，也可以根据会议对周边环境的要求，确定具体举办地点。

（六）确定会议议程（how）

顾名思义，议程即会议的程序表，它所涵盖的内容除了足以实现会议目标的各种议案，如主题规则等，还包括发言人姓名、会议时间及地点等。

一般来讲,不同形式的会议,议程不一样,要根据具体会议而定。

例如,工作研讨会的议程大致可以包括:

(1) 会议主持人开场白,介绍会议的目的。

(2) 主要领导发言。

(3) 参会者自由发言、讨论问题等。

而一些大型会议的议程通常为:

(1) 开幕式和致欢迎辞。

(2) 领导讲话。

(3) 嘉宾演讲。

(4) 闭幕式或闭幕致谢等。

(七) 确定会议预算(budget)

会议的成本预算策划,一般包括以下两个部分。

1. 显性成本

显性成本即会议明显的耗费,如场地费、设备租赁费、住宿费、餐饮费、服务费、杂费等。

2. 隐性成本

隐性成本即参会者因参加会议而损失的劳动价值,一般是不为人所关注的成本,如会议服务人员筹备时间、参会人员的路途时间等。

(八) 确定会务工作(others)

在会前要成立会议筹备组,具体处理会务工作。会务工作分为会前准备、会中调度、会后结束工作。

会前工作包括了设计并安排好会场、会场布置、调试音响设备、准备所需文件材料、做好参会者的接洽工作等;会中工作包括会议签到、会议记录、会议服务等;会后工作包括整理会议资料、检查会场等。

实例 2-1

科技公司年度技术峰会

某科技公司计划举办一场年度技术峰会,旨在展示公司最新的技术成果,促进与行业伙伴的合作,提升公司在行业内的影响力。

会议策划的"5w1h1b1o":

一、确定会议目标和主题(why)

(1) 会议目标:提升公司在科技行业的知名度和影响力;促进与行业伙伴的合作,拓展业务机会;向外界展示公司的最新技术成果,吸引潜在客户和合作伙伴。

(2) 会议主题:确定为"创新科技,引领未来",突出公司对创新的重视和对未来科技发展的展望。

二、确定会议规模(who)

(1)参会人员：目标受众包括科技行业的企业高管、技术专家、科研人员、媒体记者等。预计参会人数为 300 人。

(2)邀请嘉宾：邀请行业内知名的技术专家、学者、企业领袖等作为演讲嘉宾。

(3)会议组织者：由公司内部的市场部和研发部联合组成策划团队,负责会议的整体策划和执行。

三、确定会议形式(what)

(1)开幕致辞：公司高层领导介绍公司的发展历程和未来规划。

(2)主题演讲：邀请嘉宾分享行业最新技术趋势和创新理念。

(3)产品展示：展示公司最新的技术产品和解决方案。

(4)圆桌论坛：邀请行业专家和企业代表就热门技术话题进行讨论。

(5)互动体验：设置体验区,让参会者亲身体验公司的新技术产品。

四、确定会议时间(when)

(1)会议时间：选择在 2025 年 5 月 20 日—21 日举办。这个时间段避开节假日和行业内的其他大型活动,确保参会者能够安排时间参加。

(2)会议时长：为期两天,第一天上午 9:00—下午 5:00,第二天上午 9:00—下午 3:00。合理安排时间,确保会议内容充实且参会者不会过于疲劳。

五、确定会议地点(where)

选择在市中心的国际会议中心举办,地点交通便利,靠近主要交通枢纽,方便参会者到达。会议中心设施完善,能够满足会议的各种需求,包括演讲区、展示区、休息区等。

六、确定会议议程(how)

安排开幕式、领导讲话、嘉宾演讲、产品展示等议程的具体时间。

七、确定会议预算(budget)

编制详细的会议预算,包括场地租赁费用、设备租赁费用、嘉宾邀请费用、餐饮费用、资料印刷费用、宣传推广费用等。总预算为 50 万元,预留 10% 作为备用资金。

八、确定会务工作(others)

(一)会议宣传推广

(1)线上渠道：通过公司官网、社交媒体平台(如微博、微信公众号、抖音等)发布会议信息,制作宣传海报和短视频,吸引潜在参会者的关注。同时,通过电子邮件向行业内的目标客户发送邀请函。

(2)线下渠道：在行业展会、学术会议上发放传单,张贴海报,提高会议的知名度。

（二）会议物料准备

（1）会议资料：准备会议手册、演讲嘉宾的演讲资料、会议议程表等。会议手册包含会议的基本信息，如主题、时间、地点、日程安排、嘉宾介绍等。

（2）会议用品：准备笔、纸、便笺、文件夹等办公用品，以及茶歇时的饮料、小吃等，确保每个参会者都能使用到这些物品。

（三）现场布置与服务

（1）现场布置：根据会议主题进行现场布置，设置演讲区、展示区、休息区、互动体验区等。演讲区配备专业的音响、投影设备，展示区布置公司的最新产品和技术解决方案。

（2）现场服务：安排专人负责引导、接待、问题解决等工作，确保会议现场秩序井然，参会者能够顺利参与各项活动。

通过这个案例，可以全面了解会议策划的各个环节，掌握"5w1h1b1o"分析法在会议策划中的应用。案例中的每个环节都详细阐述了具体的操作步骤和注意事项，有助于读者在实际工作中更好地应用所学知识，提升会议策划的能力。

任务二　撰写会议策划方案

 **任务说明**

本任务通过讲解会议策划方案的内涵、特点、作用、种类，会议策划方案的框架等内容，使学生熟悉会前策划阶段的主要工作，能撰写符合要求的会议策划方案。通过本任务的学习，应该能够独立回答以下这些问题：会议策划方案的作用是什么？会议策划方案的主要内容是什么？会议主题与议题有什么区别？会议议程与日程有什么区别？不同的会议形式有哪些？

任务实施

举办一个成功高效的会议，离不开周密完善的策划。常言道，"有备无患，未雨绸缪"。只有充分完整的策划准备与彻底灵活的实施执行，才能打造一流的会议。

一、会议策划方案概述

（一）会议策划方案的含义

会议的成果最终要通过形成某种文书的形式反映与表达出来，这就是会议策划方案。会议策划方案是会议各项策划目标、意图和实施细则的书面形态。

会议策划方案是在举办会议之前，对会议的内容、形式、时间、地点、接待现场管理、经费筹措与使用、会议形象等各个方面进行总体策划和具体安排而形成的建议性文案。比较重要的会议,会务工作机构都应该事先根据领导者的意图和指示制订出周密详尽的策划方案,经领导者审核批准后由会务工作机构具体实施。

(二) 会议策划方案的作用

比较重要的会议最终都要以会议策划方案的形式呈现出来,那么它一定具有一些不可忽视的重要作用。

1. 指导执行作用

会议策划方案在成为确切的实施方案以后,就对会议的各项组织筹备工作具有指导作用。各部门在工作中应当切实贯彻方案的各个细节步骤,坚决落实方案的各项要求。

2. 扩大宣传作用

会议策划方案经决策机关审定后,通过报纸和网络等媒体公开发布,可以发挥宣传会议形象,扩大会议影响的作用。

(三) 会议策划方案的基本内容

会议策划方案的内容基本上和会议策划的内容十分相似,也可以用 5w、1h、1b 和 1o 来概括。

(1) why,包括会议策划的原因和意义等。

(2) who,包括策划书实施者、策划者、参与者(准备邀请的有关领导贵宾,出席和列席会议的人员)等。

(3) what,包括会议的背景、目标、名称、规模、主题、议题等。

(4) when,包括会议的开始、结束的时间,会议实施的时机,议程和日程安排等。

(5) where,包括会议的地址、规格、现场布置要求等。

(6) how,包括会议策划的方法、实施形式、技术手段等。

(7) budget,包括会议经费的预算以及筹集经费的渠道和方式等。

(8) other,包括会议的后勤保障措施以及辅助活动的安排,如参观、游览、娱乐、聚餐等,以及会议的宣传方式,如召开新闻发布会、编写会议简报、邀请记者采访、发送新闻稿件等。

当然,并不是所有的会议策划总体方案都必须具备以上内容,不同的会议可以根据实际情况和需要在详尽程度上灵活掌握并适当加以选择。

知识拓展

会议策划选择会议时间有诸多事项需要注意,以下是一些常见的要点:

1. 考虑与会人员时间安排

(1) 避开节假日。节假日是人们休息放松的时间,大多数人会安排出行、聚会等活动,此时召开会议很难保证与会人员的高出席率。例如在春节、国庆等长假期间,人们往往有出行计划,很难抽出时间参加会议。

(2) 避开工作高峰期。对于企业内部会议,要避免在工作最为繁忙的时段,如月底财务结算、销售冲刺阶段等。以销售部门为例,月底通常是冲刺业绩的关键时期,此时召开会议可能会干扰他们的工作节奏,影响会议效果和工作进度。

(3) 考虑与会人员的地域差异。如果会议涉及不同地区甚至不同国家的人员,需要考虑时差因素。比如,一个跨国公司总部位于美国,而重要分支机构在中国,若要召开全球会议,就要选择一个双方都能接受的时间,避免让某一方因时差而在深夜或凌晨参加会议。

2. 结合会议主题与性质

(1) 紧急会议。若会议内容紧急且重要,如突发重大安全事故后的应急处理会议,则应尽快安排时间,以确保问题能够及时得到解决。此时,即使在非工作时间,相关人员也应迅速响应并参加会议。

(2) 常规会议。像部门周会、月会等常规性会议,可相对固定在每周或每月的特定时间,如每周一上午或每月中旬的下午,让与会人员提前知晓并预留时间,形成规律,便于工作安排。

(3) 专业学术会议。这类会议通常需要与会者有充足的时间进行学术交流和研讨。因此,要选择在学术氛围较为浓厚、与会者相对空闲的时间段,如在高校的寒暑假期间,科研人员有较多时间参与学术活动,此时召开会议能吸引更多专业人士参加。

3. 关注场地与设备可用性

(1) 场地预订情况。提前了解会议场地的预订信息,选择场地空闲的时间段。一些热门的会议场地,如大型会展中心、五星级酒店的会议室等,往往需要提前数月甚至更长时间预订。如果临时决定召开会议,很可能找不到合适的场地。

(2) 设备维护时间。确保会议所需的设备在所选时间能够正常使用。例如,会议需要使用投影仪、音响等设备,要避开设备维护、检修的时间,以免影响会议的顺利进行。可以提前与场地管理人员或设备供应商沟通,了解设备的使用情况和维护计划。

4. 考虑会议时长与节奏

(1) 合理安排会议时长。根据会议内容的多少和重要性来确定会议时长。一般来说,短会议(1—2小时)适合讨论单一议题或进行简短的工作部署;中等时长会议(3—4小时)可用于多个议题的讨论和决策;长会议(半天或一天)则适用于大型研讨会、培训会议等。过长的会议容易导致与会人员疲劳,影响会议效果。

(2) 设置休息时间。在较长的会议中,要合理安排休息时间,让与会人员能够放松身心、恢复精力。例如,在半天的会议中,可安排1到2次短暂的茶歇,每次15~20分钟;在一天的会议中,除了茶歇外,还应安排午餐和晚餐时间,以及适当的小憩时间。

5. 考虑外部环境因素

(1) 天气情况。如果会议地点在户外或需要与会人员前往特定地点,要关注天气预报。避免在恶劣天气下召开会议,如暴雨、暴雪、台风等,这不仅会给与会人员的出行带来不便,还可能影响会议场地的正常使用。例如,在海边举办的户外拓展会议,若遇到台风天气,就不得不推迟或取消会议。

(2) 社会活动与事件。避开大型社会活动、体育赛事、展会等可能影响交通和人员出行的时间段。比如,在举办城市马拉松比赛期间,城市的主要道路会进行交通管制,此时召开会议,与会人员可能会因交通拥堵而迟到甚至无法到达会议地点。

(四) 会议策划方案的基本框架

1. 会议简介

会议简介包括会议主题、会议时间、地点、组织机构、参会人员等的介绍。在此部分,一定要明确会议主题,会议主题应与会议目标一致且具有号召力,能引起人们的注意和共鸣,如"区域合作:展望未来""公司年会:营销整合,提升绩效"。

2. 会议日程及相关安排

这是会议方案的主体部分,常由时间和事件组成的表格来体现。会议日程中,需要考虑参会者到达和离开的时间,每一时段的活动安排,会议主题内容,活动地点,参会者用餐、参观、娱乐和中间休息等会外内容。

3. 会议预算

会议预算要从实际出发,预估会议所需要的交通费用、餐宿费、场地租用费、会议资料费等一些固定支出。

4. 其他需要说明的事项

对于需要特殊说明的事项,在会议策划方案中可单独列出。

二、拟写会议策划方案注意事项

(一) 会议主题与议题的关系

1. 会议主题与议题的含义

会议主题(theme)是会议主要内容和实质问题的高度概括,使会议潜在参与者通过它可以了解会议的大体内容。会议主题的确定,有助于使会议具有号召力、引人注目,是会前策划的一项重要任务。例如,2022 年北京冬奥会主题口号"一起向未来"("Together for a Shared Future")。北京冬奥组委表示,这是中国向世界发出的诚挚邀约,传递出中国人民的美好期待:在奥林匹克精神的感召下,与世界人民携手共进、守望相助、共创美好未来。

一般情况下,大中型会议才确定会议主题,且一个会议只能有一个主题,而小型会议或日常会议只需确定会议的议题。为了使参会者对会议主题有更深入的了解,主办方会围绕会议主题,精心设置多个具体讨论的话题,这些拟讨论的话题即是议题,是对会议主题的具体化。

2. 会议主题与议题的关系

议题是对会议主题的进一步阐释,是围绕会议主题来确定的,每一个议题是主题的构成要素,在一个会议中,会议主题只能策划一个,议题可以策划多个。

实例 2-2

2023 年博鳌亚洲论坛主题与议题

2023 年博鳌亚洲论坛的主题是"不确定的世界：团结合作迎挑战，开放包容促发展"。这一主题反映了当前国际形势的复杂性和不确定性，强调了在全球化背景下，各国需要团结合作，共同应对各种挑战，促进共同发展。

本届年会设置了四个主要议题板块，分别是"发展与普惠""治理与安全""区域与全球""当下与未来"。这些议题旨在推动各方理性探讨自身利益和共同利益、短期利益和长远利益的关系，以促进国际合作，凝聚发展共识。

(1) 发展与普惠议题。该议题关注全球经济发展和普惠性增长，涉及世界经济展望、重塑全球化、落实 WTO 多边贸易规则、极端天气与气候变化等内容。它探讨了如何在当前的不确定世界中实现经济的可持续发展，以及如何通过国际合作促进商品和服务的自由流动，共同应对气候变化等全球性问题。

(2) 治理与安全议题。治理与安全议题聚焦于全球治理体系的改革和完善，以及如何在动荡的世界中维护安全。它包括全球产业链供应链的调整、芯片竞争、科技和创新政策对经济发展的影响、碳中和的实现路径、数据所有权与安全等问题。这些问题涉及国际社会如何加强协调，共同维护产业链供应链稳定，以及如何在科技和创新领域开展国际合作。

(3) 区域与全球议题。区域与全球议题探讨了区域合作与全球治理的关系，特别是在亚洲区域合作不断深化的背景下。它涉及《区域全面经济伙伴关系协定》(RCEP) 的作用、"一带一路"倡议的全球影响力，以及在经济下行背景下如何加强国际合作，推动数字化转型，深化经贸合作，促进经济复苏与发展。

(4) 当下与未来议题。当下与未来议题着眼于当前世界面临的紧迫问题和未来的长期发展趋势。它包括中国式现代化的特点、清洁能源的发展障碍及其克服方法等。这些议题旨在探讨如何在当前的不确定世界中找到确定性，以及如何为未来的发展做好准备。

在 2023 年博鳌亚洲论坛中，主题只有一个，即"不确定的世界：团结合作迎挑战，开放包容促发展"。该主题是对 2023 年博鳌亚洲论坛主要内容和实质问题的高度概括，文字非常凝练。如果让与会者就这个主题展开讨论，一定会存在观点分散、不知道从何谈起的问题。因此，主办方围绕这个主题，从"发展与普惠""治理与安全""区域与全球""当下与未来"四个板块入手，精心设置了多个议题，每个拟讨论的议题均是对主题的回应和主题的具体化，反映了国际社会对于加强合作、促进发展的强烈愿望，以及在全球化背景下，各国共同努力解决全球性问题的重要性。

(二) 会议议程、会议日程与会议程序的区别与联系

1. 区别

(1) 关注点不同。会议议程关注"讨论什么"，侧重于会议的主题和议题安排；会议日程关注"何时进行"，侧重于时间的规划和把控；会议程序关注"如何进行"，侧重于会议进行过程中的操作流程和规则。

（2）内容构成不同。会议议程主要由议题清单组成,包括议题名称、顺序和负责人等;会议日程则由时间表和活动安排组成,详细列出每个环节的时间、地点和活动内容;会议程序则由一系列的操作步骤和规则组成,规范会议的开场、讨论、表决、总结等环节的具体执行方式。

（3）呈现形式不同。会议议程通常以清单或大纲形式呈现;会议日程以行程表或时间表形式呈现;会议程序以流程图或详细文字描述形式呈现。

2. 联系

（1）相互依存。会议议程是会议日程和会议程序的基础,确定了会议要讨论的主要内容和议题顺序;会议日程为会议议程的实施提供了时间保障,确保各个议题和活动能够在合适的时间进行;会议程序则为会议议程和会议日程的执行提供了具体的操作规范和流程指导,三者相互依存、缺一不可。

（2）具有共同目标。三者共同服务于会议的顺利进行和目标达成,通过合理安排会议内容、时间和流程,提高会议效率,确保会议能够达到预期的效果,实现会议的目的和目标。

在实际的会议组织中,需要综合考虑会议议程、会议日程和会议程序,将三者有机结合,制定出科学合理、详细周密的会议计划,以确保会议能够高效、有序、顺利地进行。

实例2-3

某公司季度销售总结暨新品研发大会会议议程、会议日程与会议程序

一、会议议程

（一）开场致辞

（二）一季度销售业绩分析

1. 各区域销售数据汇报

2. 销售问题总结与讨论

（三）新产品研发进度汇报

二、会议日程

8:30—9:00 签到（会议大厅）

9:00—9:30 开场致辞（主会议室）

9:30—10:30 一季度销售业绩分析（主会议室）

10:30—10:50 茶歇（茶歇区）

10:50—11:50 新产品研发进度汇报（主会议室）

11:50—13:00 午餐（餐厅）

13:00—15:00 分组讨论（分组会议室）

三、会议程序

（一）开场环节

（1）主持人开场介绍会议主题、议程及参会人员（5分钟）。

(2) 公司董事长致开幕词(10 分钟)。

（二）议题讨论环节

(1) 销售部门汇报一季度销售业绩(15 分钟)。

(2) 与会人员就销售业绩进行讨论(30 分钟)。每位参会人员发言时间不超过 5 分钟,记录员记录讨论要点。

(3) 研发部门汇报新产品研发进度(15 分钟)。

(4) 与会人员就研发进度进行讨论(30 分钟)。

其中,发言规则同上。

（三）表决环节

(1) 对新产品研发预算调整方案进行表决。

(2) 采用无记名投票方式,参会人员每人一票。

(3) 设立计票人和监票人,现场统计票数并公布表决结果。

（四）总结环节

(1) 主持人总结会议主要成果和下一步工作安排(10 分钟)。

(2) 公司总经理作闭幕致辞(10 分钟)。

(三) 会议突发事件预测及应对

突发事件是制定会议策划方案时必须考虑的重要问题,要早做准备,未雨绸缪。

1. 会议突发事件对策策划要注意的问题

会议策划的一个关键部分就是如何处理突发事件,虽然策划者不可能预测到所有可能的问题。但是,策划者可以事先做好准备工作,以对付各种突发事件。

(1) 预测可能出现的突发情况。会议策划突发事件的对策就是采取措施去处理计划外的突发事件。要认真考虑哪些地方会出现问题,并能确切地知道自己应当如何缓解危机、解决问题。

(2) 尽早策划。最早的突发事件策划可能主要涉及一些管理上的问题,比如预订量不够时应当如何去做;IT 系统出故障应该怎样处理;由于工作人员生病等原因人手不够该如何处理。

(3) 二次策划。活动的准备阶段,要不断地、适时地对突发事件策划进行复查。如果某个已确定的会议主题突然被取消或是会场通知做一些不曾预料的其他工作,应该怎么办呢? 这类问题一旦突然出现,策划者就几乎没有回旋的余地了。因此,要仔细考虑一下活动中到底可能发生哪些突发事件。

(4) 在活动开始之前再次进行策划。策划不要过度,否则工作组就会高度紧张而精神崩溃。但是,在活动就要开始的时候可以发动一次头脑风暴,讨论会议之中可能出现的紧急情况与危机。问题越奇特,解决办法就越有创造性。不要害怕用头脑风暴法,也不要回避奇特的问题。

2. 常见的会议突发事件对策的策划

(1) 人员突发疾病。

① 应急准备：配备急救箱(含常用药品和急救用品)，联系附近医疗机构，安排培训急救人员。② 应急响应：发现有人突发疾病，立即通知负责人和急救人员，对患者进行初步急救，拨打"120"并协助送医。

(2) 火灾事故应急准备。

① 应急准备：熟悉消防设施和疏散通道，确保畅通，对参会人员进行消防安全培训。② 应急响应：拨打"119"，组织初期灭火，按疏散预案撤离人员，清点人数并救治伤员。

(3) 设备故障应急准备。

① 应急准备：全面检查设备，准备备用设备，安排技术人员熟悉操作。② 应急响应：技术人员快速判断故障，简单故障立即处理，复杂故障联系维修并说明情况，采取替代方案。

(4) 自然灾害应急准备。

① 应急准备：了解风险，获取预警信息，制定疏散预案，准备防汛抗震物资。② 应急响应：暴雨时关注雨情，适时撤离人员并保护设备；地震时，撤离到开阔地带，救治伤员。

(5) 恐怖袭击或暴力事件。

① 应急准备：与警方保持联系，加强安保措施，对参会人员进行安全培训。② 应急响应：启动警报，保安制止犯罪，组织人员躲避，拨打"110"并配合警方行动。

(6) 食品安全事故。

① 应急准备：选择合格餐饮供应商，签订协议，准备解毒药品。② 应急响应：发现疑似中毒症状，报告负责人，封存可疑食品，救治患者并通知监管部门。

实例 2－4

会议应急预案

为了迎接某区某组织第×届某次会议的胜利召开，规范重要会议期间的管理，杜绝群死群伤等恶性事件、事故的发生，在会议召开期间，特制定本规定。

一、应急小组

组长：黄某

副组长：冯某、刘某

组员：林某、刘某、万某、杨某、陈某、蔡某、李某、武某、屠某

二、事故防范

(1) 举行重要会议前做好安全纪律教育，定岗、定位、定责。

(2) 召开重要会议前针对本次会议具体要求，做好应急预案和防范措施。

(3) 重要会议的场地、设施须符合安全要求，消防设施须保证，会场重地出入和通道要畅通，便于疏散。若夜间开展活动，须有足够的照明设备，停电时要有应急措施。

（4）承担重要会议会务工作前必须向主管部门申请,报公安部门审批。

三、事故处理

（一）出现拥堵现象

（1）1号门由屠某、值班人员及一名门卫负责,主要工作是及时疏导和控制参加会议的人员进出,防止人员聚集而堵住进口处。

（2）2号门由一名门卫负责,主要是负责车辆进出。自行车全部停放在外面的寄存处。如有紧急情况,应及时打开2号门疏散人员。

（3）安排值班安全员把守各要道口,防止参会人员原地返回而造成进出人员汇流。

（4）陈某负责A楼、B楼的安全保卫工作。做到防止人行通道堵塞,并及时疏导其他场所的人员到达指定场所活动。

（5）蔡某、李某、武某负责D楼剧场、多功能厅的人员安全。万某负责C楼及E走廊的安全工作。

（6）散场时,各要道口安全值班人员要主动指挥参会人员按规定路线离开。

（7）如遇突发事件,情况汇报流程如下：治安具体工作人员→屠某→陈某→黄某、冯某。

（8）如遇突发事件,突发事件应急小组成员应立即赶到现场,采取果断有效措施,运用相应的对策尽快解决,防止事态扩大。

（二）造成人员伤害

（1）当发生事故并造成人员伤亡时,刘某负责打"120"急救电话和引导救护车,医务人员立即组织抢救。

（2）黄某、冯某、刘某第一时间赶赴现场组织指挥。

（3）伤员送最近的医院急救。

（4）黄某、冯某、刘某等在事发后做好善后工作。

四、报告制度

发生事故单位领导要立即报告有关部门（单位）,不得迟报瞒报。

五、主要责任人

单位法人代表黄某。

某会议中心

任务三　编制会议预算

任务说明

　　本任务通过讲解会议预算的主要内容、会议经费收入来源和成本支出项目、会议成本控制程序以及会议赞助形式与获取会议赞助的方法等内容，使学生对会议预算、会议成本控制等形成初步认知，养成一定的成本控制与财务风险意识，编制出合理的会议预算与会议赞助方案。通过本任务的学习，应该能够独立回答以下这些问题：会议经费成本支出与收入来源有哪些？会议预算表如何编制？会议成本控制原理与重点是什么？会议赞助方案如何制定？

任务实施

一、会议预算编制

编制会议预算的目的是规划和控制会议的财务活动，以实现会议的目标和战略。通过预算编制，可以预测会议支出、收入、会议盈亏等未来的财务状况，为决策提供依据，并帮助企业控制财务活动，确保实际的财务结果与预期的目标相一致。此外，预算编制还有助于合理分配资源，包括人力、物力、财力等，并作为评估企业绩效的重要依据。

（一）会议预算的构成

会议经费预算包括会议支出预算和会议收入预算两大部分。支出部分又可以分为固定支出和可变支出两部分，当然"固定"与"可变"之间也不是不变的。会议收入和会议支出的组成也是随会议变化而变化的。

会议支出组成包括交通费用、会议场地租金、会展布置费用、会议设备租金、住宿费用、餐饮费用、资料费用、人工费用、娱乐及考察费用、杂费等。

会议收入组成包括本单位专款、联合主办者提供的会议注册费（会务费）外的单位赞助、其他费用等。

1. 会议固定支出

（1）申办费用。申办费用，主要是指在申办和"竞标"会议时所支出的费用，一般在申办国际会议或国内行业大规模会议时可能发生该笔支出。

（2）公关宣传费用。公关宣传费用主要包括媒体邀请费用、媒体宣传费用、宣传资料制作及寄发费用、会议组委会官网制作费用、召开新闻发布会费用等。

（3）办公费用。

① 购置办公设备费用：如计算机、打印机、传真机、复印机、相机、摄像机等办公用品费。

② 基本办公费用：如租赁办公场地费、文具费、交通费、通信费、招待费、快递费等。

（4）人工费用。人工费用主要包括专职工作人员工资、兼职人员劳务费、会议期间临时工补助、翻译费用等。

（5）PCO服务费（整体收费）。PCO服务费，是指付给专业会议组织者（PCO）的费用。该费用若是按照打包价、整体收费的方式计算，不受参会人数多少的影响，则可以将其归类为固定支出。

（6）会议机构会务费。会议筹备期间，会议组委会要定期开会，可能会涉及会务费。

（7）考察费。即使在本地举办会议，也仍然需要到会议现场进行考察；在异地举办会议，主办单位要派人来检查，会议承办单位应承担主办单位派人检查的费用，如差旅费、住宿费餐饮费、交通费等。

（8）嘉宾参会费用。嘉宾包括特邀演讲人和仅出席会议不发言的嘉宾，他们一般不用缴纳会议注册费。通常情况下，会议主办方需要承担嘉宾的往返交通费，落地后的住宿费、交通费、餐饮费；针对特邀演讲人，还需要根据行业惯例和会议经费情况，为其发放演讲费。

（9）领导参会费用。会议领导主要是指来自会议主办单位和承办单位以及国际组织的负责人。会议组需要为其承担往返交通费，落地后的住宿费、交通费、餐饮费等。

（10）会场租金。一般情况下，会场租金占据了整个会议固定支出的较大比重。会场租金通常按单元时间计价，半天为一个单元，共计 4 小时，即会场租赁使用半小时和 4 小时的价格是相同的。根据会议规模大小，要租赁的场地包括主会场、分会场、贵宾室、宴会和酒会场所，有时还包括秘书处、新闻采访室、演讲人休息室、新闻中心、工作间等，其中安排宴会和酒会时所使用的场地费一般可以免交。

（11）会场设备租金。根据会议内容、需求以及期望达到的会议效果来决定是否需要租赁会场设备。会场设备一般可由酒店提供，如果酒店提供的设备不能满足需求，应寻求专业的第三方供应商。这里所说的租金主要是租赁一些特殊设备，如投影仪、笔记本电脑、同声传译系统、会场展示系统、多媒体系统、摄录设备等的费用，租赁时通常需支付一定的设备押金。租赁费用中还包括设备的技术支持与维护费用。在租赁时，根据会议需要对设备的各类功效参数作出具体要求。

2. 会议可变支出

（1）餐饮费。餐饮费在会议可变支出中是比例较大的一笔费用。餐饮费一般包括宴会费用、招待会费用、茶歇费用、会议午餐或晚餐费用。应注意，参会者的早餐费用是不由会议组织者承担的，应由参会者所入住的宾馆或酒店提供。

（2）资料印刷费。会议资料印刷费支出是仅次于餐饮费支出的另一项主要支出。主要包括会议论文会刊、会议手册、会议宣传资料等印制费用。

（3）参会者用品费用。参会者用品费用主要包括发放给参会者的胸卡、请柬、各种票证、资料袋等费用。

（4）PCO 服务费（按人数收费）。如果是按注册人数来支付 PCO 服务费，这笔费用可计算在可变支出中。

（5）相关税费。应按照国家财政税费标准支付相应的税费。

3. 不可预计支出

不可预计支出，又称为应急费用，是为了应对未能预见的事件或变化而准备的。应急费用的数额是根据风险分析、类似会议的经验以及会议组织者的评估来确定的，一般占总支出的 10%。不可预计支出是为未能预见的一切可能变动而准备的，这些变动没有超过既定的活动范围。如果策划和进度有重大变动导致成本增加，则无法使用应急费用。

4. 会议收入

(1) 会议注册收入。会议注册收入是会议最主要的收入,是决定会议能否做到盈亏平衡的非常重要的因素,因此,会议注册费的定价尤为重要。如果定价较低,可能使会议出现亏损;若定价较高,可能会使参会者的数量减少。

会议注册费可根据不同类型参会者分别定价。如会员注册可比普通参会者注册费更低,学生参会的注册费用应定半价或较大折扣;对嘉宾免收会议注册费。此外,也可根据交费时间早晚定价。例如,在规定时间之前交费,可以享受会议注册费的折扣;超过规定时间或在会议现场交费,不能享受会议注册费的折扣,仅能实行全额交费。

(2) 赞助收入。各类单位的赞助收入是弥补会议可能出现亏损的有效途径。会议组织者应根据预算中的缺口去制订赞助计划,最终实现会议盈亏平衡。

(3) 住宿佣金收入。当会议档次较高时,提供住宿的宾馆或酒店希望能接待参会者,因此宾馆或酒店通常会在各方面给会议提供一些优惠条件。例如,每增加一间客房,会给会议少量的房费佣金返还;当会议用房超过一定数量时,可以免费使用宾馆或酒店的会场或设备。

(4) 广告收入。广告收入主要来自办会方印制的会刊,可以对参会单位进行文字或图片宣传。会刊中,一般封面和封底的价格相对较高,内页的价格相对较低。此外,广告收入还包括会议现场广告、证件广告、资料袋广告等。

(5) 附设展览收入。如今,越来越多的会议流行在会中设置一个小型的附设展览会。展览会可以由会议组织者自己筹备,也可以承包给专门的展览公司。展览的方式可以是传统的搭建展位,也可以用海报、展板、易拉宝等方式。不管是哪种方式,附设展览会都能给会议增加一些收入。

5. 预算总结

如果预算总结中收入大于支出,预算可以通过;如果收入小于支出,就要进行调整。会议的预算编制完成后,由会议秘书处和会议组委会审核批准,如果是国际组织的会议,有时还需要经国际组织批准。

(二) 编制会议预算的程序

编制会议预算的程序是一个系统化的过程,需要从会议策划阶段开始,逐步细化各项费用,并进行严格的审核和调整。以下是编制会议预算的详细程序。

1. 明确会议目标和范围

(1) 确定会议目标。明确会议的主题、目的和预期成果。这将决定会议的规模、形式和重点环节。

(2) 确定会议范围,包括会议的日期、地点、参会人数、会议时长等基本信息。

2. 收集相关信息

(1) 历史数据。参考以往类似会议的预算和实际支出情况,作为编制预算的参考。

(2) 市场调研。了解场地租赁、设备租赁、餐饮服务、交通安排等市场价格,获取供应商的报价信息。

（3）参会者需求。根据参会者的类型和需求,确定必要的服务和设施(如住宿、餐饮、交通等)。

3. 列出预算项目

（1）场地费用,包括会议室租赁费用、场地布置费用、设备租赁费用等。

（2）人员费用,包括嘉宾酬金、工作人员工资、志愿者补贴等。

（3）餐饮费用,包括午餐、晚餐、茶歇等。

（4）交通费用,包括参会者的交通接送费用、嘉宾的差旅费等。

（5）材料费用,包括会议资料费用、打印费用、宣传品制作费用等。

（6）住宿费用,包括外地参会者的住宿安排等。

（7）其他费用,包括保险费用、应急费用、杂项支出等。

4. 估算各项费用

（1）固定费用,如场地租赁、设备租赁等,根据供应商报价直接列出。

（2）变动费用,如餐饮费用、交通费用等,根据参会人数和标准进行估算。

（3）预留应急费用,通常预留总预算的 $5\%\sim10\%$ 作为应急费用,以应对不可预见的支出。

5. 制定初步预算

（1）汇总各项费用,将所有费用项目汇总,形成初步预算表。

（2）分配资金,根据会议目标和重要性,合理分配资金到各个环节,确保关键部分得到优先支持。

6. 审核与调整

（1）内部审核。由会议组织者、财务部门等对初步预算进行审核,检查是否有遗漏或不合理之处。

（2）调整优化。根据审核意见,对预算进行调整。例如,减少非必要开支、寻找性价比更高的供应商等。

（3）与预算目标对比,确保预算总额符合会议的财务目标,如果超出预算,需进一步优化。

7. 审批与备案

（1）提交审批。将调整后的预算提交给会议负责人或上级领导审批。

（2）备案存档。审批通过后,将预算文件备案存档,作为会议财务管理的依据。

8. 预算执行与监控

（1）执行预算。在会议筹备和实施过程中,严格按照预算执行各项支出。

（2）监控支出。定期检查实际支出与预算的差异,及时调整,确保预算目标的实现。

（3）记录调整。如果因特殊情况需要调整预算,须记录调整原因和金额,并重新审批。

9. 总结与反馈

（1）会议结束后总结。对比实际支出与预算,分析差异原因,总结经验教训。

（2）反馈改进。将总结结果反馈给相关部门,为今后的会议预算编制提供参考。

（三）编制会议预算的原则

制订会议预算时，一般要遵循下述 4 条原则。

1. 树立全局观念，搞好综合平衡

举办会议不能只依靠某一个部门，必须由多个部门共同协调完成，因此预算策划委员会制订出明确、切实、可行的预算总体方针，具体包括会议方针总体目标、细分目标、有关政策、保证措施等，并下达到各预算部门，在保证整体目标的基础上，兼顾部门内部预算目标。

2. 先进、经济、合理

预算的方式和方法要先进合理，各种预算表格、控制表格必不可少，同时也要注意参考各种财务指标和数据，在会议召开的过程中还要根据具体情况随时修改预算方案，使之更为合理、经济。采用科学的财务模型已成为未来会议预算的趋势，即利用模型建立起健全、严格的预算体系，通过多极控制体系确保会议的成本最低、收入最大。

3. 量入为出

在总收入既定的情况下，根据举办方和承办方的利润目标来调整费用支出，通过缩减可变成本等方式提高会议的经济性。

4. 分清轻重缓急，精打细算

差旅费、宣传材料费、电话传真费等是召开会议时必不可少的，应当优先支出。诸如奖品和纪念品、考察等费用是会议的附属支出，可以根据收入情况及目标进行弹性收缩。而且即便是必要的支出，也要根据具体情况厉行节约。

（四）编制会议预算表

编制预算时宜采用电子表格记录各项内容，使预算模块化并及时更新。编制预算的主要依据是：

（1）主办方和承办方的利润目标。

（2）上一年同类会议的预算情况及会议评估报告。

（3）最近的会议市场情况及预期情况。

（4）公司在会议方面的政策和策略（如促销策略、广告投入等）、公司外部环境的变化（季节、竞争对手的变化、供求关系的平衡、政府部门的政策和规定、整个行业的发展波动以及其他影响因素）。

对于费用预算，要在分析研究各项预算支出的必要性和可行性的基础上，来确定其开支数额的大小。具体可分为三个层次：

（1）要求各部门根据预算期间的总目标和具体目标，以零为基础，详细讨论预算期内需要发生哪些费用、各项费用数额多少、未来效果会如何。

（2）将各部门提出的费用项目分为必须全额保证的费用和可适当增减的费用。对可适当增减的费用项目进行成本效益分析，将花费与所得作对比，在权衡各个项目的轻重缓急的基础上，将其分为若干层次，排出先后顺序。

（3）按上一步骤所定的费用开支层次和顺序，结合预算期内可动用的资金来源分配资金，落实预算。

会议经费预算表如表 2-1 所示。

表 2-1　会议经费预算表

会议名称：　　　　　主办单位：　　　　　举办日期：

收入分类	金额(元)	备　　注
上级补助收入		
单位自筹资金		
地方财政安排		
其他收入		
合　　计		

支出分类		标准说明	金额(元)
组织费	办公费		
	广告宣传费	宣传类型、单价、时间	
	设备租赁费	物品名、数量、时间	
	资料费	资料数量、单价	
	印刷费	印刷数量、单价	
	差旅费	出差地点、人数、天数	
	会场租赁费	会议地点、人数、天数	
	专用材料费	名称、数量、单价	
接待费	住宿费	人数、单价	
	餐饮费	人数、单价	
劳务费	演出经费		
	误工补贴	人数、单价	
	临时人员经费	人数、单价	
设备购置费	办公设备购置	型号、数量、单价	
	专用设备购置	型号、数量、单价	
	交通设备购置	型号、数量、单价	
其他费用			
合　　计			

实例2-5

某公司新产品发布会经费预算

　　王琳所在公司承办定于2024年9月20日—22日在华天大厦一楼会议室召开的新产品发布会。参会人员预计200人,现请王琳就会议所需各项经费提出预算,编制费用预算表如表2-2所示。

表2-2　新产品发布会预算

序号	项目名称	单价(元)	数　量	金额(元)	备　　注
1	场地租金	6 000	3(天)	18 000	某会议中心一楼会议厅3天
2	邀请专家	5 000	3(人)	15 000	3人
3	摄像服务	3 000	2(台)	6 000	2台
4	宴请招待	2 000	40(人次)	80 000	10人/桌,2餐晚餐
5	交通费用	500	4(次)	2 000	2辆旅行大巴车,2天接送
6	会议资料	5	200(人)	1 000	
7	媒体纪念品	100	10(个)	1 000	

二、会议成本控制

　　会议成本控制,是指在会议的筹备和执行过程中,通过一系列策略和方法,对会议的各项成本进行有效的管理和控制,以达到节约开支、提高会议质量和效率的目标。

　　(一) 会议成本控制的意义

　　1. 提高财务效益

　　通过精细的成本控制,企业可以在不影响会议质量的前提下最大限度地减少费用支出,进一步提升资金使用效率。

　　2. 提高会议效率

　　合理控制会议成本可以使会议更加高效。通过优化会议流程、减少不必要的费用支出,提高会议的效率和专注度,达到更好的会议效果。

　　3. 增强管理能力

　　会议成本控制是企业管理者的一项重要管理能力。管理者需要具备规划、预算、执行和监控等能力,通过控制会议成本可以提升自身的管理水平。

　　4. 落实企业战略

　　有效的会议成本控制可以使企业资源更好地用于实现企业战略目标。根据企业战略规划和需求,合理控制会议成本,可以确保会议的举办符合企业整体战略方向。

（二）会议成本控制的主要内容

1. 详细规划预算

首先是创建详尽和实际的预算计划。这包括确定会议的所有潜在费用，从场地租赁到餐饮服务，从演讲嘉宾的费用到宣传材料的费用，等等。通过精确预算，可以明确哪些区域可能超支，哪些区域可以节省成本。

2. 优化会议地点和时间

选择合适的会议时间和地点可以显著影响成本。例如，避免在旅游高峰期或大型事件期间预订会议地点，因为这时候价格通常较高。同时，选择交通便利的地点可以减少与会者的旅行成本。

3. 动态管理费用

与供应商谈判获取最佳价格，这包括酒店、餐厅、设备租赁等。提前预订可以享受更低的价格，而从供应商的角度来说，与之形成长期合作关系可能会获得折扣。

4. 有效使用技术和物流

利用现代技术减少成本。例如，使用在线注册和支付系统减少行政管理成本，使用虚拟会议平台来减少场地和设施的需求。数字化会议资料不仅降低成本，还有利于环保。

5. 高效配置人员资源

合理安排志愿者和工作人员，确保每位成员都明确其责任，并能有效完成任务。培训志愿者和员工以维持高效的事件运作，从而减少对外部专业服务的依赖。

6. 精简议程和内容

优化会议议程，确保每个环节都物有所值。评估每个演讲、研讨会和活动对整体目标的贡献。精简内容不仅能减少时间和资源浪费，还能提升会议质量。

7. 动态调整和实时监控

在会议准备过程中持续监控预算使用情况。这包括定期审查财务报告，及时调整预算分配，以应对突发事件或超支问题。

8. 最大化赞助商和合作伙伴关系

积极寻求赞助商和合作伙伴来分担费用。

9. 减少或优化印刷材料

尽量减少印刷材料，改用电子材料和应用程序来分发会议内容和安排。这不仅减少了成本，也符合环保趋势。

10. 会后评估与反馈

会议结束后，进行详细的成本分析，评估哪些措施有效，哪些措施需要改进。

知识拓展

一、会议经费来源

会议经费来源，是指为组织和举办会议所需资金的来源渠道。会议经费的筹集是会议筹备工作的重要组成部分，也是会议策划的主要内容，它直接关系到会议能否顺利开展以及会议的规模和质量。以下是会议经费的主要来源渠道：

1. 会议主办单位或主管领导部门拨发的会议专款

这是会议经费的重要来源之一。惯例的做法是举办会议的专款要专批,同时要求专款专用,不得留用或挪用作其他用途。

2. 与会者提交的会务费

这也是会议经费比较主要的来源之一。通常,会议的组织者可按相关规定和比例收取与会人员的会务费,所收费用应在发送的会议通知里明确说明。同时,在与会者提交会务费后,要及时开出发票凭证,以便于与会者会后报销之用。

3. 商业赞助及捐赠

商业赞助的内容很广,金额也不限,如直接提供大会赞助费,又或者提供免费(或打折)使用的会议场所,提供免费(或打折)的食宿,提供会议所需器材和使用的设备,提供会议赠品、奖品等。商家的热情参与,能使会议节约不少花销,从而大大降低了会议的成本。因此,商业赞助及捐赠也是一笔不可小觑的会议经费。

除了以上几个会议经费的主要来源外,还有一些会议经费来源,如联合主办单位的交费、会议陪同人员的交费、会议活动的收费、某些有偿服务的收费等。

二、会议成本计算

会议的成本还可分为直接成本、时间成本、效率损失成本等三种。其具体的内容及计算方法分别如下。

1. 会议直接成本的计算

$$直接成本＝场地租金＋设备租金＋交通费用＋餐饮费用＋住宿费用$$
$$＋文件资料费用＋其他会议用品费用$$

2. 会议时间成本的估算

$$时间成本＝与会者人数×(与会者的准备时间＋与会者的交通时间$$
$$＋会议秘书工作时间＋会议服务人员工作时间)$$

要把时间成本换算成金钱成本,其方法是:

$$金钱成本＝开会的时间(按小时算)×与会人员平均每小时的薪水$$

3. 效率损失成本

会议期间,参会人员必须短期离开自己的工作岗位(尤其是某些重要的部门和领导岗位),这就极有可能造成该公司或部门整体管理效率的下降。如不能及时接听客户的来电而错失商机,又如没能及时做出决策以解决所辖部门出现的紧急情况等。这种由于管理效率下降而造成的损失,就是效率损失成本。效率损失成本难以计算,在会议的经费预算中,这部分通常不在预算之列。

作为会议的组织者,必须在会前对会议成本进行细致的预算,在会中对会议成本进行有效的管理,在会后抓紧进行会议费用的结算,这样才能尽量控制并降低会议成本,减少会议的浪费,以此取得较好的会议产业经济效益。

(三) 会议成本控制策略

会议成本控制不仅涉及费用的直接削减,还需要从会议的筹备、执行到后续评估的全过程进行优化。以下是一些实用的会议成本控制策略:

1. 会议筹备阶段

(1) 明确会议目标和必要性。在决定召开会议之前,明确会议的目标和预期成果。如果可以通过邮件、即时通信或简短的讨论达成目标,则无须召开正式会议。避免"例行会议"或"习惯性会议",确保每次会议都有明确的必要性。

(2) 制定详细的预算。提前规划会议预算,包括场地租赁、设备租赁、餐饮、交通、打印等费用。为每一项费用设定上限,并在会议筹备过程中严格把控。

(3) 精简会议规模。只邀请与会议目标直接相关的人员参加,避免无关人员占用时间和资源。提前确定与会人员名单,并与他们确认会议的必要性和重要性。

(4) 选择合适的会议形式。对于跨地区的会议,优先考虑视频会议或线上会议,减少差旅费用。如果必须现场召开,选择公司内部会议室或性价比高的场地。

(5) 提前规划会议流程。制定详细的会议议程,明确每个环节的时间和责任人。提前分发会议资料,让与会者有时间准备,减少会议中的无效讨论。

2. 会议执行阶段

(1) 严格控制会议时间。按照预定会议议程进行,避免拖延或跑题。指定专人负责时间管理,提醒与会者按时推进议程。

(2) 优化会议资源使用。合理安排会议设备和物资,避免浪费。如果使用外部场地,尽量减少额外的租赁费用(如音响设备、投影仪等)。

(3) 简化会议资料。尽量使用电子版资料,减少打印成本。如果需要纸质资料,只打印关键部分,避免过度打印。

(4) 合理安排餐饮和交通。提供简单、实惠的餐饮,避免浪费。对于外地参会人员,合理安排交通,避免不必要的费用。

(5) 实时监控成本。在会议过程中,实时监控各项费用的支出情况,确保不超预算。如果发现费用超支,及时调整会议安排或削减不必要的开支。

实例 2 - 6

甲骨文公司:绿色会议实践

甲骨文公司在"Open World 2008"大会上,通过以下措施节约了会议成本:① 取消瓶装水供应,改为使用可重复使用的水杯。② 减少接送车辆,优化交通安排。③ 使用回收材料,减少一次性用品的使用。

这些绿色会议措施帮助公司节约了约 9% 的会议费用。

---

3. 会议结束后的评估阶段

(1) 评估会议效果。会议结束后,收集与会者的反馈,评估会议是否达到了预期目标。分析会议的效果,总结经验教训。

（2）核算会议成本。对会议的实际支出进行核算，与预算进行对比，分析超支或节约的原因。如果出现超支，找出具体原因并制定改进措施。

（3）持续优化会议流程。根据每次会议的评估结果，优化会议的筹备和执行流程。定期回顾会议成本控制策略，确保其有效性和适应性。

4. 其他技巧

（1）培养成本意识。在公司内部推广会议成本控制的重要性，让员工意识到时间和资源的宝贵。对于会议成本控制做得好的部门或个人，给予奖励和表彰。

（2）利用技术工具。使用会议管理软件或工具，帮助规划、监控和评估会议成本。通过数据分析工具，分析会议成本的长期趋势，找出潜在的节约空间。

（3）建立长期合作关系。与会议场地提供方、餐饮供应商、设备租赁商等建立长期合作关系，争取更优惠的价格和更优质的服务。定期评估合作效果，确保供应商提供的服务符合要求。

（4）定期审查会议频率。定期审查公司内部的会议频率，减少不必要的会议。对于重复性的会议，评估其必要性，考虑是否可以合并或取消。

通过以上技巧，企业可以在不降低会议质量的前提下，有效控制会议成本，提升整体运营效率。

三、会议赞助

会议赞助是会议组织过程中重要的资金来源之一，以下是关于会议赞助的详细介绍。

（一）会议赞助概述

1. 会议赞助的定义

会议赞助是指企业、机构或个人为会议提供资金、物资、服务或其他形式的支持，以帮助会议顺利举办，并通过会议平台获得品牌推广、市场拓展、客户关系建立等回报的一种商业合作方式。

2. 会议赞助的类型

（1）现金赞助。这是最常见的赞助形式，赞助商直接向会议主办方提供资金支持。例如，2025年中国模式识别与计算机视觉大会的钻石级赞助费用为15万元。

（2）实物赞助。赞助商提供会议所需的物品，如会议资料袋、笔记本、笔等。

（3）服务赞助。赞助商提供会议相关的服务，如餐饮、交通、技术支持等。

3. 会议赞助的权益

（1）品牌曝光。赞助商的品牌标识可以在会议的宣传材料、网站、现场背景板等显著位置展示。例如，钻石级赞助商的LOGO会出现在会议资料、宣传内容和网站上。

（2）现场宣传。赞助商可以在会议现场进行产品展示、宣传资料发放、视频播放等。例如，钻石级赞助商可以在会议前播放单位宣传视频。

（3）参会名额。赞助商可以获得一定数量的免费参会名额。例如，钻石级赞助商可获得6个免费参会名额。

（4）广告机会。赞助商可以在会议的会刊、资料袋等宣传材料中放置广告。例如，钻石级赞助商可以在资料袋中放置公司宣传手册。

（二）会议赞助的流程

（1）前期准备。会议主办方需要明确会议目标、预算和赞助需求，制定详细的赞助方案。

（2）寻找赞助商。通过多种渠道寻找潜在的赞助商，包括行业内的知名企业、相关供应商等。

（3）洽谈合作。与潜在赞助商进行沟通，介绍会议的规模、影响力和赞助权益，达成合作意向。

（4）签订合同。明确双方的权利和义务，包括赞助金额、提供的权益和服务等。

（5）执行与跟进。在会议筹备和举办过程中，确保赞助商的权益得到落实，并及时与赞助商沟通进展情况。

（6）后续感谢。会议结束后，向赞助商发送感谢信和会议总结报告，保持良好的合作关系。

（三）会议赞助商的选择标准

（1）品牌契合度。赞助商的品牌形象和会议的主题及目标受众相契合。

（2）财务实力。赞助商具备足够的资金实力来满足会议的赞助需求。

（3）合作意愿。赞助商对会议有较高的兴趣和合作意愿，愿意积极参与并提供支持。

（4）行业影响力。优先选择在行业内具有较高知名度和影响力的赞助商。

（四）会议赞助的注意事项

（1）合理定价。根据会议的规模、影响力、目标受众等因素，合理制定赞助套餐的价格，确保赞助商能够获得相应的价值回报。

（2）明确权益。在赞助协议中明确双方的权利和义务，确保赞助商的权益得到充分保障，同时避免过度承诺或模糊不清的条款。

（3）提供优质服务。在会议筹备和举办过程中，为主办方提供必要的支持和协助，确保会议的顺利进行，提升赞助商的满意度。

（4）及时沟通。与赞助商保持密切沟通，及时反馈会议的筹备进展和相关情况，解决可能出现的问题。

（五）会议赞助方案

会议赞助是一种互利共赢的合作方式，对于会议主办方来说，可以解决资金问题，丰富会议内容，提升会议影响力；对于赞助商来说，可以提高品牌知名度，接触目标客户，提升行业影响力。然而，要实现良好的赞助效果，需要双方共同努力，明确合作目标，合理制定赞助方案，确保权益落实，并在会议期间充分利用赞助机会进行品牌推广和业务拓展。

会议赞助方案是吸引企业或机构为会议提供资金、物资或服务支持的重要文件。

实例 2-7

会议赞助方案模板——会议赞助方案

一、赞助目标

（一）品牌曝光

在会议官网、宣传海报、会议资料袋、现场背景板等多渠道展示赞助商标志。通过会议直播、媒体报道等扩大品牌影响力。

（二）精准营销

面向目标客户群体进行产品或服务推广。提供与参会者直接交流的机会，如展位展示、互动环节等。

（三）行业认可

作为会议赞助商，提升在行业内的知名度和美誉度。与行业精英建立合作关系，拓展业务渠道。

二、赞助级别及权益

（一）白金赞助商

（1）宣传权益。会议冠名权，会议名称中可包含赞助商名称。在会议官网、微信公众号、宣传海报、会议资料袋等所有宣传渠道显著位置展示赞助商标志。在主会场背景板、会场入口等醒目位置设置赞助商展板。会议现场播放赞助商视频。

（2）参会权益。提供×××个免费参会名额；提供×××个标准展位。

（3）演讲与互动权益。企业高层在开幕式上发表致辞。安排企业代表在会议黄金时段进行主题演讲。企业领军人物参与"热点对话"环节。

（4）其他权益。在会议资料袋中夹送企业宣传册；在会议论文集（如有）或大会指南中提供广告位；颁发荣誉证书及奖杯。

（二）黄金赞助商

（1）宣传权益。在会议官网、微信公众号、宣传海报、会议资料袋等宣传渠道显著位置展示赞助商标志；在主会场背景板、会场入口等醒目位置设置赞助商展板。

（2）参会权益。提供×××个免费参会名额；提供×××个标准展位。

（3）演讲与互动权益。安排企业代表在会议黄金时段进行主题演讲。

（4）其他权益。在会议资料袋中夹送企业宣传册；在会议论文集或大会指南中提供广告位。

（三）白银赞助商

（1）宣传权益。在会议官网、微信公众号、宣传海报、会议资料袋等宣传渠道展示赞助商标志；在主会场背景板、会场入口等位置设置赞助商展板。

（2）参会权益。提供×××个免费参会名额；提供×××个标准展位。

（3）其他权益。在会议资料袋中夹送企业宣传册。

（四）单项赞助（根据具体项目定价）

（1）茶歇赞助。在茶歇区提供品牌展示机会。

（2）晚宴赞助。在晚宴现场提供品牌展示机会。

（3）资料袋赞助。在会议资料袋上印制赞助商标志。

（4）胸卡挂绳赞助。在参会者胸卡挂绳上印制赞助商标志。

三、赞助商合作流程

（1）初步沟通。与潜在赞助商取得联系，介绍会议的基本情况和赞助方案。提供会议的详细资料,包括会议日程、参会人员名单、宣传渠道等。

(2) 需求调研。了解赞助商的宣传需求和预算,提供定制化的赞助方案。根据赞助商的反馈调整赞助方案,确保满足其核心需求。

(3) 签订合同。与赞助商签订赞助合同,明确双方的权利和义务。确保合同条款清晰、具体,涵盖赞助金额、权益内容、违约责任等。

(4) 执行与服务。在会议筹备和举办过程中,为赞助商提供全方位的服务,确保赞助权益的落实。定期与赞助商沟通,及时解决可能出现的问题。

(5) 效果评估。会议结束后,向赞助商提供赞助效果评估报告,包括品牌曝光度、参会者反馈等。收集赞助商的意见和建议,为今后的会议提供改进方向。

四、赞助商权益保障

(1) 宣传渠道保障。确保赞助商的 LOGO 和宣传信息在所有宣传渠道中准确、显著地展示。

(2) 参会名额保障。为赞助商提供足够的免费参会名额,并协助安排参会人员的注册和入场。

(3) 演讲与互动保障。按照合同约定,为赞助商安排演讲和互动环节,并提供必要的技术支持。

(4) 展位保障。为赞助商提供标准展位,并协助布置展位。

五、宣传推广计划

(一) 线上宣传

(1) 社交媒体。通过微信公众号、微博、抖音等平台发布会议信息,吸引行业关注。

(2) 官方网站。在会议官网设置赞助商展示页面,详细介绍赞助商的产品和服务。

(3) 行业媒体。与×家行业媒体合作,发布会议新闻稿、专题报道等,扩大会议影响力。

(二) 线下宣传

(1) 宣传海报。在会议举办地周边、行业展会、写字楼等场所张贴宣传海报。

(2) 会议资料袋。在会议资料袋中夹送赞助商宣传册,提升品牌曝光度。

(3) 现场展示。在主会场背景板、会场入口等位置设置赞助商展板,展示赞助商标志。

以上是一个会议赞助方案模板,实际工作中可以根据具体的会议内容、目标受众和赞助商需求和预算进行调整和修改,拟写定制化的赞助方案。

技能训练

一、单项选择题

1. 会议策划是一项复杂的系统工程,需要综合考虑会议主题、时间、地点、人员、预算等多个要素。这体现了会议策划的(　　　)。

  A. 目的性　　　　　B. 系统性　　　　　C. 可行性　　　　　D. 创新性

  2. 会议策划的首要工作是(　　　)。

  A. 成立策划小组　　B. 会前调研　　　　C. 会议筹备　　　　D. 会议评估

  3. 会议策划要素包括策划目标、策划主体、策划对象等,以下选项中,不属于会议策划核心要素的是(　　　)。

  A. 策划依据　　　　　　　　　　　B. 策划方案

  C. 策划预算　　　　　　　　　　　D. 策划效果评估

  4. 以下选项中,不属于会议策划的作用的是(　　　)。

  A. 确保会议目标的实现　　　　　　B. 提升会议效率

  C. 增强会议影响力　　　　　　　　D. 增进情感联系

  5. 通常,9:00—11:30、(　　　)这两段时间是人们精力最旺盛、思维能力及记忆力最佳的时机。要注意将全体会议安排在这些时段开展讨论。

  A. 15:00—17:30　　　　　　　　　B. 11:00—13:30

  C. 18:00—20:30　　　　　　　　　D. 21:00—23:30

二、多项选择题

  1. 会议经费来源主要有(　　　　　)。

  A. 会议主办单位或主管领导部门拨发的会议专款

  B. 与会者提交的会务费

  C. 商业赞助及捐赠

  D. 企业投资

  2. 会议成本控制的目的主要有(　　　　　)。

  A. 提高财务效益　　　　　　　　　B. 提高会议效率

  C. 增强管理能力　　　　　　　　　D. 落实企业战略

  3. 关于会议议程、会议日程和会议程序的呈现形式,以下说法正确的有(　　　　　)。

  A. 会议议程通常以清单或大纲形式呈现

  B. 会议日程以行程表或时间表形式呈现

  C. 会议程序以流程图或详细文字描述形式呈现

  D. 会议日程以流程图或详细文字描述形式呈现

  4. 制订会议预算时,一般要遵循(　　　　　)原则。

  A. 树立全局观念,搞好综合平衡　　B. 先进、经济、合理

  C. 量入为出　　　　　　　　　　　D. 分清轻重缓急,精打细算

  5. 会议赞助商的选择标准主要有(　　　　　)。

  A. 品牌契合度　　　　　　　　　　B. 财务实力

  C. 合作意愿　　　　　　　　　　　D. 行业影响力

三、案例分析题

邀请的参会人员哪儿去了?

  昨天是某公司新品发布的好日子,公司专门组织了一场新品发布会,并提前邀请众多

嘉宾参会,但是董事长脸上却愁云满布。原因在于会议预定开始时间是 9:00,现在已经 8:55 了,参会人员还寥寥无几。是邀请的客人不赏光?还是会议策划哪个环节出了问题?

一问嘉宾,才知道公司发放的邀请函上未注明公司最新的详细地址,公司在今年搬迁了新址,很多参会人员不知道该信息,因此去往了公司旧址,而公司旧址距离新址将近 50 千米,赶过来至少需要 1 个小时,因此主办方不得不临时将会议时间推后。

问题:

1. 如果你是公司会议策划者,在确定会议地点后,还应该做什么?

2. 在策划会议地点时,需要注意哪些具体事项?

3. 会议策划的内容有哪些?

四、综合实训题

【实训 1】 会议议程策划

［任务背景］

某高职院校将迎来教育部专家对学校双高校建设的检查与评估验收,学校对此次评估高度重视,成立了专门的会议组织机构,拟举行一上午的会议完成三项会议活动:第一项欢迎仪式(1 小时内),邀请省政府副省长、学校的主管部门领导、其他相关部门领导参加。第二项是由专家主持汇报会(1 小时内),由学校校长汇报学校自评情况。第三项专家实地考察学校情况(2 小时)。

［实训任务］

如果你是会议议程的策划者,你如何安排会议的议程?请制定一份完整的会议议程。

［任务要求］

1. 上述会议其实包括了三种会议类型:欢迎仪式会议、工作检查汇报会、现场会议。作为议程安排者,对于前两项会议的议程安排要格外重视,因为欢迎仪式和工作检查汇报会,所参与的人员、内容、形式和时间要求严格,在议程安排上要注意紧凑,内容适度。

2. 由于许多领导参加会议,应注意议程的顺序,切不可前后倒置。

3. 安排现场实地考察路线。

【实训 2】 会议日程策划

［任务背景］

一个大型企业成为本年度行业高管圆桌会议的主办方,准备对会议日程进行策划和安排,根据上届会议的规模和经验,参加本年度会议的人员大约 40 人,参会人员均为行业中的高级管理人员。根据与会议各方面协调的结果和本企业对会议整体构想,有以下会议基本设想:

1. 会议总体时间安排在 5 月 15 日—17 日,其中 5 月 15 日主要安排为在酒店进行会议注册与报到,以及本企业参观和欢迎晚宴。

2. 5 月 16 日上午安排会议开幕式。中午安排午餐(当地特色菜肴餐厅),下午继续进行会议。

3. 下午要安排参观当地的景点和晚宴活动(当地特色宴会)。

4. 5月17日早餐后,安排返程工作或自选路线旅游活动。

5. 其他因素:会议地点拟安排在企业内部的会议室,会议代表所住酒店与会议地点有一定距离。同时主办方为体现对会议代表的尊重,准备在会议每一项活动中安排专人负责和陪同。

［实训任务］

如果你作为当地这家企业的会议负责人,请你结合当地的情况和条件,对会议日程进行整体安排,并用表格式列出。

［任务要求］

1. 本次会议日程策划安排中,参会人员社会地位较高,主办方的接待规格也应该提高,因此要求会议日程安排表要认真细化,让与会者感到会议日程安排的周到。

2. 由于会议地点距离和会议就餐地点变化,要在日程中考虑会议活动集合、返回的时间、地点、车辆等问题,使与会者清楚会议活动的情况。

3. 按照会议设想,安排好负责和陪同人员,并将其体现在会议日程表中,要做到既利于接待分工,又利于更好地为会议代表服务。

4. 在日程表中,日期、每一场会议活动的时间安排、会议地点等都要做出具体的计划安排。

【实训3】　会议开幕式程序

［任务背景］

某市属高职院校准备举行教职工代表大会,会议准备在20××年12月20日举行,将邀请上级主管部门的领导等其他相关人员参加。

［实训任务］

如果你是会议的主办者,将如何安排会议开幕式程序? 请写一份开幕式的工作安排。

［任务要求］

会议开幕式活动程序一般包括以下内容:① 司仪介绍出席大会的主要领导和嘉宾;② 司仪介绍主持人的身份和姓名;③ 主持人宣布开幕式开始;④ 奏国歌(如有需要);⑤ 致开幕词;⑥ 来宾致辞;⑦ 主持人宣布开幕式结束,进入会议正式议程。

一个职工代表大会的开幕式程序,同样是按照上述的会议开幕式程序进行,但作为内部会议,主持人和司仪则可能发生变化,请结合本题背景合理安排。

【实训4】　会议成本控制

［任务背景］

某互联网公司每月都会举行一次产品部门会议,目的是讨论新功能的开发进度和用户体验反馈。会议需要邀请多个部门的负责人和核心成员参加。

［实训任务］

为该互联网公司每月的内部产品部门例会制定会议成本控制措施。

［任务要求］

根据会议性质和会议内容列举出至少5条具体的会议成本控制措施。

项目评价表

学习效果评价表				
任务序号	任务内容	任 务 清 单	权	重
任务一	了解会议策划	了解会议策划的概念	2分	2%
		了解会议策划的特点	3分	3%
		明确会议策划的作用	2分	2%
		识别会议策划的要素	10分	10%
		了解会议策划的流程	3分	3%
		掌握会议策划的主要内容	10分	10%
任务二	撰写会议策划方案	了解会议策划方案的含义	3分	3%
		了解会议策划方案的作用	3分	3%
		识别会议策划方案的种类	4分	4%
		掌握会议策划方案的基本框架	10分	10%
		明确会议策划方案的主要内容	10分	10%
		掌握拟写会议策划方案的注意事项	5分	5%
任务三	编制会议预算	了解会议预算的构成	2分	2%
		掌握编制会议预算的程序	2分	2%
		理解编制会议预算的原则	2分	2%
		掌握会议预算表的编制	6分	6%
		了解会议成本控制的意义	2分	2%
		明确会议成本控制的主要内容	2分	2%
		掌握会议成本控制的策略	6分	6%
		了解会议赞助的概念	2分	2%
		明确会议赞助的流程	2分	2%
		掌握选择会议赞助商的方法	2分	2%
		理解会议赞助的注意事项	2分	2%
		掌握会议赞助方案的制定	5分	5%
合　计			100分	100%

续　表

技术能力评价表				
技能序号	技能内容	技　能　清　单	权	重
技能训练一	会议策划常识认知	会议策划特点	2分	2%
		会议策划流程	2分	2%
		会议策划要素	2分	2%
		会议策划作用	2分	2%
		策划会议时间	2分	2%
技能训练二	会议策划方案与会议预算常识认知	会议经费来源	3分	3%
		会议成本控制目的	3分	3%
		会议议程、会议日程和会议程序的呈现形式	3分	3%
		会议预算原则	3分	3%
		会议赞助商选择标准	3分	3%
技能训练三	策划会议地点	确定会议地点	5分	5%
		分析策划会议地点的流程	5分	5%
		简述会议策划的主要内容	5分	5%
技能训练四	策划会议议程	制定会议议程表	15分	15%
技能训练五	策划会议日程	拟定会议日程	15分	15%
技能训练六	策划会议开幕式程序	描述会议开幕式程序	15分	15%
技能训练七	会议成本控制	列举会议成本控制措施	15分	15%
合　计			100分	100%

会议筹备——依规审批方行稳

 **学习目标**

通过本项目的学习,能够了解会议报备的具体内容;熟悉会议报备的流程、所需材料;掌握会议申报书的编制;组建合理的会议工作团队;了解会议宣传推广的渠道;掌握会议宣传推广计划的内容、制定方法与执行流程。

知识目标:

1. 了解会议内部立项的流程、注意事项,明确会议合作单位的构成、合作单位及组委会成员邀请注意事项,掌握国际会议报备流程、会议申办书的框架。

2. 了解会务机构的组织结构基本设置、职责分工、会议工作团队组建的原则。

3. 掌握会议宣传推广的含义、目的,了解会议宣传的具体内容、主要渠道,掌握会议宣传推广计划的主要内容。

能力目标:

1. 能够根据不同会议类型准备会议申报材料。

2. 能够确定合作单位并拟写邀请函。

3. 能够组建高效会议工作团队并正确分工。

4. 能够制定和执行会议宣传推广计划。

素养目标:

1. 培养团队合作精神、组织协调能力、责任与担当意识。

2. 培养树立全局意识、辩证思维、新发展理念,统筹考虑会议申报阶段主要工作,提高会议申报的可行性与科学性,保证会议申报工作质量、提高会议申报立项率。

3. 培养切实担负政治责任,确保会议成为宣传科学理论、传播先进文化、弘扬社会正气的重要阵地。

 学思践行

依规审批方行稳

党的二十大报告指出,社会主义核心价值观是凝聚人心、汇聚民力的强大力量。

会议从业人员必须坚持以习近平新时代中国特色社会主义思想为指导,践行社会主义核心价值观,遵守相关法律法规和政策规定,确保正确的政治方向、价值取向和舆论导向。同时,根据时代主旋律,将社会主义核心价值观融入社会发展、贯穿会议申办的全过程。

通过本项目的学习,应切实树立规矩意识,增强纪律观念,加强前瞻性思考、全局性谋划,提前做好会议报批工作;坚守合作共赢立场,加强团队合作、组织协调,确保会议申报效率、效益和效果最大化;培养严谨细心的品格,树立品牌意识,弘扬奋斗精神、奉献精神、敬业精神,培育时代新风新貌,确保会议申报工作井然有序。

★思考与践行

会议策划完成后,王琳需要进行会议申报工作。举办国内会议和举办由我国机构发起的国际会议由会议组织者负责人员起草举办会议请示文件,提交会议主办单位领导内部审批即可;而根据相关规定,由我国机构拟组织举办的大型国际会议时,才会出现像举办奥运会一样的申办活动,需要向政府主办部门进行报批或备案,获批后方可开始筹备会议。

王琳希望通过会议申报项目的学习,掌握不同类型会议申办的流程、会议工作组织机构的设置以及会议宣传推广的主要内容,能运用所学知识,完成会议申办方案的制定、会议工作团队的组建以及会议宣传推广计划的拟写。

 项目说明

本项目首先介绍会议内部立项的流程、注意事项,会议合作单位的构成与合作单位邀请的内容,组织国际会议的报备流程;其次介绍会议工作团队的组建,重点介绍会务工作机构的构成与职责分工;最后介绍会议宣传推广的渠道与宣传计划的制定。

本项目将帮助了解会议申报的流程、内容,掌握会议申报方案编制、会议合作单位的选择、会议团队的组建与会议宣传媒体选择等内容,帮助建立对会议申报工作的认知,培养全面思考、坚持目标导向与问题导向相结合的理念,树立创新思维;以会议申报项目为专业方向,发挥会议产业链的优势,努力打造符合我国市场发展规律的会议品牌项目,把会议产业的发展与满足人民美好生活需求相结合,引导在会议申报阶段彰显会议从业者和研究者的社会责任感和担当意识。

 项目框架

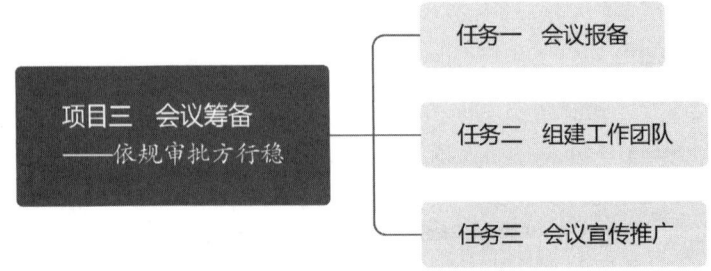

任务一　会　议　报　备

⚓ 任务说明

　　本任务通过讲解会议内部立项的流程、会议合作单位的选择、组织国际会议的报备流程、会议申报书的结构等内容,使学生掌握会议报备的基本知识与技能。通过本任务的学习,应该能够回答以下这些问题:会议内部立项审批与组织国际会议报备的基本流程有何区别? 会议报备所需材料有哪些? 会议常见的合作单位构成是怎样的? 如何选择会议合作单位? 拟写会议邀请函的注意事项有哪些?

◎ 任务实施

　　会议报备工作,其工作内容包括会议的内部立项、确定合作单位和外部审批三个部分。

一、内部立项

(一) 会议内部立项的流程

1. 项目意向申报

　　会议组织方负责人起草举办会议的请示文件,提交会议立项意向书,提供会议策划中已确定的基本内容,主要包括:会议背景、目的、主题、名称、议题、时间和地点;拟邀请的参会人员和规模;拟联系的主办、支持和协办单位以及会议经费的初步安排等。

2. 初步论证

　　相关部门对会议立项意向书进行初步审核,评估会议的必要性、可行性、技术可行性、经济效益、市场前景等,确定是否进入立项评估阶段。

3. 立项评估

　　(1) 组建立项评估小组。根据会议的特点和需求,成立立项评估小组,成员包括技术、财务、市场、法务等部门的专业人员。

　　(2) 详细评估。评估小组对会议进行全面评估,包括但不限于会议的组织和资源需求、风险评估与管理策略、财务评估与预算规划等。

4. 决策审批

　　(1) 召开决策会议。召集主要决策人员,讨论立项评估结果。会议中明确会议的目标、范围、资源分配、预算等关键内容。

　　(2) 表决决策。采用科学的表决方式,如举手表决或投票表决,遵循少数服从多数的原则,如决议须获得半数以上赞成票方可通过。

5. 项目计划与启动

　　(1) 制定项目计划。明确会议的具体目标、可交付成果、详细时间表、资源分配、团队分工、沟通计划和风险管理计划等。

（2）召开项目启动会议。正式宣布会议项目启动，明确项目目标、计划和期望，分配任务和资源，建立项目控制和监督机制。

6. 跟踪与反馈

（1）跟踪项目进展。定期检查会议筹备工作的进展，及时调整计划，确保会议按进度推进。

（2）收集反馈。会议结束后，收集参与者的反馈，评估会议效果，总结经验教训，为后续会议提供参考。

（二）注意事项

（1）明确责任分工。在立项过程中，明确各参与部门和人员的职责，确保责任到人。

（2）充分沟通协调。立项过程中须加强跨部门沟通，确保各方意见得到充分考虑。

（3）资料准备充分。提前准备好会议立项所需的各种资料，如项目提案书、评估报告等。

（4）文档规范。立项报告应规范、清晰，便于审批和执行。

二、确定合作单位

举办会议需要由主办方和合作单位共同完成，合作方式不同，对应的职责和效果也不同。为扩大会议的影响和便于更广泛地吸引潜在参会者，申办会议时需要确定和邀请相关的政府部门或机构参与共同主办，或者作为会议的支持、协办单位及其他类型的合作方。

（一）会议合作单位的构成

常见的会议合作单位主要有以下五种：主办单位、承办单位、协办单位、支持单位、赞助单位。

1. 主办单位

主办单位是独立或联合发起、举办会议并承担主要法律责任的组织，主要包括各级政府、各级贸易促进机构、各类行业协会、商会以及部分规模较大的企业、事业单位。主办单位的职责是负责会议的整体规划和决策，确定会议的主题、目标和规模，协调各合作单位之间的关系，确保会议的顺利进行。

2. 承办单位

承办单位是接受主办单位的委托，具体负责会务活动方案的整体策划和执行，能够独立承担民事责任的组织。一般情况下，会议主办单位即承办单位，有时也有所区分。承办单位的职责是负责会议的具体组织和实施工作，包括会议场地的选择和布置、会议日程的安排、与会人员的接待和住宿安排等。

3. 协办单位

协办单位是协助主办单位或承办单位，提供必要保障和支持的组织。协办单位的职责是根据会议的需要，提供资金、物资、人力等方面的支持，协助主办单位或承办单位完成会议的组织和管理工作。

4. 支持单位

支持单位是向会议或相关活动提供有效资源的组织。支持单位不参加会议的具体组织工作,其职责只是为会议提供各种形式的资源支持,如资金支持、技术支持、宣传支持、场地支持、物品支持等,以帮助会议更好地开展。

5. 赞助单位

赞助单位是为获得宣传效果、扩大影响力,为会议提供资金、物资、服务、技术、人员以及其他形式支持的组织。资助单位的职责是提供赞助。通过赞助行为,这些单位可以获得在会议中的宣传和展示机会,提升自身的品牌形象和知名度。如通过冠名会议,获得在会议中的独家冠名权和高度曝光机会,同时还能与会议主办方进行更深入的合作,实现双方的互利共赢。

总体来说,主办单位是为某会议项目牵头,不安排具体事宜;承办单位是具体的实施单位,要对主办单位负责,特别是对具体的财务方面负责;协办单位是提供协助或支持的单位;支持单位和赞助单位在物力、人力或财力等方面提供一定的支持。

(二) 遴选会议承办单位

会议的组织方在立项后,会对外向专门的会议承办公司发出招标,会议承办公司接受邀请参与竞标,最终由发起单位在多家应标公司中挑选出最适合的公司来承办会议。

1. 招标

招标企业内部组成会议小组,向会议竞办公司发出会议承办的邀请。通常情况下是由企业自行组织招标或委托招标代理机构招标,代理机构指为企业提供公共关系服务的公司,在有代理机构的情况下,企业极少参与招标活动,由代理机构全权负责。

2. 投标

会议承办企业在规定的地点、时间内递交合格的投标文件。

3. 开标

按照招标文件的规定举行开标仪式,当众宣读投标文件中开标一览表内记录后,各投标人确认签名。

4. 评标

会议小组按照招标文件的要求对投标文件进行评审和比较,根据最后评标结果,向主管部门提出书面评标报告,推荐合格的中标候选人。

5. 定标

集中会议小组及上级主管部门意见确定中标人,由招标企业发出中标通知书。

6. 中标

企业按照招标文件的规定和中标结果与中标公司签订书面合同并履行合同。有的企业为了显示公平会将投标、开标、评标、定标4个步骤集中在一起进行,也有的企业为了追求更优秀的会议方案及承办公司,会选中3至4家公司进行第二次甚至多次的竞标活动。

(三) 组委会成员邀请

根据已确定的组委会拟邀请人员名单来分别邀请组委会成员。要根据不同的情况来邀请相关人员。如拟邀请某个非常有声望的人士来担任组委会的名誉主任或主任一职,那么就要通过相应的渠道发送以主办单位或主办单位领导名义起草的邀请函,事先最好能够通过电话或拜访的方式进行前期沟通,使其对会议的情况有初步了解。

如果邀请其他主办单位或支持单位领导担任组委会委员,一般要先征得相关单位同意方可将其作为会议的主办或支持单位,由其指定相应的人员担任组委会委员。可以在联系主办或支持单位的邀请函提及如其作为会议的主办或支持单位,请指定相应人员担任组委会委员一事,请其回复时加以明确。如果邀请相关学者或咨询顾问人员担任委员,也要起草邀请函,并由专人负责与其沟通,解答有关会议组织的相关问题。

在邀请组委会相关人员的过程中,应注意以下几点。

(1)署名是否妥当。如邀请单位或邀请人的署名是否妥当,邀请级别相对较高的人员如果不用主办单位而用承办单位的名义去邀请则不妥当。

(2)邀请函发送对象。在发邀请函前要了解清楚应该把邀请函发送给谁,可视具体情况发给某单位的办公室或负责业务的具体部门或直接发给本人,总之要发对地方、发对对象,以免在不必要的环节中浪费时间。

(3)邀请函发送渠道。在单位内部,一般可通过内部渠道发送,也可视情况通过邮件、邮寄、传真或专人递送。

(4)专人负责。应保持邀请联系人的连贯性,即专人负责联系邀请事宜,及时解答被邀请人提出的相关问题,并对联系进展情况做好记录,心中有数。

(5)及时告知。负责邀请的专人应及时告知被邀请人会议的筹备进展情况,使其了解何时需要其参加何种活动,并提早做好日程安排。

三、外部审批

(一)会议报备审批的对象

根据相关规定,举办任何规模的国际会议都属于外事活动,必须经有关政府主管部门批准方可进行申办和筹备活动。

(二)国际会议审批

在华举办国际会议,实行国务院和省级两级审批制度,举办方不得自行审批。以大型国际学术会议为例,申报流程中,需要教育部审批,同时也可能要报国务院或国家其他部委审批。

国际会议的审批工作是一件非常严肃的外事工作,尤其是有上千人参加的大型国际会议,要充分做好调研工作及可行性报告,在有一定申办成功的把握时再向上级主管部门申报,否则全部审批工作就有可能白做。

1. 我国审批国际会议的基本要求与程序

(1)举办国际会议必须办理报批手续。在我国举办国际会议的主办单位必须向有关政府主管部门申请,得到批准,取得会议批件后方可开始筹备。在申请举办国际会议的报告没有经过批准前,任何个人和机构不得擅自向国际组织申办和承诺国际会议在我国举办；也不得承诺与外方合作，协助外方在我国举办国际会议。

（2）举办国际会议的机构必须具备一定的资质。申请举办国际会议的机构必须是法人社团或单位，它能够制订国际会议的举办方案，负责会议的组织实施和财务管理等重要工作并能够承担举办会议的民事责任。

（3）申请举办国际社团会议的程序。拟举办国际会议的机构首先应向主管部门汇报，得到口头批准后再提出书面申请文件，文件主要包括申请报告和申请表。申请文件一式两份，递交后等待批准。举办国际会议的申请不得通过多种渠道上报。

2. 国际会议审批的权限和时限

（1）国际会议审批的权限。中小型国际会议由各省、自治区、直辖市党委和人民政府、中央和国家机关各部委审批。省、部级以下部门无权审批国际会议。

凡是申办需要国家财政经费支持的国际会议都必须先经财政部同意后方能开始办理会议的其他审批手续

（2）国际会议审批的时限。由省、部级审批的国际会议，一般应提前8至12个月申请报批。须上报国务院批准的国际会议，应提前12个月提出申请报批。须国家财政经费支持的申请报告应在会议举办前更早一些时间前提出，以便纳入年度计划和预算。

实例 3-1

合作单位举例

1. 第一届中国—非洲经贸博览会（2019年6月27日—29日）

主办单位：中华人民共和国商务部、湖南省人民政府

承办单位：湖南省商务厅、商务部外贸发展局、湖南省委外事委员会办公室、中国国际贸易促进委员会湖南省分会、长沙市人民政府、湘潭市人民政府。

2. 2024国际制导、导航与控制学术会议（IC GNC）（2024年8月9日—11日）

主办单位：中国航空学会制导、导航与控制分会和飞行器一体化控制全国重点实验室

承办单位：国防科技大学

3. 第三届传感、测量、通信和物联网技术国际会议（SMC-IoT 2024）（2024年12月27日—29日）

主办单位：湖南涉外经济学院、哈尔滨工程大学联合主办

承办单位：江苏科技大学、爱迩思出版社（ELSP）、ESBK学术中心、AC学术平台协办

4. 2023气候与能源金融国际会议（ICEF）（2023年6月2日—4日）

主办单位：中国优选法统筹法与经济数学研究会气候金融研究分会、ISETS能源金融联盟

承办单位：湖南大学

知识拓展

在合作时,应注意以下内容:

1. 单位级别对等匹配

设立主办单位、承办单位时要考虑合作范围的级别是否对等。例如,教育部直属的某高校与地方政府合作举办一次国际会议,那么以地方政府名义主办还是以地方政府下属的某部门的名义主办呢? 这要看大学的级别和地方政府的行政级别。我国的大学都有一定的行政级别,如副部级、局级等;而地方政府及其所属各部门亦有相应行政级别。级别对等是基本的处理原则。

这里是一些错误匹配的举例:

例1:某会议组织机构情况。

主办单位:成都市人民政府

     重庆市人民政府

承办单位:重庆市文化和旅游发展委员会

本例中,成都市人民政府的行政级别为副省级,重庆市人民政府的行政级别为正省级,后者行政级别比前者高,两者因级别不对等不会共同担任主办单位。

例2:某会议组织机构情况。

主办单位:四川省人民政府

承办单位:四川省商务厅

     成都青羊区商务局

本例中,承办单位四川省商务厅是主办单位的隶属组成部门,其行政级别为正厅级。成都市青羊区商务局是成都市商务局(副厅级)的隶属组成部门,其行政级别为正处级。两个承办单位的行政级别相差太大,明显不对等,不宜一起担任主办或承办的角色。

例3:某学生大赛方案。

主办单位:中国健康管理协会、中国健康促进协会

承办单位:云南省健康教育协会

本例中,主办单位由两家协会共同主办,初看并无不妥。进一步核实主办单位信息后可以发现,"中国健康促进协会"进入了民政部于2016年曝光的"离岸社团""山寨社团"名单中,明显不能作为主办单位。同时,承办单位"云南省健康教育协会"与主办单位"中国健康管理协会"并非业务工作上的隶属关系,两者能否共同进入会议的组织机构中,还需要进一步调研核实。

2. 机构名称准确无误

在呈现主办、承办各方的名称时,要与各组织机构沟通协商,确保名称的准确性,不能想当然,也不要凭记忆和想象,一定要让对方确认无误。尤其是在涉及政府部门名称时,要反复核实,并且还要对英文名进行核实并反复检查。

3. 合作各方排名仔细斟酌

在有政府参与的情况下,要按照行政级别排名。如果合作方都是政府机构,则中

央政府排在前面,地方政府排在后面。如果没有政府部门的参与,只是学界、业界参与的会议,要找到一个大家都接受的标准,如按所在单位级别排名,也可以注明"按首字母顺序排名"或"排名不分先后"等多种方式。

有时,按照主(主办方)客(协办方)体的划分,出于对客体协助的尊重,会把协办方的名称放在前面。在实际操作过程中,因为单位排名出现的问题比较多,最好的办法是与各合作方反复核实并得到他们明确的确认。

4. 合作单位邀请

希望邀请其他单位作为会议的主办、支持或协办单位时,需要发函征求其同意,函中要提供会议举办的背景情况、目的、时间和地点、会议主题、拟邀请参加会议的在人员和规模,并提出具体的合作建议。例如,明确提出希望其作为主办单位还是支持或协办单位,请其以书面方式予以回复。此外,附上会议筹备机构草案及会议情况的简单介绍,同时附上主办单位联系人员的名称及电话,以便对方联系。在对外联系中,除正式发函外,也要通过电话或其他方式,如拜会等方式进行及时和细致的前期沟通,随时解答对方有关会议情况的询问并了解对方的合作意向。

在联系相关单位作为会议的合作成员单位时,应注意以下问题。

(1) 邀请函签发的名义。应注意各单位间的匹配性,即以同一级别的单位名义发函。

(2) 发送的对象和方式。应根据不同情况,以适当的方式将邀请函发送到适当的机构或人员。

(3) 各合作单位间的关系协调。主要包括排名的先后次序、是否为独家合作方等问题。例如独家媒体支持、独家赞助商等。在最初策划会议时就要将这些问题考虑清楚,在宣传资料发送出去后最好不要轻易调整,以免失信于人或引起不必要的矛盾。在对合作方作出承诺前,也要权衡是否能够兑现自己的承诺。

(4) 明确权责利。对于合作单位的权责利要事先有所明确和约束,不要等发生问题后再互相推诿。

实例 3-2

以下是两份函的样例,分别为邀请其他单位作为主办单位和协办单位的函。

[样例一]

关于邀请作为"2025 中国智慧城市发展峰会"联合主办单位的函

××大学智慧城市研究院:

由我委主办的"2025 中国智慧城市发展峰会"已获市政府批准(批文号:××政办函〔2025〕××号),拟于 2025 年 12 月 3 日—5 日在××国际会展中心举行。

鉴于贵院在智慧城市领域的学术影响力,特邀请作为联合主办单位,主要职责包括:

1. 参与会议学术指导委员会工作
2. 推荐 2 名领域专家作主旨报告
3. 共同审定会议技术白皮书

请于 20××年××月××日前将加盖公章的《主办确认回执》反馈至我委。

联系人：王×× 123-12345678

附件：1. 会议筹备方案
　　　2. 联合主办协议草案

××市发展和改革委员会（盖章）

20××年××月××日

[样例二]

关于"2025 中国智慧城市发展峰会"承办邀标函

××会展服务有限公司：

经公开比选，现邀请贵公司参与"2025 中国智慧城市发展峰会"承办竞标，具体要求如下：

一、承办内容

1. 主会场（1 000 人）和 6 个分论坛场地服务
2. 500 名参会人员住宿接待
3. 会议直播技术支持（至少 5 个平台同步）

二、资质要求

1. 具备省级以上大型会议承办经验
2. 拥有 ISO9001 质量管理体系认证

请于 20××年××月××日前提交：

（1）详细承办方案及预算。

（2）相关资质证明文件。

联系人：李×× 123-87654321

××市发展和改革委员会（盖章）

20××年××月××日

任务二　组建工作团队

任务说明

本任务通过讲解会务工作机构的设置、会议各职能工作小组的职责、组委会人员分工、会议工作团队与合作单位的合作、会议工作团队的组建原则等内容，使学生掌握高效会议工作团队组建与管理的知识与技能。通过本任务的学习,应该能够回答以下这些问题:会议工作团队一般设置哪些工作小组? 各小组职责与分工分别是什么? 会议工作团队与合作单位对接的具体工作内容有哪些? 组建会议工作团队应遵循哪些基本原则? 如何根据会议的规模、类型和内容的不同来设置会议工作机构?

🎯 **任务实施**

在确定相应的会议合作单位后,往往会议承办者会成立一个会务工作机构,开展会议事务的管理与服务。

一、会务工作机构设置

会务工作应按照会议的实际需要进行明确的分工协作,组建工作团队,并设立不同种类的工作小组来完成。

会务工作机构设置需要根据会议的规模、类型和内容来确定,若采取内部承办的方式,以大中型会议为例,其工作机构与职责分工如下:

(1)一般设秘书处,在会议筹备委员会或主席领导下开展工作。

(2)秘书处下设秘书组、组织处、宣传组、会务组、后勤组、安保组等职能组,秘书处负责协调各职能处(组)的工作,确保各项筹备工作顺利进行(图3-1)。

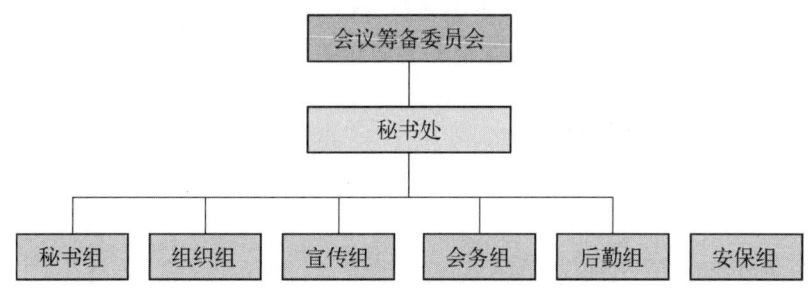

图3-1　会议工作团队设置图

第一级是会议筹备(或组织)委员会,职责为负责会议的整体策划和决策,确定会议的主题、目标、预算和主要议程。

第二级是秘书处,职责为负责协调各职能组的工作,确保各项筹备工作顺利进行。

第三级是各职能组。

(1)秘书组负责:① 会议报告、讲话及其他重要文件的起草、修改、印刷、发送等工作;② 联络参会者,了解并掌握会议全体讨论、分组讨论情况,进行汇总,并及时向秘书长、大会主席团报告;③ 编发大会简报、快报。

(2)组织组一般在政务会议设置中较为常见,商务会议可以不设置,主要负责:① 承办参会者资格审查方面的事宜,包括提出参会者资格审查意见,起草参会者资格审查报告等,并负责编制参会者名册;② 承办选举方面的事宜,负责汇总各分组讨论酝酿的结果,形成候选人及选举事项的意见;③ 承办会议秘书处交办的有关事项;④ 负责会议秘书处交办的各项工作。

（3）宣传组主要负责：① 承办新闻发布和宣传报道方面的事宜；② 组织、安排、协调记者的采访活动；③ 负责音像资料的录制、管理工作；④ 负责会议秘书处交办的各项工作。

（4）会务组是整个会议工作团队中事情最多、最琐碎的部门。如果存在某项工作无法明确归属到哪个部门的现象，一般情况均可由会务组完成，主要负责：① 协调会议活动等；② 会议证件的制发和文件材料的印发、清退工作；③ 会议的值班、联络、来信来访和保密工作；④ 会议秘书处交办的各项工作。

（5）后勤组主要负责：① 编制会议预算，负责会议财务管理；② 大会的食宿、车辆、医疗以及其他生活服务工作；③ 组织、安排会议的其他活动；④ 参会者及嘉宾的迎送工作。

若参会者人数众多，后勤组的接待工作可独立出来，单独设立接待组，主要负责参会嘉宾的接待工作。若会议秘书处不设后勤组的，后勤组的工作一般由会务组负责。

（6）安保组主要负责：① 承担安全保卫方面的事宜，包括各个会场、参会者驻地以及参会者集体外出活动的安全保卫、警卫工作；② 会场和参会者驻地车辆疏导；③ 协助会务组做好证件的查验工作。

注意，并非所有的会议都需要设置安保组，若会议中有邀请重要领导人、政府主要官员、年纪较长者等情况则可以设置安保组。一般情况下，会议多数在酒店、会议中心召开，这些场馆本身就配有安保人员，因此不需要重复设置。同时，不同档次、规模的会议分组不同，须根据会务工作的内容进行分工的动态调整。

二、组委会人员的确定及分工

(一) 自有人员

1. 秘书长

秘书长主要负责整个会议的策划、运营和监管，以及协调各部门人员及工作。

2. 文案

文案负责会议文案、邀请函、会议手册等所有文字性工作。

3. 嘉宾接待

嘉宾接待负责嘉宾邀请，与嘉宾实时沟通。

4. 会务

会务负责会议执行阶段的会场工作。

5. 物料管理

物料管理负责会议所有物料，包括手册、文具的制作和管理。

6. 媒体推广

媒体推广负责媒体的筛选、联系及采访对接。

7. 财务

财务负责整个会议的预算以及嘉宾机票、食宿报销等相关事宜。

（二）可外包人员

1. 设计

设计负责会议手册、背板、胸卡等所有视觉材料的设计。

2. 翻译

翻译负责会议材料的翻译、会议现场的同声传译工作。

3. 志愿者

志愿者负责参会者引导、资料发放、接送机工作，可灵活安排。

三、各合作方人员的对接

（一）与主办方的对接

主办方一般只负责会议的发起、主持和审批，具体事宜并不会亲自处理。因此，会议承办方需要按照一定的周期将会议进度上报给主办单位，以汇报工作情况，并明确信息。同时，也可及时了解主办单位对会议筹备的意见和建议，有利于下一步会议准备工作的顺利开展。另外，在确定发言稿、预算等报批时，及时与主办单位对接沟通是十分必要的。

（二）执行单位之间的对接

执行单位是会议举办的主力军，若涉及两家及以上的执行单位，应提前做好分工与协调工作。前期执行单位之间的沟通应包括会议主题、会议宗旨、会场布置、嘉宾阵容、文化体验活动及交通食宿安排等。应尽量从各单位的资源优势出发，明确分工，做到互通有无，相互支持。

（三）与支持单位的对接

支持单位一般提供媒体宣传等方面的支持。无论是在会议举办前期的造势，会议举办时的现场报道，还是会后的专题刊发，媒体报道都在一定意义上决定了会议的成功程度。因此，支持单位的作用不可忽视。在与其对接时，应就前期制定的宣传推广方案进行深入讨论，增强可行性，并在可能的情况下寻求支持单位给予媒体方面的具体支持。

（四）与会议供应商的对接

如果会议存在服务外包，会务组在筹备期间就应与其进行必要的沟通和项目说明。

会议供应商一般分两种形式：一是整个会议的执行由专业的会展公司或会务公司完成；二是选择零散的供应商，如摄影服务、翻译服务、同声传译服务、餐饮服务、住宿服务、通信服务等可按需选择不同的供应商。

四、组建会议工作团队的原则

为确保团队能够高效运作并成功完成会议的筹备与执行，组建会议工作团队时需要遵循的一些重要原则：

（1）适宜原则。根据会议的规模、类型、内容多寡，因地制宜，设置相应的机构。

（2）对口原则。专业的人做专业的事，确保各组的工作高效、专业。

（3）平衡原则。因事设组，每个组的工作量相对平衡。

（4）明确原则。分工应该明确，职责分明，以防止互相推诿的现象。

（5）精干原则。一般不宜设置太多人员，力求精干、高效。

在与多方合作中可能涉及多个单位，单位性质不同（如政府、事业单位、国有企业等），其内部决策体系和工作流程不同；同时，各单位对举办会议的目的和期望不一样，加之不同的工作人员性格、行为方式各异，使得多方合作中不可避免会产生摩擦和误会。在此情况下，相关负责人要根据合作单位的性质在沟通环节给予其充分的准备时间，同时做好团结和协调工作，不能因个别工作人员的小摩擦而影响整体合作。此外，应在坚持上述必要原则的同时，也要多站在对方的角度和立场进行思考，以宽容的态度去化解矛盾、解决问题，最终共同将会议顺利举办。

实例 3-3

大型国际学术会议团队组建

一、背景

某国际学术组织计划举办一场大型国际学术会议，预计参会人数超过 1 000 人，大会专家涵盖多个国家的专家学者。会议涉及多个分会场的主题演讲、海报展示和社交活动。

二、组建过程

（1）明确目标与需求。

（2）确定会议主题、规模、预算、时间表和预期成果。

（3）分析会议的复杂性，包括多语言支持、国际参会者的接待、技术设备需求等。

三、明确分配职责

（1）项目经理负责整体规划、团队协调、预算管理。

（2）学术协调员负责邀请嘉宾、组织论文评审、安排分会场议程。

（3）市场推广人员负责制定宣传计划、制作宣传资料、管理会议网站。

（4）技术支持团队负责设备调试、现场技术支持、应急处理。

（5）后勤保障人员负责场地布置、餐饮安排、交通协调。

（6）志愿者团队负责现场注册、引导参会者、提供语言服务。

四、提供必要培训

（1）对团队成员进行会议管理流程、国际礼仪、跨文化沟通技巧的培训。

（2）对技术支持人员进行设备操作和故障排除的培训。

（3）对志愿者进行基本服务礼仪和应急处理培训。

五、团队管理和沟通

（1）建立定期会议制度，每周召开团队会议，及时沟通进展情况和解决问题。

（2）使用项目管理工具跟踪任务进度和分配任务。

（3）设立专门的沟通渠道（如微信工作群），确保信息及时传递。

实例3-4

企业员工年会团队组建

一、背景

某大型企业计划举办年度员工年会,预计参会人数约500人。年会旨在表彰优秀员工、增强团队凝聚力,并展示企业文化。

二、组建过程

(1) 明确目标与需求。

(2) 确定年会主题、预算、时间安排和预期效果。

(3) 分析年会的具体需求,如场地布置、节目安排、餐饮服务等。

三、明确分配职责

(1) 活动策划组负责设计年会流程、安排节目、组织彩排。

(2) 后勤保障组负责场地布置、餐饮安排、物资采购。

(3) 宣传推广组负责制作宣传资料、发布内部通知、管理年会网站。

(4) 技术保障组负责设备调试、现场技术支持、应急处理。

(5) 安全保卫组负责活动现场的安全保障、应急处理。

四、提供必要培训

(1) 对活动策划组进行创意设计和节目编排培训。

(2) 对后勤保障组进行物资采购和场地布置培训。

(3) 对技术保障组进行设备操作和故障排除培训。

(4) 对安全保卫组进行应急处理和安全保障培训。

五、团队管理和沟通

(1) 建立定期会议制度,每周召开团队会议,及时沟通进展情况和解决问题。

(2) 使用项目管理工具跟踪任务进度和分配任务。

(3) 设立专门的沟通渠道(如微信工作群),确保信息及时传递。

任务三 会议宣传推广

 **任务说明**

本任务通过讲解会议宣传推广的含义、目的、渠道,会议宣传的内容、策略,宣传媒体筛选,宣传计划的制定等内容,使学生掌握一般会议宣传推广方案的制定与执行的基本知识与技能。通过本任务的学习,应该能够回答以下这些问题:会议宣传推广的主要目的是什么?会议宣传的渠道主要有哪些?提升会议宣传效果的建议与策略有哪些?会议宣传推广方案的主要内容包括哪些?如何根据会议筹备不同阶段的实际需求,针对性地选择会议宣传媒体?如何制定媒体宣传计划?

🎯 **任务实施**

一、会议宣传推广的目的

会议宣传推广是指通过专业的策划和执行，对会议活动进行全方位的宣传、推广和管理，以提升会议的知名度、参与度和影响力，同时塑造良好的品牌形象。会议宣传推广一般来说具有以下目的。

(一) 传递会议信息，刺激参会需求

会议宣传推广可以把会议的产品或服务信息准确及时地传递给潜在参会者或目标参会者，让他们了解到会议产品或服务的质量、特色，服务项目和方式等相关内容，提高参会者对会议产品或服务的兴趣，刺激潜在参会者参加会议的欲望。

(二) 吸引目标受众，提升会议竞争

对会议受众进行行业细分，明确会议的目标受众，例如专业人士、学生、行业爱好者等。通过分析目标受众的年龄、性别、职业、兴趣爱好等相关信息，了解他们对会议的期望和需求，并确定他们获取信息的渠道（如社交媒体、行业媒体、专业论坛等）。经过精心周密的宣传推广策划，对会议产品和服务相对优势进行强调，并通过高强度推广策略、精准的宣传渠道触达他们，吸引潜在参会者，让更多人了解会议的主题、时间、地点和亮点，提高会议在行业内的知名度，从而达到增强同类会议竞争的目的。

(三) 扩大传播效果，树立品牌形象

通过宣传展示会议的专业性和价值，树立良好的品牌形象，为会议组织者未来申办会议奠定基础。一些官方机构主办或承办的高规格会议，尤其是国际性会议，通过会议宣传推广，可以达到塑造城市形象的目的。

一个成功的会议活动可以迅速提高举办城市的知名度，会议活动是极具意义的城市广告，它能够向世界各地参会人员宣传一个城市的经济发展实力和科学技术发展水平，向人们展示城市的精神风貌，扩大城市影响，提高城市在国际上的知名度和美誉度。

实例 3 - 5

会议受众行业细分

2015 年"中国会议与旅游产业发展论坛"的组织者对会议受众进行了以下较为细致的行业细分，可供参考。

(1) 国际大会及会议协会(ICCA)中国以及亚太区会员。

(2) 专业会议公司和从事会奖旅游的旅行社高级从业人员。

(3) 会议型酒店、会议中心和会展场地中高层代表。

(4) 旅游业和会展业的政府代表。

(5) 高校会展专业代表。

(6) 商业会议公司、协会、市场策划人员。

二、会议宣传推广的渠道

(一) 宣传渠道分类

会议宣传推广渠道丰富多样，以下是一些常见的宣传推广渠道。

1. 线上渠道

(1) 社交媒体平台。

① 微信：通过微信公众号发布会议信息，详细的会议信息，嘉宾介绍，会议日程等内容，吸引关注公众号的用户，利用微信朋友圈进行推广。可以与行业相关的微信公众号合作，扩大宣传范围。

② 微博：发布会议动态、嘉宾信息等内容，利用微博的话题功能吸引更多关注。

③ 其他平台：根据目标受众的特点，选择如抖音、小红书等平台官方网站或建立专题页面。建立专门的会议网站或专题页面，详细展示会议的主题、时间、地点、嘉宾、议程等信息时，应确保网站设计简洁明了，易于导航。

(2) 行业媒体和门户网站。与行业内的知名媒体合作，发布会议报道和新闻，提高会议在行业内的曝光度。在行业门户网站投放广告，扩大会议的影响力。

(3) 电子邮件和短信营销。向目标受众发送会议邀请邮件，提醒邮件和短信，邮件内容可以包括会议主题、时间、地点、嘉宾介绍、报名方式等。这种方式具有针对性强、成本较低的特点。可以通过邮件列表管理工具，对邮件的发送效果进行跟踪和分析，以便优化后续的邮件内容和发送策略。

(4) 内容营销。在会议网站或相关平台上发布与会议主题相关的深度文章、视频内容，如嘉宾访谈、前期花絮等，吸引参会人员。

(5) 线上研讨会和直播。提前举办与会议主题相关的线上研讨会，吸引潜在参与者的兴趣，为不能亲自到场的人提供现场直播服务。

2. 线下渠道

(1) 海报和传单。在相关院校、行业展会、会议中心等公共场所张贴海报，吸引路过的人关注。设计精美的传单或宣传册，在人流密集的地方发放，介绍会议的基本信息和亮点，吸引潜在参与者。

(2) 合作伙伴推广。与行业内相关组织、企业或专业协会建立合作关系，共同推广会议。通过互换推广渠道、举办合作活动等方式，提高曝光度。

(3) 线下活动。在行业展会、研讨会等场合进行宣传推广。举办小型的线下推介会，邀请潜在参会者和合作伙伴。

(4) 传统媒体。利用报纸、杂志、电视等传统媒体进行宣传，扩大会议的影响力。

不同媒体的传播特点如表 3-1 所示。

表 3-1　不同媒体的传播特点

类　别		媒　体	传播优势	传播劣势	传播策略
传统媒体	电波媒体	电视	视听合一,生动形象,时效性强,受众范围广	信息保存性差,不适合表现过于复杂的内容,干扰信息多,传播成本高	适用于展示、告知,可在较大范围、较短时间内提升品牌知名度或塑造品牌形象
		广播	时效性强,不受时空、听众阶层限制,传播成本较低	只诉诸听觉,信息保存性差,时间短暂,不易记忆	与出租车司机、私家车主等移动人群互动
	平面媒体	报纸	具有权威性,信息保存性强,可重复阅读和传阅,读者群明晰,且信息接触主动性高	只诉诸视觉,感染力较弱,间隔出版,不利于记忆的强化、受众范围有限	适用于具有较强的即时劝服效应的品牌;承载的品牌信息往往针对当时市场,并且被越来越多地使用;通常作为电视媒体品牌信息的补充传播渠道
		杂志	有固定读者群,信息可以长时间保存,反复暴露,印刷质量高	只诉诸视觉,出版周期长	利用杂志色彩丰富、质地精美的特征,展示品牌形象,且适合与杂志内容进行深度融合,进行植入式品牌传播
		直邮	受众指向性强,信息设计灵活自由	传播费用较高	适合于针对性传播,最大限度地利用数据库,根据目标受众的不同需求采取不同的传播策略和服务方式
	户外媒体	路牌、灯箱、交通工具等	容易形成视觉冲击,信息存在时间长,便于反复记忆	承载信息量、信息表现方式都受到严格限制	适用于展示品牌形象
新媒体	网络媒体	电子杂志、网络视频、博客、播客、线上社区、微博等	集文字图片、视频、音频于一体,受众主动接触信息,互动性极强,传播成本较低	信息接触存在一定门槛,受众范围有限,信息庞杂,广告信息容易被刻意忽略	适合受众参与互动,应充分利用网络口碑传播的影响力,有针对性地进行某项品牌传播活动

续 表

类 别	媒 体	传播优势	传播劣势	传播策略
数字媒体	数字电视数字广播	受众定制信息,互动性强,精准到达目标人群	传播内容受到付费定制的限制	需要创新广告形式,积极通过植入等方式融入内容,传达品牌信息
新媒体 移动媒体	手机	互动性强,信息承载方式多样,有利于个性化信息的传达	传播效果受到信号质量、屏幕大小及分辨率的限制	利用新颖丰富的形式,例如视频、信息推送等制作具有娱乐性的信息内容
	车载电视公交电视	吸引乘车人群的注意,是封闭的环境中最便利的消遣节目	传播环境嘈杂,传播效果难以保证	增加电视广告片的播放频次
楼宇媒体	电梯、楼宇电视	传播环境良好,噪声干扰小,准确覆盖目标人群	关注度低,信息整体性因受众行程而受到影响	传达品牌最新信息,配合其他媒体广告,增加消费者对品牌的接触次数

(二) 影响会议宣传渠道选择的因素

会议宣传渠道的选择是一个多因素综合考量的过程,可以根据会议的性质、目标受众、预算和时效性等因素进行选择。

1. 会议性质因素

(1) 会议主题与内容。如果会议是产业性极强的前沿研讨会,如人工智能芯片技术峰会,那么选择专业科技媒体、行业论坛、学术期刊等渠道进行宣传更为合适。因为这些渠道的受众对科技领域有较高的关注度和理解能力,能够吸引对这一主题感兴趣的专家、学者和企业研发人员。

相反,如果是面向大众的,如健康养生讲座,通过社区宣传栏、大众健康类杂志、社交媒体的大众健康话题群组等渠道会更有效。这些渠道能够覆盖更广泛的普通民众,他们可能对健康养生知识有需求但对专业科技知识兴趣不大。

(2) 会议规模。对于大型国际会议,如全球气候峰会,需要选择具有广泛国际影响力的宣传渠道。像国际新闻通讯社(如路透社、新华社)、国际社交媒体平台(如TikTok)等,这些渠道能够触及全球范围内的政府官员、环保组织、企业代表等众多参会目标群体。

而小型的本地企业内部培训会议,可能只需要通过企业内部的邮件系统、企业微信、公告栏等内部渠道进行宣传,因为其受众范围相对固定且有限。

(3) 会议的举办目的。如果会议的目的是推广新产品,那么商业媒体、行业展会的线上宣传平台、电子邮件营销(针对潜在客户)等渠道会更有针对性。例如,一家化妆品公司举办新品发布会,通过美妆行业的专业媒体、美妆博主的推荐、向会员发送电子邮件等方式宣传,能够直接触达潜在的消费者群体。

若会议是为了学术交流,学术数据库、学术会议平台、高校和科研机构的内部渠道等则更合适。例如,学术年会可以通过中国知网、万方数据等学术数据库发布会议信息,吸引学术研究人员投稿和参会。

2. 目标受众因素

(1) 受众的年龄层次。对于年轻受众,如针对大学生的创业经验分享会,社交媒体(如抖音、哔哩哔哩弹幕网)和校园媒体(如校内广播、社团公众号)是很好的宣传渠道,年轻人更习惯在这些平台上获取信息。而对于中老年受众,如老年人才艺展示交流会,传统的电视广告、社区宣传栏、老年活动中心的宣传等渠道可能更有效,因为中老年人可能对新兴的社交媒体不太熟悉,但对传统媒体有较高的接受度。

(2) 受众的职业背景。对于专业人士,如律师行业研讨会,通过法律专业网站、律师协会的官方渠道宣传会更精准。这些渠道能够确保信息传递给真正有需求的专业律师群体。

(3) 受众的地理位置。如果会议是在本地举办的,那么本地的媒体(如地方电视台、广播电台、地方报纸)、本地的社交媒体群组(如本地生活服务群、本地活动群)、线下场所(如商场广告位、公交站牌广告)等渠道是很好的选择。例如,本地的美食节活动,通过在本地的美食群、商场美食区的广告位宣传,能够吸引本地的美食爱好者。对于跨地区的会议,除了全国性媒体外,还可以利用线上平台进行宣传。如全国连锁企业举办的年度经销商大会,可以通过企业官网、全国性的商业媒体、线上会议平台(如腾讯会议、钉钉会议)的宣传页面等渠道进行宣传,覆盖不同地区的经销商。

3. 预算因素

(1) 预算规模。如果预算充足,可以选择多种高端宣传渠道组合。例如,大型企业举办产品发布会,可以同时在电视台黄金时段投放广告,在知名商业杂志做封面故事,在大型户外广告牌投放广告等。这些渠道虽然费用较高,但能够提供广泛的曝光和较高的品牌形象塑造效果。

对于预算有限的情况,可以选择性价比高的渠道。比如,利用社交媒体的免费功能(如在微博发布会议信息、在抖音上发布会议预告短视频)、通过合作伙伴的渠道(如与相关企业合作,互相在对方的网站上宣传)或者利用内部资源(如企业员工交际圈宣传)等方式来宣传会议。

(2) 预算分配偏好。有些组织可能更注重线上宣传,认为线上渠道能够快速传播且覆盖面广,会将大部分预算分配给线上渠道,如搜索引擎广告(百度推广、谷歌广告)、社交媒体广告(微信朋友圈广告、微博广告)等。

而有些组织可能更看重线下活动的宣传效果,如通过举办新闻发布会、在重要场所(如机场、高铁站)投放广告、发放传单等方式进行宣传,这种情况下就会将预算重点分配到线下宣传渠道。

4. 时效性因素

（1）会议时间安排。如果会议时间紧迫，需要在短时间内吸引大量参会者，那么快速传播的渠道是首选。例如，通过即时通信工具（如微信群、QQ 群）进行群发通知、利用社交媒体的热点话题（如微博热门话题）进行推广等。这些渠道能够在较短的时间内将会议信息传递给大量潜在受众。

对于时间安排较为宽松的会议，可以采用一些长期积累效果较好的宣传渠道。比如，通过在行业论坛上发布会议主题相关的讨论帖子、在学术期刊上提前发布会议征稿通知等方式，这些渠道可以在较长时间内持续吸引目标受众关注会议。

（2）行业动态与热点。如果会议主题与当前的行业热点紧密相关，利用热点话题进行宣传会事半功倍。例如，在新能源汽车行业发展迅速的时期，举办新能源汽车技术交流会，通过在汽车行业的热点话题群组（如汽车相关论坛的新能源板块）、与热点事件（如某新能源汽车品牌发布新产品）关联进行宣传，能够借助热点的热度吸引更多的关注。

三、会议宣传内容

（一）会议主题和亮点

突出会议的主题，让受众快速了解会议的核心内容。同时，展示会议的亮点，如知名嘉宾、独特的活动形式、丰富的学习机会等，吸引受众的注意力。

（二）嘉宾介绍

介绍会议的嘉宾，包括他们的专业背景、成就、在行业内的影响力等，让受众对会议的嘉宾阵容有一个清晰的了解，从而提高会议的吸引力。

（三）会议日程

提供详细的会议日程安排，包括各个环节的时间、内容、地点等，方便受众提前规划自己的参会时间。

（四）报名方式

清晰地说明报名方式，包括报名网址、报名流程、报名截止日期等，方便受众快速报名参加会议。

（五）成功案例分享

如果会议是系列会议，可以分享以往会议的成功案例，如参会者的反馈、会议取得的成果等，增加会议的可信度和吸引力。

四、会议宣传策略

（一）制定宣传计划

根据会议的时间安排和宣传目标，制定详细的宣传计划，明确每个阶段的宣传重点和宣传渠道，确保宣传工作有条不紊地进行。实际工作中，可分阶段制定宣传计划表，例如：

（1）前期宣传（提前 3～6 个月）：发布会议预告、介绍会议主题和初步议程。

（2）中期宣传（提前 1～3 个月）：详细介绍嘉宾、议程、活动亮点等。

（3）后期宣传（提前1~2周）：提醒报名、发布会议倒计时、现场活动预告。

（二）多渠道整合宣传

将多种宣传渠道进行整合，形成协同效应，强化宣传效果。例如，通过社交媒体发布会议信息后，再通过电子邮件向目标受众发送会议邀请，提醒他们关注社交媒体上的会议动态。

（三）持续跟踪和优化

在宣传过程中，执行宣传计划，持续跟踪宣传效果，通过数据分析了解不同宣传渠道的效果，及时调整宣传策略和内容，强化宣传效果。

（四）利用口碑传播

鼓励已报名的参会者向身边的人推荐会议，通过口碑传播扩大会议的影响力。可以为推荐成功的参会者提供一些奖励，如优惠券、礼品等，激励他们积极参与口碑传播。

总之，会议宣传需要综合运用多种渠道和方法，根据会议的特点和目标受众制定合适的宣传策略，持续优化宣传内容和方式，才能有效提升会议的知名度和参与度。

五、执行宣传推广计划

宣传计划制定好后，需要筛选媒体、联系媒体，做好前期预热工作；同时，准备好新闻稿件，为后期工作打好基础。

（一）筛选媒体

1. 选择媒体类别

究竟应该选择印刷媒体还是视媒体，需要根据会议产品的特征和媒体的物理特性来判断。

2. 列出主要媒体名单

选择媒体的重点在于其定位和栏目诉求，可以针对不同媒体，确定不同的报道角度。根据制定的会议宣传推广目标，首先列出中央级媒体、会议举办地的地方媒体，然后按照电视、报纸、杂志、网络等媒体类型进行分类。

电视广播媒体，包括电视台或广播电台的名称、节目种类、时间段，报纸杂志媒体，则包括报纸杂志名称、时间类型等。例如经过研究，决定在报纸媒体上做广告，然而在报纸媒体中，究竟是选择《人民日报》《湖南日报》这样的党报，还是选择《潇湘晨报》《三湘都市报》这样的大众社会民生类报纸，这就是媒体名称的选择问题。

3. 选择广告单位

所谓广告单位，对于电视广播媒体是指广告播放的时间长度，在节目内的位置或插播范围内的位置，例如在18:30的新闻报道30秒广播广告。对于报纸杂志媒体，则是指广告的大小，在报纸杂志内的位置、版面、彩色、黑白等。

4. 筛选出合适的媒体

会议的宣传推广，不能强求在所有的媒体上进行报道和宣传，既不现实，也是不必要的重复和浪费。

首先，应根据现有资源筛选出与受众相符、与会议主题相契合的媒体。其次，根据媒介计划中所要覆盖的受众范围等目标，将不同类型的媒体进行合理的排期，以最为精简的媒体阵容达到最好的宣传效果。最后，具体到媒体人员。根据筛选出来的媒体名单，列出每家媒体相关负责人、记者的名单和联系方式,制作媒体联系表。

5. 出稿日期拟定

媒体或媒体组合一经决定,下一步就是选择出稿时期(广告活动开始至结束的日期)、出稿形式的选择(广告活动期间,出稿如何配置的问题,如集中、分散、后部增加等)、出稿日程的拟定(各种媒体的出稿日程)。

知识拓展

不同宣传载体的会议宣传内容

1. 会议海报和宣传册

设计精美,突出会议主题、时间、地点和亮点,包含会议的二维码或报名链接,方便受众快速获取更多信息。

2. 新闻稿

简洁明了地介绍会议的核心内容、嘉宾阵容、预期成果等,发布到各大媒体平台,吸引媒体关注。

3. 社交媒体内容

制作图文并茂的帖子,包括会议预告、嘉宾介绍、议程亮点等;制作短视频,如嘉宾采访、会议筹备花絮等。

4. 邮件模板

设计吸引人的邮件主题和正文,突出会议的核心价值和紧迫性,包含清晰的报名按钮或链接。

实例 3-7

会议宣传需要划分几个阶段,可以根据会议宣传推广的实际需求来决定,没有严格统一的要求。要注意各个阶段应有推广重点。表 3-2 和表 3-3 是某活动的宣传推广计划和推广重点。

表 3-2　某会议活动宣传推广计划表

计 划	第一阶段	第二阶段	第三阶段
推广策略	前期引导、参与	中期强化互动	后期巩固
推广内容	社区活动	校园活动	商圈活动
推广形式	社区活动、媒体报道、微博话题讨论	校园推广、论坛爆料、微博和微信互动	商圈活动、内部促销
达成效果	吸引用户群体,使其了解企业产品	继续扩大用户,结合内部活动,提升用户满意度	商家入驻,初步形成本土化 O2O 商圈

表 3-3　某会议活动宣传推广重点

阶　　段		时　　间	宣传推广方式	宣传重点
第一阶段	市场预热期	2023.12	软文推广、人员专访、公关活动配合	发布社区信息、媒体专访，预热话题
第二阶段	宣传黄金期	2024.01—2024.02	相关校园人气活动、大众媒体＋高强度宣传	论坛信息、微博/微信互动，升温话题
	媒体造势期	2024.03—2024.04	公关宣传、新闻发布会、重要客户跟踪拜访	会议议程及相关子活动、会议亮点
第三阶段	会后余热期	2024.05	相关商圈内促活动、合作报纸与网站的报道、专业杂志总结评估	客户回访信息、促销活动、会议回顾、追踪报道、会议成果

（二）联系媒体

筛选出合适的媒体后，负责媒体联系的人员就应该开始根据名单开展具体的联系工作，做好对接工作。

1. 联系媒体负责人和记者

通常，如果所选媒体中有之前合作过的记者，那么可以直接与其取得联系，并交代采访报道工作；如果是第一次合作的媒体，那么最好先与其主要负责人进行联系和沟通，然后再进一步联系该负责人所指定的记者。

在联系记者时，一定要做到礼貌得体，对其采访和报道任务也要进行详细到位的交代。记者的一篇文章很可能对会议产生巨大的影响，因此一定要做好与记者等媒体人员的关系维护工作。

2. 安排记者的行程与食宿

在联系到具体的记者并商定采访事宜后，需要与赴会议现场的记者进行沟通，安排其在会议期间的行程、采访任务以及解决机票预订和食宿问题，确保会议举办期间媒体采访万无一失。

（三）前期预热

要想会议取得良好的传播效果，前期的预热和造势必不可少。在该阶段可以利用新媒体启动"宣传攻势"。网络传播具有表现形式多样、制作投放成本低、速度快、更改灵活等优点，这一优势十分适合会议前期预热阶段宣传。网络预热阶段可以开展的方式主要包括以下几种。

（1）与相关领域的专业网站或门户网站进行合作，开辟会议专题网页。

（2）通过发布微博、制造微博热门话题和开办官方微博、微信的形式进行预热。

（3）制作会议官方网页进行宣传。

（4）在会议召开前夕，召开新闻发布会，并在网络上发布预热稿，公布会议基本信息。

(四) 准备稿件

在本阶段,应提前准备好稿件素材,拟定新闻标题,针对不同媒体安排不同的采访能有的放矢。同时,媒体报道的数量尤为重要,具体需要准备以下 3 方面的内容。

1. 通稿

会议主办方对外发布新闻时,为统一宣传口径,应使用统一稿件的方式提供给需要的新闻媒体。

2. 网络专题

在内容上对某一主题作较为全面、详尽、深入的反映,在形式上可以集合网络媒体的各种表现手法。

3. 专访

专访是记者请新闻人物就专门性的问题进行解答的一种方式,是记者带着意向对有关人士进行专门的采访。它比一般报道要详尽生动,其特点在于"专",而重点在于"访"。

技能训练

一、单项选择题

1. (　　)接受主办单位的委托,具体负责会务活动方案的整体策划和执行,能够独立承担民事责任的组织。

A. 主办单位　　　　B. 承办单位　　　　C. 协办单位　　　　D. 支持单位

2. (　　)不参加会议的具体组织工作,只为会议提供各种形式的支持,如资金支持、技术支持、宣传支持、场地支持、物品支持等,以帮助会议更好地开展。

A. 赞助单位　　　　B. 承办单位　　　　C. 协办单位　　　　D. 支持单位

3. 按照规定,组织国际会议需要向政府主管部门报备,主办单位需于(　　)向政府主管部门报送会议计划,明确会议主题、详细计划、经费预算等,避免与国家重大国际性活动冲突。

A. 本年年初　　　　B. 本年年底　　　　C. 上一年年底前　　D. 上一年年初前

4. 拟举办重大国际会议(如外宾人数 100 人以上或会议总人数 400 人以上的人文社科类会议,外宾人数 300 人以上或会议总人数 800 人以上的自然科学类会议),举办方需至少提前(　　)提交会议正式申报材料。

A. 一年　　　　　　B. 六个月　　　　　C. 三个月　　　　　D. 一个月

5. 会议策划完成后,需要进行会议报备工作,(　　)不属于会议报备的内容。

A. 内部立项　　　B. 确定合作单位　　C. 外部审批　　　　D. 外部立项

二、多项选择题

1. 常见的会议合作单位主要有(　　　　)。

A. 主办单位　　　　B. 赞助单位　　　　C. 协办单位　　　　D. 支持单位

2. 为确保团队能够高效运作并成功完成会议的筹备与执行,组建会议工作团队时需要遵循(　　　　)。

A. 适宜原则   B. 对口原则

C. 平衡原则   D. 明确原则

3. 会议宣传渠道的选择是一个综合考量多种因素的过程,可以根据(　　　　)等因素进行选择。

A. 会议性质   B. 目标受众

C. 会议预算   D. 宣传时效

4. 会议宣传推广是指通过专业的策划和执行,对会议活动进行全方位的宣传、推广和管理,以达到(　　　　)的目的。

A. 传递会议信息,刺激参会需求   B. 吸引目标受众,提升会议竞争

C. 扩散传播效果,树立品牌形象   D. 加强社会影响,创造会议价值

5. 如果会议时间紧迫,需要在短时间内吸引大量参会者,快速传播的渠道是首选。以下选项中,(　　　　)属于快速传播渠道。

A. 利用微信群、QQ 群进行群发通知   B. 利用微博热门话题进行推广

C. 利用小红书进行内容营销   D. 在学术期刊上发布会议征稿通知

三、案例分析题

北京成功申办 2022 年冬奥会

2014 年 7 月 7 日,国际奥委会执委会投票决定,中国北京正式成为 2022 年冬季奥林匹克运动会候选城市。中国进行了认真严密的准备。2015 年 7 月 31 日,中国作为候选城市在国际奥委会全会上进行最后一次陈述,北京申冬奥"三大理念"高度契合奥运精神,给国际社会留下了深刻的印象,最终申奥成功。

(一)北京申冬奥的重要时间节点

2014 年 3 月 14 日,申办城市须提交申办问题答卷和相关承诺保证书。

2014 年 7 月 7 日,国际奥委会执委会投票决定,中国北京正式成为 2022 年冬季奥林匹克运动会候选城市。

(二)北京申冬奥"三大理念"高度契合奥运精神

北京张家口此次申办冬季奥运会的三大理念是"以运动员为中心、可持续发展、节俭办赛"。这三大理念与奥林匹克议程高度契合,给国际社会留下了深刻的印象。

(三)北京申冬奥陈述人阵容强大

北京派出强大的陈述阵容,原中国国务院副总理刘延东亲自带队陈述,陈述人还包括原中国奥委会主席、国家体育总局局长刘鹏,原北京冬奥申委主席、北京市市长王安顺,中国奥委会副主席于再清,中国残奥委会主席张海迪,等等。

(四)承诺 2022 年解决雾霾问题

在申办第 24 届冬季奥运会北京和张家口代表团的新闻发布会上,有记者问及:北京雾霾是否会影响冬奥会的运动员,如何治理雾霾?王安顺介绍说,北京正在研究制定 2018—2022 年的清洁空气行动计划,根据空气流动的特点,围绕着北京的各省、区、市进行联防、联动、联治的措施,改善空气质量。

(五)节俭办奥运

此前,2022 年冬奥会申办工作领导小组成员表示:"中国政府是北京申办冬奥会的坚

强后盾,保证提供财政支持。"在北京冬奥申委提交给国际奥委会的申办报告中,国际奥委会针对财政预算给出了 8 个字的评价:科学、合理、务实和可信。关于财政预算有两个数字,一个是赛事编制预算约为 15.6 亿美元,另一个是包括竞赛场馆和非竞赛场馆在内的场馆建设预算,约为 15.1 亿美元。在这 15.1 亿美元当中,有 65% 来源于社会投资,比如三个奥运村全都是社会投资。

（六）申办成功意义

国际奥委会再次垂青北京,既显示了对中国经济稳步发展、社会持续进步的信心,也是对北京举办的 2008 年夏季奥运会的又一次高度肯定。中国由此成为第 9 个既举办夏奥会也举办冬奥会的国家,北京则成为全球首个荣获过冬、夏两季奥运会举办权的城市。

思考并分析:

1. 冬奥会属于国际组织吗? 每几年举办一届? 其举办规模如何?

2. 分析北京申办冬奥会成功的主要原因。

四、综合实训题

【任务背景】

中非经贸博览会是由中华人民共和国商务部与湖南省人民政府共同主办的国家级对非经贸合作平台,每两年举办一届,致力于打造中非经贸合作新机制、中非合作论坛经贸举措落实的新平台和中国地方对非经贸合作的新窗口。

一、历届博览会情况

第一届（2019 年）：在湖南长沙举办,以"合作共赢,务实推进中非经贸关系"为主题,吸引了 53 个非洲国家及超过 10 个国际组织和机构的 8 000 多名嘉宾参会,签约 84 个项目,金额 208 亿美元。

第二届（2021 年）：同样在长沙举办,以"新起点、新机遇、新作为"为主题,签约项目 81 个,金额 170.2 亿美元。

第三届（2023 年）：于 6 月 29 日至 7 月 2 日在长沙举办,主题为"共谋发展,共享未来",展览面积达 10 万平方米,吸引了 53 个与中国建交的非洲国家、12 个国际组织、30 个国内省区市和 1 700 余家中非企业、商协会及金融机构参会。本届博览会签约项目 120 个,金额达 103 亿美元,发布 99 个对接合作项目,金额达 87 亿美元。

二、博览会的主要活动

(1) 综合展示:包括中非经贸合作成果展、非洲国家形象展、中国企业和商品展等。

(2) 高端论坛:涵盖绿色基建、医药卫生、农食产品、数字经济等多个领域。

(3) 经贸对接:举办各类贸易投资洽谈会,促进中非企业间的合作。

(4) 专题研讨:聚焦中非合作的热点问题,如中医药合作、妇女交流、职业教育等。

三、博览会的意义

中非经贸博览会不仅展示了中非经贸合作的成果,还为双方提供了交流合作的平台,推动了中非经贸关系的深化发展。通过博览会,中非双方在贸易、投资、基础设施建设、数字经济等多个领域达成了广泛合作,为中非经贸合作注入了新的动力。

四、历届博览会合作单位

中非经贸博览会自创办以来,一直由中华人民共和国商务部和湖南省人民政府共同主办,这一安排体现了博览会的国家级地位和湖南省在中非经贸合作中的重要角色。

第三届(2023年)中非经贸博览会协办单位包括以下单位。

全球合作伙伴:交通银行股份有限公司。

战略合作伙伴:中国工商银行股份有限公司、中国建设银行股份有限公司、湖南农业发展投资集团有限责任公司。

合作伙伴:中国银行股份有限公司、中国农业银行股份有限公司、中国进出口银行湖南省分行、威胜控股有限公司、国药控股湖南有限公司等。

其他合作单位:中非发展基金参与承办部分活动。

【实训任务】

假定,第×届中非经贸博览会计划于×月26日至29日在长沙举办,将围绕专业化、市场化、国际化进行组织策划,推动博览会创新发展。

根据所学知识,请帮助会议主办方湖南商务厅完成以下任务。

任务1:组建博览会会议工作团队。

任务2:设计合作单位邀请函。

任务3:制定博览会宣传推广计划。

【任务要求】

1. 查阅中非经贸论坛相关资料,组建第四届中非经贸博览会会议工作团队,并制作组织结构图,列举各职能工作组分工与主要职责。

2. 针对承办单位、协办单位、赞助单位分别设计邀请函模板,要求格式正确、排版美观。

3. 制定第四届中非经贸博览会宣传推广计划,要求内容完整、格式规范。内容涵盖推广目标、目标受众、推广渠道、策略、宣传推广计划时间表、经费预算规划等。

项目评价表

学习效果评价表				
任务序号	任务内容	任务清单	权	重
任务一	会议报备	了解会议内部立项的流程	3分	3%
		了解会议合作单位的构成	8分	8%
		熟悉会议承办单位的遴选方法	6分	6%
		明确邀请合作单位时应注意的事项	8分	8%
		了解会议报备审批的对象	3分	3%
		掌握我国审批国际会议的基本要求与程序	8分	8%
		了解国际社团会议的报批程序	5分	5%

续　表

任务序号	任务内容	任务清单	权　重	
任务二	组建工作团队	设置会务工作机构	5分	5%
		确定组委会人员及分工	8分	8%
		对接各合作方人员	5分	5%
任务三	会议宣传推广	了解会议宣传推广的目的	3分	3%
		熟悉会议宣传推广渠道的类别	8分	8%
		明确会议宣传推广渠道选择的因素	8分	8%
		了解会议宣传的内容	6分	6%
		知晓会议宣传的策略	8分	8%
		掌握宣传推广计划的执行过程	8分	8%
合　计			100分	100%

技术能力评价表				
技能序号	技能内容	技能清单	权　重	
技能训练一	会议报备常识认知	会议合作单位的构成	3分	3%
		会议合作单位的类别	3分	3%
		审批国际会议的基本要求	3分	3%
		审批国际重大会议的程序	3分	3%
		会议报备工作的主要内容	3分	3%
技能训练二	组建会议工作团队、会议宣传推广常识认知	会议合作单位的分类	5分	5%
		组建会议工作团队的原则	5分	5%
		影响会议宣传推广渠道选择的因素	5分	5%
		会议宣传推广的目的	5分	5%
		快速会议传播渠道的特点	5分	5%
技能训练三	申办国际会议	查阅国际大会资料	6分	6%
		成功申办国际会议的原因分析	14分	14%

续　表

技能序号	技能内容	技能清单	权	重
技能训练四	综合实训	组建会议工作团队	8分	8%
		编制会议合作单位邀请函	12分	12%
		制定会议宣传推广计划	20分	20%
合　计			100分	100%

会场布置——环境提升体验

 学习目标

通过本项目学习，了解影响会议场址选择的因素、选择会议场址的原则；掌握会场风格布置、会议座位安排、会场环境氛围营造的方法和技巧，提升在会议运营中的环境设计技能。

知识目标：

1. 了解会场布置的基本原则和方法，掌握会场环境设计中常用的布置风格和布局形式。

2. 了解如何根据会议目标、规模及参与者需求选择合适的会议场地。

3. 熟悉会场布置所需的物料、设备、资源，以及不同布置风格合适何种物料和设备。

能力目标：

1. 能够根据会议的类型和需求，独立进行会场选址和布置设计，提升会议效果。

2. 能够灵活运用所学的布置风格和布局方法，根据实际情况调整会场的环境设计，营造良好的会议氛围。

3. 能够在会场布置过程中有效组织和协调各项资源，确保会场布置的高效执行。

素养目标：

1. 培养关注细节和提高服务意识，增强会场布置与参会者体验之间的联系。

2. 培养的团队合作能力和沟通能力，确保会场布置任务能够顺利完成。

3. 鼓励关注现代会议趋势，掌握数字化工具在会场布置中的应用，提高其综合运用现代技术解决问题的能力。

 学思践行

以专业服务培育时代新风貌

党的二十大报告指出，全面建设社会主义现代化国家，必须坚持中国特色社会主义文化发展道路，增强文化自信，围绕举旗帜、聚民心、育新人、兴文化、展形象建设会主义文化强国，发展面向现代化、面向世界、面向未来的，民族的科学的大众的社会主义文化，激发全民族文化创新创造活力，增强实现中华民族伟大复兴的精神力量。

　　会场布置是确保会议顺利进行的关键,会议运营管理人员应想参会者之所想、办参会者之所需,强化职业素养和实战能力,将新技术、新理念同会场选址和会场布置有机结合,成为"懂技术、有情怀、敢担当"的会议运营管理人才,弘扬严谨作风、敬业精神,培育时代新风貌,确保会场布置工作圆满完成。

　　★思考与践行

　　王琳在公司组织的一次大型学术论坛筹备中,负责会议场址选择和会场布置工作。会议场地是一场会议的基础硬件之一,选择一个与会议和活动匹配度高的会议场地,能提升参会者体验。而会议布置是否合理对于会议能否成功举办具有很大的影响。通过这次学术论坛会议会场布置的实践,王琳熟悉了会场布置的全流程:通过会议场地布置的规范性要求(如安全标准、残障人员无障碍设施),强化了会议策划与运营服务社会的职业使命;通过在环境布置中融入中国传统文化元素,增强了文化认同与民族自豪感;通过倡导绿色材料与可持续设计,培养了生态文明理念;通过分工合作,强化了集体主义与协作意识。

 项目说明

　　本项目的核心目标是通过全面讲解会场布置及环境设计的基本原则和实践方法,帮助掌握在实际会议运营中进行会场选择与布置的关键能力。本项目首先介绍会场布置的基本概念、重要性及其对会议成功的影响。其次介绍如何根据不同会议类型和目标,选择合适的场地并进行恰当的布置。这一部分将覆盖会场布置的基础知识,包括会场布置的定义、特点、构成要素、分类以及布置的具体作用。会场布置不仅是空间的设计,更是增强会议氛围、提升参与者体验的重要手段。

　　通过本项目的学习,将能够系统地掌握会场布置的技能要点,并建立起对现代会议行业的初步认知。

 项目框架

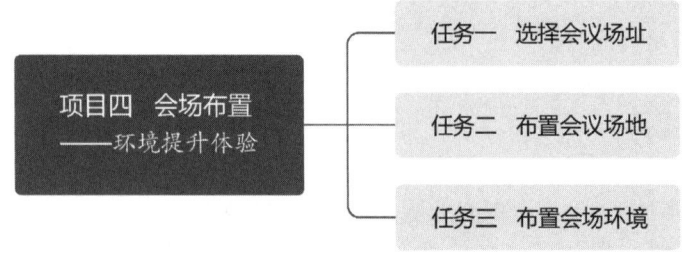

任务一 选择会议场址

🔱 任务说明

本任务的目标是帮助深入理解会场布置与场地选择的关系,学习如何根据会议的目标、规模和参与者需求,科学选择合适的会议地点及场馆。通过本任务,不仅能够掌握会场选址的基本原则,还能培养在实际操作中关注细节、协调资源的能力,以确保会议的成功举办。此外,本任务也融入了现代会议的绿色发展理念与社会责任,鼓励关注可持续发展,推动会议行业的绿色转型。

在学习本任务后,应该能够回答如下这些问题:如何对会议选址和会场选择的具体实施方案进行深入研究。如何根据不同会议的特点与需求选择场地并进行布置设计如何协调各项资源、优化会场环境。

🎯 任务实施

一、会议地点的选择

(一) 会议选址的意义

会议地点的选择是会议成功的基础,它决定了与会者的到达便利性、参会体验及会议的专业形象。在会议选址过程中,选择合适的地理位置和交通便利的地点不仅有助于提升会议的影响力,也能为与会者提供便捷的参会体验。因此,应考虑如何权衡各类因素,做出最佳的选址决策。

(二) 选址应考虑的因素

(1) 地理位置。选择交通便利、知名度高的城市或地区,方便与会者到达。

(2) 交通便利性。考虑到会议的规模和参会人员的分布,确保会议地点的交通通达性。选择交通枢纽,如机场、火车站或地铁站附近的场地,最大化减少参会人员的出行成本。

(3) 住宿条件。确保会议地点周边有足够的住宿设施,满足与会者的需求。特别是对于大型国际会议,需要考虑多样化的住宿选项。

(4) 城市形象与文化。选择具备良好城市形象的地方,增强会议的文化背景和会议品牌的影响力。例如,杭州的文化底蕴使其成为高端会议的首选城市之一。

(三) 选址的原则

(1) 与会者便利性。优先考虑与会者的出行便利,减少参会人员的交通时间和成本。

(2) 成本效益。在满足需求的前提下,选择性价比高的地点,保证会议预算合理。

(3) 安全性。考虑场地的安全性,评估可能的风险和自然灾害的影响。

(4) 配套设施。确保会议地点周围有完备的餐饮、娱乐等设施,提升与会者的综合体验。

实例 4 - 1

一、上海世博会选址——大型国际会议的典范

2010 年上海世博会以"城市，让生活更美好"为主题，选址黄浦江两岸滨水区，体现了上海作为国际化大都市的形象，并推动了区域产业结构调整和旧区改造。世博会利用黄浦江的历史文化资源，设计了多个文化主题展馆，如中国馆、城市最佳实践区等，增强了会议的文化吸引力。世博会吸引了 190 个国家和 56 个国际组织参展，成为全球文化交流的重要平台。园区在世博会结束后，被规划为文化博览中心和滨江居住区，实现了可持续发展。中华艺术宫、世博博物馆等文化设施延续了世博会的文化影响力，滨江居住区的开发带动了周边部分区域房价上涨，促进了区域经济发展。

二、深圳会展中心选址变更——规划失控的教训

深圳会展中心是深圳市政府重点建设项目，旨在打造国际一流的会展平台。然而，在选址过程中，因规划失控导致三次变更，造成了巨大的经济损失。第一次选址在福田中心区，但因土地征用问题未能推进。第二次选址在南山后海片区，但因交通规划不完善被否决。最终选址在福田中心区，但已错过最佳建设时机，项目延期，经济损失巨大。这一教训表明，会议选址需结合城市总体规划，避免重复投资和资源浪费。前期调研和长远规划是确保选址成功的关键。

三、北京五道口商圈选址——中小型会议的精准选择

北京五道口商圈依托清华大学、北京大学等高校资源，形成了高消费、高流量的商业聚集区。某企业在此举办中小型会议，通过精准分析商圈，实现了选址优化。商圈内高校资源丰富，地铁 13 号线和多个公交线路覆盖，交通便利。周边餐饮、住宿设施完善，提升了参会者的综合体验。通过淡季租赁和长期合作，降低了场地成本。会议吸引了 200 余名高校学者和企业代表，参会者对交通便利性和周边配套服务给予了高度评价。这一案例表明，中小型会议可通过精准商圈分析，平衡竞争与客流量，选择性价比高的场地，提升会议效果。

以上三个案例分别从大型国际会议、规划失控教训和中小型会议选址的角度，提供了丰富的实践参考。通过这些案例，可以深入理解会议选址的核心原则和实际操作中的关键问题。在会议选址过程中，须关注细节，提升服务意识，增强会场布置与参会者体验之间的联系。此外，要培养团队合作能力和沟通能力，确保会场布置任务能够顺利完成，并关注现代会议趋势，掌握数字化工具在会场布置中的应用，提高综合运用现代技术解决问题的能力。

二、会议场馆的选择

（一）会场规模与功能

根据会议类型、规模和目的的不同，会议场馆可分为大型会展中心、中型会议中心和小型会议室等。每种场馆有其特定的适用范围。大型会展中心适合举办展览及大型国际会议,中型会议中心适合中型会议或专业研讨会,小型会议室适合小范围的讨论和工作坊。

(二) 其他功能需求

场馆需具备必要的硬件设施,如音响设备、投影仪、无线网络等,以及灵活的布局方式,满足不同会议的需求。

(三) 会场选址的具体内容

(1) 基础设施。评估场馆的建筑结构、安全性、消防设施、电力供应等,确保会议期间的安全。

(2) 服务设施。了解场馆的餐饮、住宿、停车、医疗等配套服务,满足与会者的基本需求。

(3) 会场安全。明确现场安保、监控系统、应急处理方案等,确保会议期间的顺利进行。

(4) 费用收取。了解场馆的收费标准,包括场地租赁、设备使用、服务费用等,控制会议预算。

(四) 会场选择的渠道

(1) 实地调研。通过亲自考察,确认场馆的实际情况,评估是否符合会议的需求和预算。

(2) 在线预订平台。利用在线平台,如"超级秀场"等,查询场馆信息,进行预定和预算比较。

5. 议价与签约流程

(1) 议价。与场馆方进行价格协商,争取优惠条件或增值服务,保证会议预算的合理性。

(2) 签约。签订正式合同,明确双方的责任与义务,确保场地使用权和服务条款的清晰。

任务二　布置会议场地

⚓ 任务说明

本任务旨在通过讲解实践操作,培养在会议运营中进行会场布置的能力,特别是如何根据会议的目标、规模和参与者需求,设计并布置一个符合会议需求的场地。通过本任务的学习,能够掌握会议场地布置的基本原则、方法和技巧,并能灵活运用不同的布置风格,提升会议的整体效果。

通过对应的实际操作,应能够回答如下这些问题:如何选择会场布置所需的物料、设备及资源?如何创造良好会议氛围、增强参会者体验?在实际布置过程中,如何通过分工合作,协调各项资源,确保会场布置的高效执行?

会场布局

任务实施

一、布置会议注册处

会议注册处是与会者进入会场的第一站,担负着提供会议资料、指引与会者、收集必要信息的重要职能,因此它的布置直接影响到与会者的第一印象和会议的整体效果。在布置会议注册处时,必须考虑到会议的规模、参会人员的需求以及会议的目的等多方面因素。

(一)地点选择

会议注册处应选择在与会者进场的主要通道附近,确保与会者一进场就能顺利完成注册。选址时要考虑以下因素:

(1)交通流线。确保与会者进入会场后的流线清晰,避免拥堵现象。通常,注册处应设置在会场入口的显眼位置,方便与会者快速找到。

(2)靠近交通设施。确保注册处靠近公共交通入口、停车区等便于参会者进入的位置。

(3)空间充足。考虑到注册时的人员密集度,确保注册处有足够的空间来容纳前来登记的与会者,避免拥挤和等待过长时间。

(二)布置时间

注册处的布置时间通常安排在会议开始前的几个小时,具体时间取决于与会者的到达时间。一般情况下,注册处的布置应提前4~6小时完成,以确保一切就绪,且有时间进行最后的检查和调整。重要的是,要留出足够的时间进行与会者信息录入、会议资料的整理以及物料的摆放。

(三)所需物料

注册处需要提供与会者一系列物料,以确保注册工作的顺利进行,并为与会者提供所需的会议信息。常见的物料包括:

(1)注册表格或电子注册系统。用于收集与会者的基本信息,登记参会人员。对于大型会议,建议使用电子注册系统,能够快速、准确地完成信息录入。

(2)会务资料包。包括会议日程、讲者介绍、会议资料、名片、笔和记事本等,确保与会者能够在会前拥有所有必要的材料。

(3)名牌和胸卡。为每位与会者提供定制化的名牌或胸卡,便于现场识别。

(4)欢迎指引。放置会议主题、会场分布图、各个分会场的安排等信息,帮助与会者更好地了解会场结构。

(四)布局

注册处的布局设计需要考虑与会者的流线、服务台的设置、物料的摆放以及工作人员的安排。

(1)服务台设置。根据会议规模决定注册台的数量。一般来说,人数较多时,应该安排多个注册台,分成不同的队列(例如按姓名首字母、行业类别等)。服务台需要布置清晰的指引标志,确保与会者能够迅速找到。

（2）物料摆放。与会资料、名牌、胸卡等物品应有序摆放,避免混乱。可以设置专门区域或柜台来整理这些物品,确保参会人员领取所需资料时不会造成拥堵。

（3）工作人员安排。安排足够的工作人员来引导和协助与会者完成注册手续。工作人员要明确分工,确保能够高效处理不同的需求,如名牌发放、问题解答等。

（4）信息标志。在注册处区域内外需要设置明显的标志,确保与会者能轻松找到注册处。例如,入口处可以放置有对应会议名称的指示牌,注册台上应放置"注册处"字样的标志。

二、设计会场布置风格

（一）剧院式会场布置

剧院式会场布置是一种常见的座位安排方式,适用于大规模的会议、讲座、演讲以及展示活动,如图4-1所示。在这种布置下,所有座椅都朝向同一个方向,通常面向讲台、屏幕或投影仪,座椅排列呈阶梯状,从前到后逐渐升高,以确保每个座位都能获得良好的视线。座椅之间的间距较大,便于与会者的进出,确保舒适的观看体验。场地正前方会设置讲台或大屏幕,用于展示演讲者、演示内容或播放视频,确保观众能清晰地看到讲解内容。剧院式布置的优点是能够最大化利用空间,容纳大量与会者,适合信息传递为主的场合,例如公开演讲、报告会或产品发布会。它的缺点是缺乏互动性,通常不适合需要参与和讨论的会议类型。总体而言,剧院式布置因其简洁有效,能够快速搭建和拆除,常常成为大型会议或活动的首选布局。

图4-1　剧院式会场布置

图4-2　课桌式会场布置

（二）课桌式会场布置

课桌式会场布置是一种常见于培训、研讨会和小型会议的布局方式,如图4-2所示。其特点是将座椅与桌子排列成行,每个与会者面前都有一张桌子,通常是平行排列或者呈

U字形、矩形等形式。这种布置方式能够提供充足的桌面空间,方便与会者记录笔记、放置个人物品或进行交流。课桌式布置不仅适用于信息传递,还能有效促进与会者之间的互动和小组讨论,适合需要频繁互动、分享意见的会议场景。与剧院式布置相比,课桌式布置提高了与会者的参与感和舒适度,同时便于组织者进行分组活动和座位调整。它的缺点是占用空间较大,适合的人数相对较少,因此不适用于过于庞大的会议。课桌式布置通常需要较大的空间来保证座位间的通行顺畅,并且布置起来需要更多时间和人员的协调。在培训班、工作坊和需要动手操作的会议中,课桌式布置能够有效提高会议的互动性和学习效果。

(三) 全围式会场布置

全围式会场布置是一种将所有座位围绕讲台或中心位置排列的会议布局方式,通常用于需要高度互动和讨论的场合,如图4-3所示。与传统的剧院式或课桌式布置不同,全围式布置强调的是平等与互动,所有与会者面向中央或讲台,形成一个封闭的环形结构。这种布局有助于打破空间的隔阂,使得每个与会者都能清楚地看到其他人的面孔,从而促进更多的交流与互动。全围式布置常常应用于小型会议、圆桌讨论、工作坊和小组研讨会等场合,适合需要集体讨论和互动的会议形式。在这种布局中,与会者之间的视线直接对接,能够提高参与感和沟通效率。然而,全围式布置占用的空间较大,且座位的数量通常受到空间限制,因此并不适用于大规模的会议场合。整体而言,全围式布置能够增强会议的互动性,鼓励与会者参与讨论,提高会议的效果和效率。

图4-3　全围式会场布置

图4-4　半围式会场布置

(四) 半围式会场布置

半围式会场布置是一种将座位以半圆形或弧形排列,围绕讲台或演讲者的会议布局方式,如图4-4所示。这种布置方式使与会者能够面对演讲者或主讲台,且与会者之间仍保持一定的视线接触,促进部分互动,同时又能确保会议的秩序性和集中性。与全围式布置相比,半围式布置通常适用于规模较大的会议或讨论会,它兼顾了视听效果和互动需求。座位的排列通常采用半圆形或弧形,确保演讲者或主讲人能够与所有参会者进行较为直接的交流,同时也为与会者提供了一个较好的视角,可以更加专注于讲解内容。半围式布置常见于中型会议、专家论坛、团队讨论等场合,能够在保证互动性的同时,也满足一定的正式性和结构化要求。其缺点是占用空间较大,且适合的场地规模有一定限制,通常不适用于人数过多的会议。总体而言,半围式布置是一种平衡视听效果与互动性的优良选择。

5. 分散式会场布置

分散式会场布置是一种将座位随机或分散地安排在会场内的布局方式,如图4-5所示。通常用于需要小组讨论、分阶段活动或者有较为灵活的讨论需求的会议。在这种布局下,座位并不按固定模式排列,而是根据会议内容和参与人数的需求,分散式布置在会场的不同区域或角落。这种布置方式非常适合互动性强、参与性高的会议场合,例如工作坊、分组讨论、创意会议等。每个小组或团队可以围坐在自己的桌子周围,进行独立讨论或合作,促进思维碰撞和信息交流。分散式布置的优点是灵活性高,能够根据实际需求调整空间布局,特别适合那些需要分组操作或讨论

图 4-5 分散式会场布置

的会议。缺点是这种布局可能使会场看起来不够整齐,且座位安排不够集中,可能会导致参会人员之间的互动减少,难以确保每个参与者都能保持高度的集中与关注。总的来说,分散式布置能够提供更多的自由度,特别适合需要小范围、高度互动和创意思维的场合。

三、安排会场座位

(一) 主席台排座

1. 正式会议

大型会场的主席台,一般面对会场主人口,面对观众席。主席台成员的桌上,要置正反两面的桌签。按照国内会议目前的习惯,主席台排座有三个基本规则:一是前排高于后排;二是中央高于两侧;三是左侧高于右侧。

主席台布置有两种摆放方式:第一种是"演讲席+座位"式;第二种是只设演讲席。

(1)"演讲席+座位"式。座位按照课桌式摆放,主持人座位最靠近演讲席。台上人员为单数的情况如图4-6所示。在政务会议中,主席台上嘉宾以中间为尊、左尊右卑;在商务会议中,主席台上的嘉宾以中为尊、右尊左卑。台上人员为双数的情况如图4-7所示。此时,1号、2号领导同时放在中间。在政务会议中,1号领导在中间位置靠左侧、2号领导在中间位置右侧;在商务会议中,1号领导在中间位置右侧,2号领导在中间位置靠左侧。

会议座位格局与座次安排

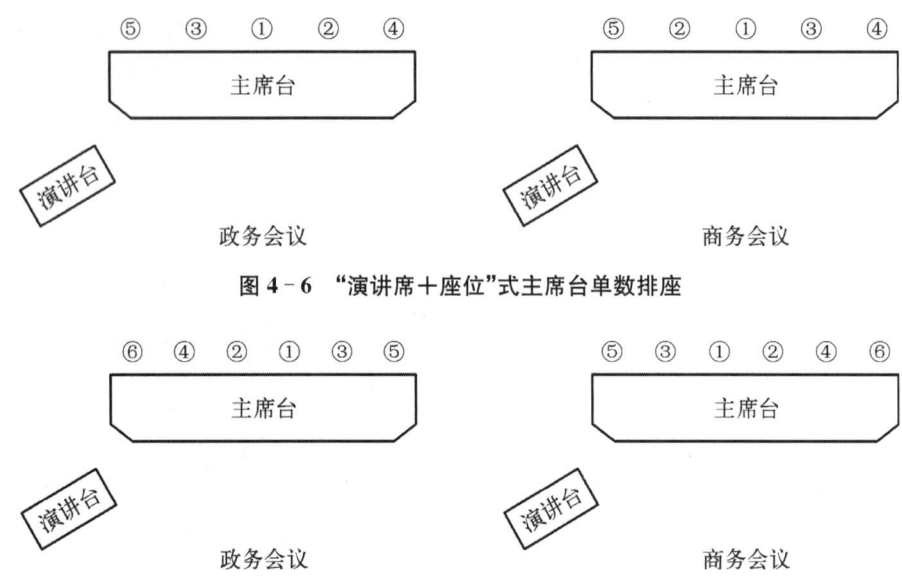

图 4-6　"演讲席+座位"式主席台单数排座

图 4-7　主席台双数排座

（2）只设"演讲席"。嘉宾在会场前排就座，由主持人按顺序邀请嘉宾上台即可。在政务会议和商务会议中，嘉宾都以中间为尊，但是其他左右位置嘉宾的安排与"演讲席+座位"式相反。

知识拓展

商务会议与政务会议的区别

1. **核心定位差异**

商务会议的根本目的是实现商业利益最大化（如签约或谈判），而政务会议的根本目的是履行行政职能（如决策或传达）。从文化基因的角度看，商务会议遵循国际商业惯例，而政务会议融合政治传统与现行体制。

2. **主席台座次安排差异**

两类会议主席台座次安排的核心差异在于左右尊位：商务会议遵循国际惯例（右为尊），政务会议则采用中国传统（左为尊，面向台下）。具体而言，双数领导排序时，两种规则都将1、2号位居中，但2号领导在商务会议中位于1号右侧，在政务会议中位于1号左侧。在涉外场景下，商务会议统一采用右为尊，政务会议则区分对待：国内人员以左为尊，外宾以右为尊。

2. **签字仪式**

签字仪式是一种重要的正式场合，座位安排和位置的选择在很大程度上决定了仪式的庄重性和尊严，如图4-8所示。在签字仪式中，座位的安排要符合一定的礼仪要求，通常遵循"主左宾右"的原则，即主方座位安排在左侧，宾方座位安排在右侧，以体现会议的正式性。

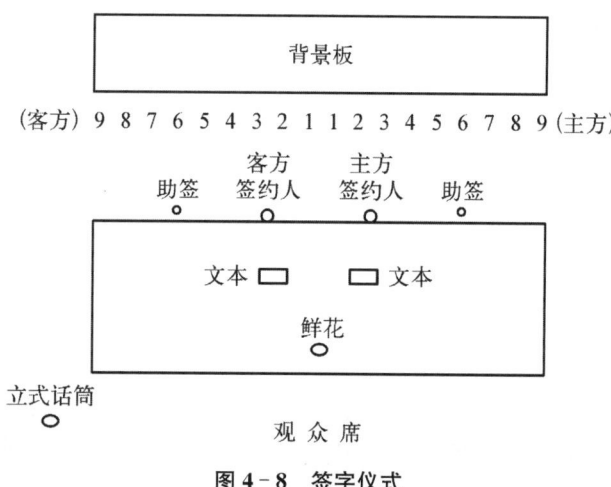

图 4-8　签字仪式

（1）主左宾右，面门而坐。在签字仪式上，签字桌通常横向放置，签字者面对门口，面朝与会者和会场中心。主方通常位于签字桌的左侧，而宾方则坐在签字桌的右侧。这种座位安排是为了突出主宾之间的礼仪关系，同时也是国际惯例的一部分，强调主宾的地位和对等。

（2）签字桌横放，签字者面门而坐。签字桌的摆放应该横向设置，使得签字者面对会场的正门或重要位置，确保仪式的庄重感。签字时，签字者应直接面向与会的宾客和与会人员，而与会者站在签字者后面观看整个签字过程。

（3）中间为上，左侧高于右侧。在签字仪式的排座中，主宾位置的安排通常遵循一定的层次感。主方应位于左侧，且主方的位置稍高于宾方，体现出主方的领导地位和仪式的正式性。宾方位于右侧，保持对称但略低于主方，这种安排符合礼仪和传统文化中的礼节。签字桌上方的空间应保持清晰简洁，以突出签字的动作和双方的仪式感。

3. 沙发洽谈

在沙发洽谈的场合中，座位的安排通常以"主左宾右"为原则，体现了主宾双方的礼节有序。洽谈的座位布置通常以舒适和轻松为导向，但同时又要保留一定的正式感和礼仪性，尤其是在涉及重要谈判或商务讨论时。以下是沙发洽谈座位安排的常见方法。

会议礼仪

（1）主左宾右。在沙发洽谈中，座位安排遵循"主左宾右"的原则，即主方坐在沙发的左侧，宾方则坐在右侧。通过这样的安排，主方和宾方之间的地位得到体现，确保了礼节的尊重。主方通常是会议的主办方或具有较高决策权的一方，而宾方则是被邀请参与洽谈的客人。

（2）依会议次序排座，尊位让给宾方。在沙发洽谈的座位安排中，通常根据会议的次序和参与者的级别来进行排座。如果是双方领导进行谈判，通常会尊重宾方的地位，将较为尊贵的位置让给宾方。这意味着，如果主方的领导地位较高，可能会主动让出更靠近会议桌的座位给宾方，体现出礼节上的尊重。在商务洽谈中，主方通过这样的安排，可以展示出高度的专业素养和商务礼仪。

沙发洽谈的座位安排需要保持一种既正式又不失温馨的氛围，使双方能够在较为轻松的环境下进行有效沟通,同时确保会议中的礼仪得当,确保双方在对话过程中感受到平等和尊重。合理的座位安排不仅能够提升会议的氛围,还能帮助促进谈判的顺利进行。

4. 长桌洽谈

长桌洽谈常用于商务会议或较正式的讨论场合,座位的安排通常依据会议的性质、双方地位以及沟通的目标来进行,如图 4-9 所示。长桌洽谈的布置通常有两种常见的形式,分别是长条桌与门垂直和长条桌与门平行的布局方式,每种方式都有其特定的应用场合和礼仪要求。

图 4-9　长桌洽谈

(1) 长条桌与门垂直,主方背门,客方面门,参照正式会议秩序依次排座。在这种布局中,长条桌通常放置在与门垂直的位置。主方应坐在背对门的位置,体现主方的主导地位,而宾方则坐在面对门的位置,确保宾方的尊贵。这样安排有助于主方掌控整个会议过程,同时给予宾方充分的关注与尊重。座位的排布依照正式会议的秩序来进行,通常会根据与会者的级别或重要性依次安排座位。主方和宾方的座位顺序明确,确保了会议秩序的严谨性,同时使双方在洽谈时更加专注和高效。

(2) 长条桌与门平行,门左为主。在长条桌与门平行的布置中,长桌放置与门平行,门的位置通常位于桌子的左侧,这时主方的座位通常安排在靠近门的左侧,体现主方的主导地位。宾方则坐在右侧,与门的方向保持一致。这样的布局较为灵活,适合需要一定互动与对话的商务场合,既能够保证主宾地位的明确,又能方便双方的沟通和交流。门左为主的安排体现了在面对正式谈判或讨论时主方的权威性和主导性。

长桌洽谈布局的选择应根据会议的规模、参与者的角色及会议的氛围来决定。通过合理的座位安排,不仅能够确保会议的顺利进行,还能够增强双方的沟通效率和会议的效果。

(二) 排座礼仪

1. 大型会议

在大型会议的观众席排座安排中,合理的座位布置非常关键,它不仅能够确保所有与会者在视觉上都能清晰地看到讲台或演讲者,还能够充分体现会议的礼仪,彰显参与者的级别和身份。

在座位安排上,首先需要考虑层次感和视野的舒适性。为了确保每位与会者的视线不被遮挡,座位通常采用阶梯式设计,前排座位稍高于后排,这样每个人都能清楚地看到讲台。其次,中间区域的座位通常会稍微高于两侧,以确保所有人的视线集中在讲台或大屏幕上,避免部分与会者看不清内容。

另外,座位安排还要考虑优先级。重要的领导或嘉宾通常会安排在左侧,这被认为是更尊贵的席位,适合政府官员或企业高层代表。领导和重要嘉宾通常会安排在前排中间位置,以体现他们在会议中的核心地位,并确保他们能清楚地看到讲解内容。其他参会人员的座位安排则会根据其级别或单位的不同依次向后排,较高职位或重要单位的代表通常会坐在前排附近的位置。

通过这样的安排,会议流程会更加顺畅,所有与会者能够在舒适、清晰的环境中参与讨论和交流,确保会议的成功举办。这种座位安排不仅提升了会议的正式性,还增强了与会人员的参与感,使整个会议过程更加高效有序。

2. 小型会议

在小型会议的座位安排中,通常遵循"以主宾为中心,按级别或职务高低依次排列"的原则。具体安排时,主宾坐在面对门的位置,以体现其在会议中的中心地位和重要性。主人则坐在主宾的左侧,确保会议中的领导地位和尊重得到充分体现。其他与会人员的座位则根据他们的级别或职务高低,依次向后排座或两侧排布,确保会议的秩序和流畅性。这样的座位安排不仅能够突出主宾的尊贵身份,同时也能保持会议的平衡与协调,让所有与会者都能够在一个有序、尊重的环境中进行交流与讨论。

3. 涉外会议

在涉外会议的座位安排中,通常遵循"以右为尊"的原则,强调主宾的尊贵地位。在具体的安排上,主宾通常与主人共同坐在面对门的位置,这样可以体现出主宾在会议中的核心地位和重要性,主人则坐在左侧面对正门,以示礼仪和尊重。与会的其他人员则根据其级别或职务的高低,依次向后排座或侧面排布,确保会议的秩序和礼节性。在这种布局下,主宾的位置始终得到优先考虑,能够体现出涉外会议中的国际礼仪和文化尊重,使会议氛围更加正式和谐。这种座位安排不仅符合涉外会议的礼仪要求,还能确保会议的顺利进行和与会人员的积极参与。

4. 多方会议

在多方会议的座位安排中,通常遵循"尊重客方,按单位或组织的重要程度排列"的原则。具体安排时,主方通常坐在面对门的位置,确保主方在会议中的主导地位。客方则坐在主方的两侧,体现出对客方的尊重,并确保双方能够平等、有效地沟通和交流。其他单位或组织的代表根据其在会议中的重要程度,依次安排座位,通常按级别或职务的高低进行排布。

5. 表彰会议

在表彰会议的座位安排中,通常遵循"突出代表,按表彰对象的重要程度排列"的原则。具体安排时,表彰对象应坐在前排的中间位置,体现其在会议中的核心地位和荣誉。其他参会人员则根据其级别、职务或单位的重要程度,依次向后排座,确保会议的秩序和级别感,如图 4 - 10 所示。通过这种安排,表彰对象的突出地位得到充分展示,同时也能让其他与会者清晰地了解会议的主旨和重点,保证会议的正式性与尊重性。此类座位安排不仅能够提升表彰会议的庄重氛围,还能有效增强参与者的归属感和尊重感,使表彰活动更加具有仪式感和影响力。

图 4-10   表彰会议

任务三   布置会场环境

 **任务说明**

　　会场环境的布置在会议中的作用至关重要,它不仅能够营造会议的氛围,还能提升与会者的体验感,增强会议的整体效果。在本任务中,将学习如何通过灯光、色调、会标、花卉等元素来提升会议场地的氛围,如何结合会议的性质、主题以及规模,选择合适的布置方式,创造一个舒适、专业且具有感染力的环境。通过本任务的学习,能够回答如下这些问题:环境布置技巧有哪些? 如何提高对细节的关注度,培养在实际会议组织中的创新能力和设计感? 如何通过实际操作,在有限的时间和空间内,创造出既符合会议主题,又能够满足与会者需求的理想会场环境?

会议室布置

任务实施

一、会场氛围布置

(一) 会场灯光色调布置

　　灯光和色调是会场氛围布置的关键因素之一,它们能够直接影响到与会者的情绪和参与感。合适的灯光布置不仅能提升会场的视觉效果,还能创造出温馨、严肃或激励的氛围。会场灯光和色调布置需要根据会议主题、类型及功能需求进行综合设计。

1. 灯光色调选择原则

(1) 主题相关性。温暖主题(如年终会、庆典)宜采用红色、橙色、金色等暖色调,营造热烈、团结的氛围;科技类会议可选择蓝色、银色等冷色调体现未来感;特殊场合如殡仪服务需使用暖黄色灯光以维护肃穆与温情。

(2) 心理影响。红色系可激发热情,蓝色系可增强专注度,白色等冷色适合清新优雅场景。须注意避免刺眼或过于压抑的配色。

2. 灯光设计技术要点

(1) 基础照明标准。席台照度须达到 500~800 lx,观众席须达到 300~500 lx,色温须达到 5 600 K,一般显色指数 $Ra \geqslant 85$,确保视频拍摄和视觉舒适度。视频会议场合需注意灯光与显示屏的兼容性,避免反光或干扰。

(2) 动态灯光调节。① 分环节控制,开场使用全亮灯光吸引注意力,演讲时调为柔光,颁奖或签约环节用聚光灯突出重点。② 分区控制,投影区域需减弱或关闭前灯,舞台背景可添加柔光或染色灯增强层次感。

(3) 氛围营造技巧。使用光束灯、染色灯、彩色灯带等设备渲染空间,科技活动可搭配灯阵和追光效果,互动环节通过闪烁灯光增强参与感。调节灯光色温时,冷光(5 000 K以上)适合严肃场合,暖光(3 000 K 左右)适合轻松氛围。

3. 灯具配置建议

(1) 灯具类型。

① 基础照明。LED 吸顶灯、吊灯(均匀分布无阴影)。

② 重点照明。聚光灯(用于舞台或讲台)、射灯(用于展示区)。

③ 特效设备。光束灯、切割灯、染色灯(产生动态效果)。

(2) 安全与节能

① 采用智能控制系统实现一键切换,优先选用 LED 节能灯具。

② 无线话筒、灯光立柱等设备须提前测试电量及稳定性。

4. 特殊场景应用

(1) 签约仪式。主照明灯须保证亮度,辅助射灯突出签约台,背景板边缘可加彩色灯带。

(2) 学术会议。冷色调灯光搭配均匀照明,减少视觉疲劳。

(3) 运动会。暖色调灯光烘托热烈氛围,冷色调灯光用于竞技专注区域。

通过科学搭配色彩与灯光布置,既能满足功能性需求,又能精准传递会议主题,提升参会者的沉浸感与满意度。

知 识 拓 展

如何根据不同会议主题选择合适的灯光色调和亮度?

1. 商业会议

(1) 亮度。需要明亮、均匀的灯光,以确保演讲者和幻灯片清晰可见。桌面照度应充足,避免产生压抑感,同时保持积极热烈的会议气氛。例如,5 000 K吊灯采用100%亮度,灯带采用80%亮度,射灯采用50%亮度。

(2)色温。适宜使用较高的色温(如5 000 K以上),以提高会议的专注度和活跃度。

2. 学术会议

(1)亮度。需要相对柔和的灯光,减少眩光,减轻眼部疲劳,保持与会者注意力。例如,5 000 K吊灯采用30%亮度,灯带采用50%亮度,射灯采用50%亮度。

(2)色温。一般优先选择冷色调或中性白色灯光,而在小憩交流环节中适宜使用较低的色温(如3 000 K左右),以营造轻松和谐的氛围。

3. 董事会议

(1)亮度。需要用聚光灯突出演讲者,强调讨论重点。例如,5 000 K吊灯采用30%亮度,灯带采用50%亮度,射灯采用50%亮度。

(2)色温。适宜使用较高的色温(如5 000 K以上),以提高会议的专注度和活跃度。

4. 慈善晚会

(1)亮度。使用彩灯营造欢乐气氛,增强筹款积极性。例如,可以使用柔和的灯光和彩灯装饰。

(2)色温。适宜使用较低的色温(如3 000 K左右),以营造温馨、舒适的氛围。

5. 婚礼庆典

(1)亮度。使用柔和浪漫的灯光,如蜡烛或柔性LED灯,营造浪漫氛围。

(2)色温。适宜使用较低的色温(如3 000 K左右),以营造温馨、浪漫的氛围。

6. 会议中心宴会

(1)亮度。需要大量明亮的灯光、投影和音响,控制灯光颜色和氛围,统一音乐和视频。

(2)色温。适宜使用较高的色温(如5 000 K以上),以提高会议的专注度和活跃度。

7. 视频会议

(1)亮度。确保光线柔和,光照舒适,避免过强的光线造成眩光问题。例如,采用$Ra \geqslant 90$,色温为4 000 K的LED灯作为顶光和面光。

(2)色温。适宜使用中等色温(如4 000 K),以确保颜色准确,无偏红或偏蓝现象。

8. 一般会议室

(1)亮度。根据会议室的大小和具体需求进行调整。会议室应提供足够的光线以供与会人员清晰可见,同时避免过强的照明对线上形式或会议录播造成眩光问题。

(2)色温。根据会议需求进行调节。较高的色温(如5 000 K以上)可以提高会议的专注度和活跃度;较低的色温(如3 000 K左右)则可以提供更为温馨和舒适的氛围。

（二）会场旗帜和标语布置

会场内的旗帜和标语是传递会议主题和精神的重要元素。它们能够增强与会者对会议主题的认同感，并引导大家保持集中注意力。旗帜的布置应考虑到会场的布局和参会人员的视觉角度，一般可悬挂在会场的显眼位置，如舞台后方或入口处。标语应简洁明了，体现会议的核心主题或口号，可以在会场的墙面或指示牌上展示，让与会者在进入会场后能够迅速了解会议的核心内容和目标。

（三）会标与会徽布置

会标和会徽是会议的重要标志，它们不仅能够提升会议的品牌形象，还能增加会议的正式感。会标通常用于展示会议的名称、主题和主办方，常见的布置位置包括讲台、舞台背景或入口处。会徽则是会议品牌的一部分，通常与会标一起布置，传达会议的特征和精神。在布置时，要确保会标和会徽的尺寸适中，易于识别，并且能够与其他环境元素和谐搭配，避免喧宾夺主。

（四）花卉和桌布布置

花卉和桌布的布置是会场环境布置中提升视觉美感和舒适感的重要细节。花卉的选择应根据会议的主题和季节特点来决定，常见的布置方式包括在签到台、讲台前、休息区等位置放置花卉，既能美化会场，也能提升与会者的舒适感，如图 4-11 所示。桌布的选择同样至关重要，通常会根据会议的正式程度和色调来选择合适的桌布。在正式的会议中，桌布应选择简洁、整洁且符合会议需求的款式，避免过于花哨或显得不专业。

通过这些元素的合理搭配和布置，能够创造出一个既符合会议需求，又富有设计感的会场环境，从而提升会议的整体效果和与会者的体验。

图 4-11 花卉和桌布布置

二、会议背板、指示牌布置

（一）会议背板设计与布置

会议背板不仅起到装饰和美化会场的作用，还能有效传达会议的主题和主办方的信息，如图 4-12 所示。设计和布置会议背板时，需要充分考虑会议的性质、主题和整体氛围。背板的设计通常包括会议的名称、日期、主题口号以及主办方的标志或 LOGO。其位置应设置在会议的显眼处,通常位于舞台后方或讲台背景的位置,以便与会者和观众能够一目了然。

图 4 - 12　会议背板设计与布置

在设计上,会议背板的颜色和字体应与整体会场的灯光和色调搭配,避免色调过于突兀或与会场氛围不协调。背板的大小应根据会场的空间来决定,确保既能够突出会议主题,又不会占用过多空间,影响与会者的视线。简洁、大方的设计通常更加受欢迎,同时也要避免过多的文字和装饰,以免影响会议的正式感。

(二) 指示标牌设计与布置

指示标牌是会场布置中引导与会者方向、提供会场信息的实用元素。合理的指示标牌布置能够帮助与会者迅速找到所需的会议区域、洗手间、出口等重要位置,提高会议的流畅度与舒适度。指示标牌的设计应简洁明了,采用统一的视觉风格,与会场的整体设计相协调,如图 4 - 13 所示。常见的指示标牌包括会场导向指示、餐饮区指示、卫生间指示等。

图 4 - 13　指示标牌设计与布置

指示标牌的位置应设置在显眼的地方,如入口处、走廊转角处以及重要区域的交汇点。标牌的大小和字体应根据会场的规模和空间布局来确定,确保无论与会者身处何处,都能清晰看到指示信息。为了方便不同语言的与会者,标牌上的文字可以考虑双语或多语种设计,以提高会议的国际化水平。

通过合理的会议背板和指示标牌的设计与布置,能够提升会场的整体形象,增强与会者的参与感和满意度,有助于会议的顺利进行。

技能训练

一、单项选择题

1. 下列不属于会议选址核心原则的是(　　)。

A. 与会者便利性　　　　　　　　B. 成本效益

C. 场地美观性　　　　　　　　　D. 安全性

2. (　　)不是剧院式会场布置的优点。

A. 最大化利用空间　　　　　　　B. 容纳大量与会者

C. 适合传递信息为主　　　　　　D. 良好的互动性

3. 以下各项中,(　　)不属于会议证件设计的核心要素。

A. 参会者姓名　　　　　　　　　B. 会议主题

C. 参会者照片　　　　　　　　　D. 参会者社交媒体账号

4. 在会议设备准备中,以下各项中,(　　)不属于视听设备的范畴。

A. LED 屏幕　　　　　　　　　　B. 同声传译设备

C. 消防器材　　　　　　　　　　D. 投影仪

5. 以下各项中,(　　)不是会议资料袋中通常包含的内容。

A. 会议议程　　　　　　　　　　B. 参会手册

C. 会议场地地图　　　　　　　　D. 个人隐私信息

二、判断题

1. 会议选址时,须重点考虑交通便利性,其他因素如城市形象和住宿条件可以相对忽略。　　　　　　　　　　　　　　　　　　　　　　　　　　　　(　　)

2. 会议讲话稿的主体部分应围绕会议主题展开,逻辑清晰,避免冗长。(　　)

3. 安全等级较高的会议证件通常采用二维码或芯片加密技术。(　　)

4. 会议设备调试需在会议开始前完成,无须提早准备。(　　)

5. 会议资料袋的设计应注重实用性和环保性,避免过度包装。(　　)

三、综合实训题

【实训 1】　会议选址方案设计

[任务背景]

假设你是某会议公司的运营专员,需为一场 500 人规模的"绿色能源发展论坛"选择场地。请根据以下条件设计选址方案。

1. 会议主题:绿色能源与可持续发展

2. 参会人群：企业代表、学者、政府官员

［任务要求］

1. 列出选址需考虑的 5 个核心因素。

2. 推荐一个具体城市及场地，并说明理由。

【实训 2】 会议欢迎词撰写与台面安排建议

［任务背景］

你是一家会议公司的运营专员，现负责承办"202×年中国低碳发展技术论坛"。请为会议主持人撰写一份开场欢迎词，并为会议开幕式设计主席台座次安排建议。

［任务要求］

1. 欢迎词须包括开场白、核心致辞内容与结束语，突出"绿色未来·智造新机"主题。

2. 致辞中应结合会议环境布置内容，提及本次会议现场设计亮点（如绿色会场布置、环保物料使用、数字化签到等）。

3. 结合所学，对主席台 3 位主要嘉宾的排座安排及依据作简要说明。

【实训 3】 会议灯光设计与布置

［任务背景］

为一场"国际科技展览会"设计会议灯光方案，以确保会议的专业性和氛围。

［任务要求］

1. 根据会议主题和类型，选择合适的灯光色调和亮度。

2. 设计一个灯光布置方案，包括基础照明、重点照明和特效设备。

3. 考虑灯光的心理影响，如红色系激发热情，蓝色系增强专注度等。

4. 确保灯光设计与会场的整体风格和主题相协调。

5. 制定灯光调试和操作流程，包括灯光的开启、关闭和调整时间表。

【实训 4】 会议设备调试模拟

［任务背景］

模拟一场 200 人规模的"科技创新发布会"设备调试流程。

［任务要求］

1. 列出须准备的 5 类会议设备。

2. 制定设备调试时间表（从会前 48 小时至会前 1 小时）。

【实训 5】 会议欢迎区物料包设计

［任务背景］

你作为"202×年智慧交通与城市更新大会"现场布置小组成员，负责设计会议注册欢迎区的物料包内容。请结合会议主题与绿色会议理念，完成一份物料包内容清单。

［任务要求］

1. 设计物料包的组成内容，列出不少于 5 项核心物品（如会议指南、胸卡、环保水杯等）。

2. 说明每项物品的功能与设计思路，体现环保、实用、美观等方面中至少一项原则。

3. 所列物品体现会议定位、参会者需求及现场布置的协调性。

项目评价表

学习效果评价表				
任务一	选择会议场址	会议选址的意义	5 分	5%
		选址应考虑的因素	5 分	5%
		会议场馆选择	5 分	5%
		国内会议选址实践分析（案例分析）	10 分	10%
任务二	布置会议场地	布置注册处（位置、物料、布局）	10 分	10%
		会场布置风格类型（剧院式、课桌式等）	10 分	10%
		会场座位安排（主席台、观众席等）	10 分	10%
任务三	会场环境布置	会场灯光与色调设置	5 分	5%
		会场指示标志与旗帜布置	5 分	5%
		会标与会徽布置	5 分	5%
		花卉、桌布等软装元素配置	5 分	5%
		背板设计、引导牌布置	5 分	5%
		环境布置与会议主题、参会者体验的关联说明	10 分	10%
		小组配合与执行情况	5 分	5%
		创意亮点与布置实效评估	5 分	5%
合　计			100 分	100%

会议准备——运筹帷幄之中

 学习目标

通过本项目的学习,掌握会议准备阶段的各项核心技能,包括会议通知的编写、人员邀请、会场设备准备及会议礼品的选择等内容;掌握会议准备的各个环节,并具备从策划到执行的全流程管理能力。

知识目标:

1. 了解会议通知的含义、作用、种类,掌握会议通知书写内容与结构。

2. 熟悉会议人员邀请的全过程,熟悉发言人和嘉宾的选择、邀请流程以及沟通技巧,邀请函的格式和内容。

3. 了解会议讲话稿的内涵、特点、结构以及撰写技巧,会议必需品的分类。

4. 了解会议礼品的类型与选择因素。

能力目标:

1. 能够独立编写会议通知、撰写会议邀请函,掌握会议文书的编写技巧。

2. 能够合理选择会议人员,进行发言人、嘉宾及参会人员的邀请,掌握会议礼品的选择原则。

3. 能够有效规划和准备会议必需品,包括会场设备、会议资料袋的设计和制作,确保会议顺利进行。

素养目标:

1. 通过会议物件等材料的准备,培养严谨、敬业、细心的职业态度,提高细节把控能力。

2. 通过加强环保和信息安全宣传,培养遵循合规和节俭办会的意识。

3. 树立现代服务业的精致服务理念,培养创新意识和实践能力。

 学思践行

从策划到执行:会议准备的创新、智能与精细化管理

在现代会议运营中,会议的准备工作不再仅仅是传统的行政事务,而是一个需要系统化思维和精准执行的综合管理过程。从会议通知的发布、人员邀请的精准匹配,到会场设备的布置与调试、会议礼品的定制,每一个环节都环环相扣,共同决定了会议的成功与否。

现代会议策划者不仅需要掌握基础的会议管理知识,更要灵活运用数字化工具、数据分析、项目管理等技能,以提升会议准备的效率和质量。

随着人工智能(AI)、大数据、云计算等技术的发展,会议的准备方式发生了深刻变革。例如,智能会议管理系统能够自动生成会议议程、优化人员邀约流程,并提供精准的数据支持,极大地提升了会议筹备的精准度和效率。绿色会议的理念也在不断深入,低碳会务、无纸化会议、环保礼品选择等,已成为现代会议筹备中的重要考量因素。

会议的准备不仅仅是技术与流程的管理,它更是对会议整体目标的深度思考与执行。从会前的周密策划,到会中的高效运转,再到会后的跟进与反馈,每一个环节都关乎会议的最终效果。因此,培养在会议准备阶段的统筹能力、数字化应用能力、环保意识及创新思维,将成为未来职业发展的核心竞争力。

★ 思考与践行

王琳在公司组织的一次大型学术论坛筹备中,负责会议通知的编写和参会人员的邀约工作。面对庞大的参会名单,她发现单纯依靠手工统计和电话沟通效率极低,而且容易出现信息遗漏。为了解决这一问题,她学习了智能会议管理系统,并利用自动化工具批量发送电子邀请函,同时跟踪参会人员的反馈。

在会议筹备的过程中,她还参与了会议设备的调试与测试,认识到高质量音响、视频直播系统对会议体验的重要性。在礼品选择上,公司提倡绿色低碳理念,她通过调研,建议采用环保材质的纪念品,并结合数字化工具设计个性化的电子签到系统,使会议更加现代化、智能化。

通过这次实践,王琳认识到会议筹备不是简单的任务执行,而是一个需要统筹协调、应用技术、整合资源的精细化管理过程。她决心继续深耕这一领域,学习更多会议行业的新技术、新模式,让自己能够在未来的职业发展中占据先机。

 **项目框架**

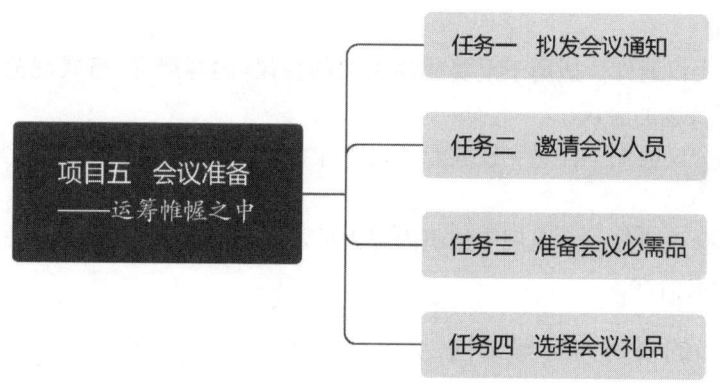

任务一　拟发会议通知

 **任务说明**

　　本任务旨在帮助理解会议通知的编写要点,强化实际应用。通过分析会议通知的含义、作用、种类,以及书写内容与结构,掌握如何撰写规范、清晰的会议通知。此外,还将通过讲解会议通知的发送形式,帮助了解不同情境下的通知发布方式。通过本任务的学习,应该能够回答如下这些问题:拟发会议通知有何作用? 会议通知的构成要素是什么? 会议通知的内容是什么? 会议通知的格式是什么? 拟发会议通知的方式是什么?

任务实施

一、会议通知的含义、作用与分类

(一) 含义

　　会议通知是一种正式文件,由组织或机构在安排会议时发出,旨在通过正规渠道通知相关人员会议的时间、地点和议程等关键事项,确保各方能够有序参与并充分做好会议准备。

(二) 作用

　　(1) 信息传递。通过规范的书面形式,确保相关人员能够准确、及时地获取会议的核心信息,避免信息传递的遗漏或误解。

　　(2) 组织规范。会议通知能够体现组织运行的标准化与程序性,彰显机构的专业性和管理水平。

　　(3) 会议效率。提前发布会议通知可以为参会者提供充足的准备时间,确保会议能够高效开展并取得预期成果。

(三) 分类

　　(1) 正式会议通知。适用于重要或高层次的会议,内容严谨、格式规范,通常用于对外或涉及关键议题的会议。

　　(2) 临时会议通知。针对突发或专项议题,内容简洁明了,强调会议的紧急性和时间敏感性。

　　(3) 内部会议通知。主要用于组织内部人员,内容和格式可根据具体需求适度调整,注重实用性和灵活性。

二、会议通知的书写内容与结构

(一) 标题

标题通常为“关于召开××会议的通知”,简洁明了地表达通知的主题。

会议通知
的撰写

（二）正文

正文内容一般需要包含以下几方面的内容：

（1）会议时间，明确具体的日期和时间。

（2）会议地点，详细说明具体位置，包括楼层、房间号等信息。

（3）会议主题，简要概述本次会议的主要议题或目的。

（4）参会人员，列明需要参会的单位或人员名单。

（5）注意事项，包括着装要求、需要携带的材料、会议纪律等重要提示。

（6）落款，包括发文单位名称和发布日期。

三、会议通知发送的形式

（1）纸质通知，适用于正式场合，具有较强的正式性和权威性。

（2）电子邮件通知，适合日常工作安排，便于快速传递信息。

（3）短信通知，适用于紧急或临时召开的会议，确保信息及时传达。

（4）内部系统通知，通过企业内部管理系统发布，适用于内部员工的会议通知。

实例 5－1

关于召开××××公司 2024 年度总结会议的通知

各部门：

　　根据公司年度工作安排，定于 2025 年 1 月 15 日（星期三）上午 9:00 在公司大会议室召开 2024 年度总结会议。现将有关事项通知如下：

　　一、会议时间：2025 年 1 月 15 日（星期三）上午 9:00

　　二、会议地点：公司大会议室

　　三、参会人员：全体管理层及各部门负责人

　　四、会议议程：

　　1. 总经理年度工作报告

　　2. 各部门年度工作总结

　　3. 讨论 2025 年工作计划

　　五、注意事项：请各部门提前准备工作总结材料，并于 1 月 13 日前提交至行政部。会议期间请保持手机静音，遵守会议纪律。

　　特此通知。

××××公司

行政部

2025 年 1 月 10 日

任务二   邀请会议人员

 **任务说明**

　　本任务旨在帮助了解邀请会议人员的全过程,包括发言人和嘉宾的选择、邀请流程以及沟通技巧。通过学习,掌握如何根据会议主题和目标,合理选择和邀请适合的人员,确保会议的顺利进行。通过本任务的学习,应该能够回答如下这些问题:如何邀请发言人?会议邀请嘉宾的分类有哪些? 不同嘉宾的会议通知方式有哪些?

任务实施

一、发言人选择

(一) 发言人分类

　　根据会议性质,发言人可分为主持人、致词人、演讲人等。主持人负责引导会议流程,致词人发表开场或闭幕致辞,演讲人进行主题演讲。

(二) 确定发言人数量

　　根据会议议程和时间安排,合理确定发言人数量,发言人过多会导致时间紧张,而过少则会降低会议内容的丰富性。

(三) 选择发言人的条件

　　应选择相关领域具有丰富专业知识、良好表达能力和正面影响力的人员,同时考虑其与会议主题的关联性和受众的接受度。

(四) 选择发言人的渠道与费用

　　通过专业网络、行业协会或个人推荐等渠道寻找合适的发言人。根据发言人的知名度和影响力,确定相应的酬劳或费用。

(五) 注意事项

　　提前与发言人沟通会议主题、时间、地点和要求,确保其有足够的准备时间,并与其签订正式协议,明确双方责任和权益。

二、嘉宾选择

(一) 嘉宾分类

　　嘉宾可分为应参会嘉宾和特邀嘉宾。应参会嘉宾为会议相关人员,特邀嘉宾为具有特殊意义或影响力的人员。

(二) 确定嘉宾数量

　　根据会议规模和性质,合理确定嘉宾数量,确保会议的互动性和影响力。

（三）选择嘉宾的条件与渠道

选择与会议主题相关、具有影响力和代表性的人员。通过行业协会、专业网络或个人推荐等渠道邀请。

(四) 嘉宾费用

根据嘉宾的知名度和参与程度，确定相应的费用或礼遇。对于重要嘉宾，可提供交通、住宿等安排。

（五）邀请嘉宾沟通技巧

在邀请时，清晰传达会议主题、目的和嘉宾的角色，体现对嘉宾的尊重和重视。提供详细的会议资料，方便嘉宾了解会议内容。

三、参会人员选择

（一）参会人员分类

参会人员可从不同角度进行分类，如按职务分为管理层、技术人员、行政人员等；按部门分为市场部、研发部、财务部等；按参会人员的身份分为正式成员、列席成员、旁听成员等。

（二）参会人员邀请范围和数量

根据会议主题和目标，确定参会人员的范围和数量，确保会议的有效性和互动性。过多的参会人员可能导致讨论不深入，过少则可能影响讨论的全面性。

（三）参会人员费用

根据会议性质和预算，合理安排参会人员的费用，如交通费、住宿费、餐饮费等。应遵循节约原则，避免不必要的开支。

四、撰写会议邀请函

（一）会议邀请函含义

会议邀请函是主办方正式邀请相关人员参加会议的书面文件，旨在传达会议的基本信息，体现主办方的专业性和对受邀者的重视。

（二）会议邀请函内容

(1) 会议主题，简要概述会议的主要议题或目的。

(2) 会议时间，明确具体的日期和时间。

(3) 会议地点，详细说明会议的地点，包括楼层、房间号等。

(4) 参会人员，列出需要参会的人员名单或部门。

(5) 注意事项，如着装要求、携带材料、会议纪律等。

(6) 联系方式，提供主办方的联系方式，方便受邀者咨询。

（三）会议邀请函结构

(1) 标题，通常为"关于召开××会议的邀请函"，简洁明了地表达邀请主题。

(2) 正文，详细阐述会议的相关信息，包括上述内容。

(3) 落款，包括主办单位名称和日期。

实例 5-2

关于召开 2024 年度总结会议的邀请函(样例)

尊敬的×××:

您好!

为总结 2024 年度工作,展望 2025 年发展,定于 2025 年 1 月 15 日(星期三)上午 9:00 在公司大会议室召开 2024 年度总结会议。现诚邀您参加,具体事项如下:

一、会议时间:2025 年 1 月 15 日(星期三)上午 9:00

二、会议地点:公司大会议室

三、参会人员:全体管理层及各部门负责人

四、会议议程:

1. 总经理年度工作报告

2. 各部门年度工作总结

3. 讨论 2025 年工作计划

五、注意事项:

1. 请提前准备工作总结材料,并于 1 月 13 日前提交至行政部。

2. 会议期间请保持手机静音,遵守会议纪律。

特此邀请。

×××××××××部门

××××年××月××日

任务三　准备会议必需品

任务说明

本任务旨在帮助掌握会议必需品准备的核心技能,包括讲话稿撰写、证件资料制作及设备调试等,确保会议流程顺畅、参会体验良好。任务内容不仅仅是传统的操作技能训练,更强调在现代会议筹备中运用数字化工具和系统思维的能力。通过实际案例的分析与模拟操作,将掌握如何高效、精准地准备会议所需物品,提升会议的专业性和影响力。通过本任务的学习,应该能够回答如下这些问题:会议讲话稿的内涵是什么? 会议讲话稿的特点有哪些? 会议讲话稿的结构是什么? 会议讲话稿的撰写技巧有哪些?

任务实施

一、会议讲话稿

撰写会议讲话稿是会议筹备中的关键环节之一。一份优秀的讲话稿不仅需要清晰的结构和严谨的逻辑,还应体现发言者的个性和会议的主题。

(一) 会议讲话稿的内涵

会议讲话稿,是指在特定会议场合中,主持人、嘉宾或领导者为传达信息、阐述观点而预先准备的书面发言稿。其主要目的是确保发言内容条理清晰,逻辑严密,能够有效地传达核心信息,达到预期的交流效果。

(二) 会议讲话稿的特点

1. 目的性

讲话稿应紧扣会议主题和目标,内容服务于会议的宗旨。例如,在学术会议上,讲话稿应聚焦于研究成果的分享和学术观点的探讨。

2. 规范性

语言应正式、得体,符合会议的严肃性和专业性,避免使用过于口语化或随意的表达。

3. 个性化

根据发言者的身份、风格以及听众的特点,适当调整语言和表达方式,使讲话既专业又富有个人特色。

(三) 会议讲话稿的结构

一份完整的会议讲话稿通常包括以下部分:

(1) 开场白。简要问候与会者,表达感谢,并引出主题。

(2) 主体部分。围绕主题展开,分层次阐述核心观点,提供数据、案例或理论支持。

(3) 结尾。总结主要内容,提出期望或号召,呼应主题,给听众留下深刻印象。

(四) 会议讲话稿的撰写技巧

(1) 明确主题,围绕中心。在撰写前,明确会议的主题和目的,确保讲话内容始终围绕核心议题展开。

(2) 结构清晰,层次分明。按照开场、主体、结尾的顺序,合理安排内容,使听众易于理解和跟随。

(3) 语言简洁,表达生动。使用简明扼要的语言,避免冗长复杂的句子。适当运用比喻、排比等修辞手法,增强讲话的感染力。

(4) 结合实际,引用案例。通过具体的实例或数据,增强讲话的说服力和可信度。例如,在技术研讨会上,引用最新的研究成果或行业数据。

(5) 注意语气,掌握节奏。根据内容的需要,调整语气的轻重缓急,掌握好讲话的节奏,避免平铺直叙。

(6) 引用权威数据。如在大型国际性的论坛开幕式上引用全球经济数据,可以增强讲话的说服力。

(7) 融入情感共鸣。例如"今夜,我们依依惜别,但'一起向未来'的信念永不落幕。"这些情感化的语言能够增强讲话的情感连接。

(8) 避免禁忌。特别注意政治敏感话题和宗教文化冲突的处理,须谨慎对待(参考国际会议的审核流程,确保合规)。

二、会议证件、资料袋设计与制作

（一）会议证件的设计与制作

会议证件
分类和样
式

1. 会议证件的分类

会议证件通常分为正式证件与工作证件两大类：

（1）正式证件，一般有代表证（带编号和照片，最高规格）、出席证（标明席次）、列席证（无表决权）、来宾证（嘉宾专用）、签到证、旁听证等。特殊会议如代表大会可能增加证书类（代表证、委员通知书）和佩条类（主席团佩条、总监票人佩条等）。

（2）工作证件，包括工作证（工作人员）、记者证（媒体）、出入证（车辆通行证）、安保证、志愿者证、展商证等。

2. 设计要点

（1）视觉统一性。色调需与会议主视觉协调，正面采用主视觉延展底板，背面可包含议程和联系方式。民族区域自治地区应同时使用汉字与少数民族文字。

（2）尺寸与布局。推荐尺寸为 100 mm×70 mm 或 90 mm×130 mm，文字须放大突出中文信息，多语言卡片应优先显示中文。信息布局须简洁，包含会议名称、姓名、单位、职务、证件编号、发证日期及公章，重要会议应贴照片并加盖钢印防伪。

会议证件
的制作

（3）材质与工艺。材料可选 PVC、绸缎、卡片纸等，须防水防撕裂。高端会议可采用智能卡技术，如射频识别（RFID）芯片，实现权限管理。挂绳需可调节长度，颜色与证件设计协调。

3. 制作流程

（1）前期规划。根据参会人数、展商及观众数量按比例分配证件类型和数量。使用智能化平台（如斯科德系统）采集信息，支持二代身份证读取、照片联机拍摄及批量打印。

（2）设计与排版。利用专业软件实现自定义排版，确保不同证件颜色、标志有明显区分。可参考模板库快速设计。重要会议需加入防伪技术（如 UV 浮雕、钢印）。

（3）生产与质检。选择环保材料，采用数码印刷或专业证卡打印机（如 Signcard）制作。严格检验样品，避免信息错误。

4. 分发与管理

（1）发放时机。正式证件在报到时核发，座次证于会前临时分发。

（2）现场管理。设置多个分发点减少排队，提供快速补办服务。通过智能系统实时统计到场人数，配合安保人员查验证件。

会议证件
管理

（3）会后归档。部分证件（如代表证）可留作纪念，工作证须回收。

在会议证件的设计与制作时，要尤其注意安全与实用平衡，避免设计过于复杂，兼顾快速识别与防伪需求。

（二）会议资料袋的设计与制作

会议资料袋的分类可从材质、用途、设计功能、定制需求及赞助层级等多个维度进行详细划分。在实际制作会议资料袋时，须综合考虑会议性质、使用场景、预算及宣传需求。

1. 会议资料袋的分类

(1) 按材质分类。

① 塑料资料袋,具有防水、防尘、耐用的特点,适合存放重要资料。

② 纸质资料袋,环保且易于书写,常用于会议记录或临时资料收纳。

③ PU 皮或皮质资料袋,外观高档,适合商务会议或正式场合。

④ 牛津布或帆布资料袋,耐磨且容量大,常用于多层收纳或长期使用。

⑤ 尼龙或网纱资料袋,轻便透气,适合资料分类或日常文件整理。

(2) 按用途分类。

① 商务会议。此类会议中,可以使用手提公文包、多层拉链会议包等,强调便携性与专业感。

② 学术会议。此类会议的资料袋一般须符合赞助要求,如印有主办方和赞助商 LOGO 的定制资料袋。

③ 档案管理。为方便管理可使用加厚牛皮纸档案袋或可换封面文件夹,适合长期存档。

(3) 按设计功能分类。

① 防水或防尘。可使用塑料或牛津布材质会议资料袋,适合户外或易潮湿环境。

② 多层及立体结构。可使用如风琴包、双层拉链袋等会议资料袋,便于分门别类收纳文件。

③ 便于携带。可使用手提袋、单肩包款式会议资料袋,方便携带大量资料。

④ 定制化功能。这类会议资料袋支持 LOGO 印刷、磁吸扣、粘贴式封口等个性化设计。

(4) 按定制与赞助层级分类。

① 普通定制企业可自行设计 LOGO 和封面,通过主办方审核即可,常见于中小型会议。

② 专项赞助。高额赞助(如 5 万～10 万元)可在资料袋两面分别印制企业和主办方信息,并附带免费参会名额。

③ 联合宣传。资料袋内放置赞助商宣传页,或与会议手册、胸卡等物料绑定广告。

2. 会议资料袋设计注意事项

(1) 遵守品牌规范。

① 统一品牌元素。确保会议资料袋的设计中包含会议的官方标志(LOGO)和名称,这些元素应与会议的品牌指南一致。例如,根据《Toastmasters International 手册》中的规定,使用 Toastmasters 的标志和标语时,应将其作为独立元素呈现,不要将其融入其他物体中。

② 避免侵权。确保设计中不侵犯其他组织的商标或版权。例如,如果需要使用特定的图案或颜色,应确保这些元素是原创的或已获得授权。

(2) 考虑文化差异。

① 地域文化特色。如果会议在具有独特文化传统的城市举办,可以选择当地特色的

手工艺品或食品作为礼品的一部分，或者在礼品袋中加入与当地文化相关的元素。

② 环保和可持续性。选择环保材料制作礼品袋，或者支持可持续发展的公益产品。这不仅体现了主办方的社会责任感，也能获得与会者的尊重和认可。

（3）把握设计风格。

① 简约而不简单。选择简约风格，色彩搭配不超过三种，以确保整体外观和谐。控制印刷面积，避免 LOGO 和图案总面积过大，以增加典雅感。

② 贴合会议主题。确保外观与会议主题相符，图案和色彩应与会议核心内容紧密结合。例如，科技会议可以采用抽象技术图案，传统文化会议可以融入传统文化元素。

（4）功能性设计。

① 注重实用性。确保礼品袋具有实用性，自带拉链设计可保护物品并提升携带体验。例如，可以设计成双面使用，一面印有主办单位信息，另一面印有参展单位信息。

② 保证便利性。确保礼品袋易于携带和使用，例如可以设计成折叠式或可重复使用的材料。

（5）创意与惊喜。

① 多样化的礼品内容。除了基本的会议资料，可以在礼品袋中加入文具、科技配件、装饰品、食品饮料等创意物品，以提升参会者的体验。

② 个性化定制。根据参会者的兴趣和需求，提供定制化的礼品选项。例如，可以通过调查参会者的兴趣来选择合适的礼品。

（6）企业形象的展示。

① 彰显企业特色。通过礼品袋的设计和内容，展示企业的文化和风格。例如，可以在礼品袋上印制公司标志，突出企业品牌形象。

② 保护企业形象。确保礼品袋的设计和内容能够正面反映企业的形象，避免出现负面信息。

3. 会议资料袋设计趋势

会议资料袋的设计趋势主要集中在环保材料的使用、多功能设计、个性化定制、智能化和数字化、品牌推广等方面。

（1）环保材料的使用。现代文件袋越来越注重环保材料的使用，如牛津布、帆布、塑料和无纺布等。这些材料不仅耐用，而且防水，能够满足不同场景下的使用需求。环保材料的使用不仅体现了个人品位，也符合环保意识的市场趋势。

（2）多功能设计。文件袋的设计越来越注重实用性，如防水材料、分类隔层、便携手柄等人性化设计，满足不同场景下的使用需求。例如，有一些超薄多功能手提文件袋采用防泼水面料，结实耐用，反穿拉链设计隔离灰尘，双边提手改良，珍珠粒金属拉头快速便捷。

（3）个性化定制。文件袋的定制化服务越来越受到欢迎，消费者可以自由选择材料、颜色和图案，甚至可以将个人照片或文字印制在文件袋上，以满足个性化需求。

（4）智能化和数字化。随着数字化办公趋势的推进，文件袋的功能也在不断创新。例如，一些文件袋可以集成二维码，方便参会者快速获取会议信息。

（5）品牌推广。会议资料袋不仅是收纳工具，也是品牌推广的重要载体。许多会议资料袋上会印制主办方和参展单位的标志，增强品牌形象和纪念意义。例如，EDI Con

China 会议提供官方会议资料袋设计和生产服务,赞助商的 LOGO 将出现在资料袋上。

三、会场设备准备

(一) 设备分类与要求

1. 基本设备

(1) 讲台。应具有适当高度,确保发言人舒适使用,同时应稳固并配备话筒支架。

(2) 话筒。根据会议规模选择无线或有线话筒,并准备备用电池以防万一。

(3) 桌椅。根据会议布局进行合理摆放,保证与会人员舒适的同时保持整齐。

2. 印刷设备

准备签到表、打印机,确保会议过程中随时能打印桌签等重要资料或临时变化。

3. 安全设备

安全设备包括灭火器、应急通道标志和安检门等设备,在人数较多的会议,尤其是在大型会议中至关重要。

4. 视听设备

(1) LED 屏幕。须确保屏幕分辨率适配,投影仪亮度不低于 4 000 lm。

(2) 同声传译设备。对于国际会议或多语种会议,提供专业的同传设备。

5. 通信设备

(1) 无线通信设备。需要保证无线局域网信号全覆盖并确保网络带宽预留充足,适应大规模会议的需求。

(2) 直播推流设备,如使用腾讯会议或 Zoom 进行线上会议时,应提前检查麦克风、视频连接等功能的完好性,确保线上参会人员的参与体验。

(二) 设备调试流程

1. 会前 48 小时

(1) 测试所有话筒、投影仪、音响系统,确保设备运行顺畅,避免设备兼容问题(例如苹果电脑的转接头问题)。

(2) 进行网络压力测试,确保在大规模参会的情况下网络的稳定性。

2. 会前 2 小时

(1) 检查备用设备,确保备用投影仪、备用电池等设备准备齐全。

(2) 设置设备应急预案,遇到突发情况时可迅速切换供电设备,保证会议顺利进行 [例如,停电时切换至不间断(UPS)电源]。

任务四　选择会议礼品

 任务说明

本任务旨在帮助掌握会议礼品的选择技巧,确保所选礼品既符合会议主题,又能体现

主办方的用心和专业性。通过学习,能够根据不同场合和受众,合理选择和设计会议礼品,提升会议的整体效果和参与者的满意度。通过本任务的学习,应该能够回答如下这些问题:会议礼品如何分类? 选择会议礼品的考虑因素有哪些? 会议礼品选择的禁忌是什么? 会议礼品的选择技巧是什么?

任务实施

一、会议礼品的类型

会议礼品通常可分为以下几类:

(1)纪念性礼品。一般为具有收藏价值的物品,如定制纪念币、纪念章等,能够体现会议的独特性和纪念意义。

(2)实用性礼品。一般为日常生活中常用的物品,如笔记本、钢笔、U盘等,既实用又能时刻提醒参与者会议的主题。

(3)文化性礼品。一般为具有地方特色或文化内涵的物品,如手工艺品、地方特产等,能够展示主办方的文化底蕴和地域特色。

(4)环保性礼品。一般为采用环保材料制作的物品,如可降解水杯、环保袋等,体现主办方对环保的关注和责任感。

二、会议礼品选择考虑因素

在选择会议礼品时,应考虑以下因素:

(1)会议主题和目的。礼品应与会议主题相契合,能够体现会议的核心精神和目的。例如,环保主题的会议可选择可降解材料制成的礼品。

(2)受众群体。了解参与者的年龄、职业、兴趣爱好等,选择符合其需求和喜好的礼品,提升礼品的接受度和满意度。

(3)预算限制。根据预算合理选择礼品,避免过度奢华或过于廉价的物品,确保礼品的性价比和整体效果。

(4)文化差异。考虑参与者的文化背景和习俗,避免选择可能引起不适或误解的礼品。

(5)实用性和纪念性。礼品应兼具实用性和纪念性,既能满足参与者的实际需求,又能作为会议的纪念品,增强参与者的归属感和认同感。

三、会议礼品选择的禁忌

在选择会议礼品时,应避免以下禁忌:

(1)避免选择过于高档的物品,以免引起受赠者的负担或误解。

(2)不要赠送与药品相关的礼品,除非确定受赠者需要。

(3)绝不能赠送有违反社会道德或法律的礼品,这不仅会影响公司的形象,还可能触犯法律。

（4）避免赠送违背受赠者宗教、民族或个人习惯的礼品。

（5）避免选择主要用于宣传的礼品，以免给受赠者造成不适。

（6）避免选择质量差或过时的礼品，以免影响公司的形象。

实例 5－3

会议礼品的选择

在 2023 年 11 月 9 日，海南省三亚市举办了第八届国际（三亚）铝产业链绿色发展高峰论坛，主题为"绿色协同　融合共赢"。此次论坛吸引了来自海内外的 800 余名行业嘉宾，共同探讨铝产业的绿色发展之路。

一、会议礼品的选择

为了体现论坛的绿色发展主题，主办方在会议礼品的选择上精心策划，确保礼品既实用又具纪念意义，同时彰显环保理念。以下是本次论坛礼品选择的具体案例：

1. 纪念性礼品：定制纪念徽章

主办方为每位参会嘉宾准备了专属的定制纪念徽章。徽章上刻有论坛的主题和日期，采用可回收金属材料制作，既具收藏价值，又体现了环保理念。

2. 实用性礼品：环保笔记本和竹制签字笔

考虑到参会者在会议期间需要记录，主办方提供了环保材质的笔记本和竹制签字笔。笔记本采用再生纸张，封面印有论坛标志；签字笔则选用可持续竹材制作，手感舒适，方便实用。

3. 文化性礼品：海南特色手工艺品

为了让嘉宾感受当地文化，主办方精选了海南特色的手工艺品，如黎族织锦小挂件。每件手工艺品都由当地工匠精心制作，展示了海南丰富的文化底蕴。

4. 环保性礼品：可降解材料制成的购物袋

响应绿色环保的号召，主办方为每位嘉宾准备了可降解材料制成的购物袋。袋子上印有论坛的主题和标志，既实用又环保，方便嘉宾在日常生活中使用。

二、礼品选择的考虑因素

在确定上述礼品时，主办方综合考虑了以下因素：

（1）会议主题和目的。礼品设计紧扣"绿色协同　融合共赢"的主题，强调环保和合作理念。

（2）受众群体。参会者多为国内外铝产业链相关人士，礼品选择既体现专业性，又兼顾文化特色。

（3）预算限制。在有限的预算内，主办方选择了性价比高且富有意义的礼品，确保每位嘉宾都能感受到主办方的用心。

（4）文化差异。考虑到国际嘉宾的参与，礼品选择上注重体现中国文化，特别是海南当地特色，避免可能引起文化误解的物品。

（5）实用性和纪念性。礼品既有实用价值，如笔记本和签字笔，方便嘉宾在会议期间使用；又具有纪念意义，如定制徽章和手工艺品，供嘉宾留作纪念。

通过精心挑选和设计会议礼品，主办方不仅提升了论坛的整体形象，也让参会嘉宾感受到了浓厚的文化氛围和主办方的诚意。

技能训练

一、单项选择题

1. 下列不属于会议通知核心要素的是(　　　)。
   A. 会议时间　　　　　　　　　　B. 会议地点
   C. 会议主题　　　　　　　　　　D. 参会者社交媒体账号

2. 关于邀请会议人员，以下描述错误的是(　　　)。
   A. 邀请函应提前至少两周发送
   B. 邀请函须明确会议议程
   C. 邀请函无须注明参会者是否需要准备发言
   D. 邀请函可通过邮件、短信或纸质形式发送

3. 以下选项中，不属于会议必需品的是(　　　)。
   A. 会议讲话稿　　　　　　　　　B. 会议证件
   C. 会议礼品　　　　　　　　　　D. 会议场地

4. 在选择会议礼品时，以下选项中，(　　　)是最不需要考虑的因素。
   A. 礼品的实用性　　　　　　　　B. 礼品的价格
   C. 礼品的文化敏感性　　　　　　D. 礼品的品牌知名度

5. 以下选项中，(　　　)是会议通知中通常不包含的内容。
   A. 会议议程　　　　　　　　　　B. 参会者名单
   C. 会议主题　　　　　　　　　　D. 会议地点

二、判断题

1. 会议通知应尽量简洁明了，避免过多细节。　　　　　　　　　　　　　　(　　)
2. 会议人员邀请函中须明确参会者的角色和任务。　　　　　　　　　　　　(　　)
3. 会议必需品的准备只要在会议开始前1小时完成即可，无须提前准备。　　(　　)
4. 会议礼品的选择应注重实用性和文化敏感性，避免过度包装。　　　　　　(　　)
5. 会议通知可以通过邮件、短信或纸质形式发送，但无须确认参会者是否收到。(　　)

三、综合实训题

【实训1】　拟发会议通知

［任务背景］

假设你是一家会议公司的运营专员，需为"2024年绿色能源发展论坛"拟发会议通知。

［任务要求］

1. 列出会议通知中需要的所有核心要素。

2. 撰写一份完整的会议通知（字数不超过 200 字）。

【实训 2】　会议人员邀请

［任务背景］

为"2024 年企业年会"设计邀请函，参会者包括企业代表、学者和政府官员。

［任务要求］

1. 列出邀请函中需要的所有核心信息。

2. 撰写一份完整的邀请函（字数不超过 200 字）。

【实训 3】　准备会议必需品

［任务背景］

为一场 200 人规模的"科技创新发布会"准备会议必需品。

［任务要求］

1. 列出需要准备的会议必需品。

2. 制定一份会议必需品准备清单（包括数量、预算等）。

【实训 4】　选择会议礼品

［任务背景］

为"2024 年健康产业博览会"选择会议礼品。

［任务要求］

1. 至少列出 3 种适合的会议礼品，并说明选择理由。

2. 制定一份礼品采购预算表（包括单价、总价等）。

【实训 5】

［任务背景］

假设你是一家会议公司的运营专员，需为"2024 年国际教育峰会"完成以下任务：

1. 拟发会议通知。

2. 设计邀请函。

3. 准备会议必需品。

4. 选择会议礼品。

［任务要求］

1. 列出每项任务的核心要素。

2. 撰写一份完整的会议运营方案（字数不超过 500 字）。

【拓展实训】

1. 在线上线下收集不同类型会议的礼品选择案例，分析讨论其优缺点。

2. 围绕特定主题，分组设计会议礼品方案，考虑预算、受众和文化差异等因素。

3. 组织实地考察、参观会议礼品供应商，了解市场上常见的会议礼品种类和趋势，拓宽视野。

项目评价表

学习效果评价表

任务序号	任务内容	任 务 清 单	权	重
任务一	拟发会议通知	了解会议通知的内涵、种类及作用	5 分	5%
		掌握会议通知的书写结构与内容	10 分	10%
		掌握会议通知的发送形式	10 分	10%
任务二	邀请会议人员	掌握发言人、嘉宾的选择与邀请流程	10 分	10%
		熟悉参会人员的选择与分类	10 分	10%
		掌握会议邀请函的撰写技巧	10 分	10%
任务三	准备会议必需品	掌握会议讲话稿的撰写及技巧	10 分	10%
		了解会议证件、资料袋的设计与制作	10 分	10%
任务四	选择会议礼品	会场设备的准备及调试流程	10 分	
		掌握会议礼品的选择原则与类型	5 分	5%
		理解礼品选择的考虑因素与禁忌	10 分	10%
合　计			100 分	100%

技术能力评价表

技能序号	技能内容	技 能 清 单	权	重
技能训练一	拟发会议通知	会议通知的书写与发送形式	10 分	10%
技能训练二	会议人员邀请	会议人员的选择与邀请流程	10 分	10%
		会议邀请函写作	20 分	20%
技能训练三	会议必需品准备	列出采买会议必需品清单	20 分	20%
技能训练四	选择会议礼品	给某个会议选择最合适的 3 种会议礼品	20 分	20%
技能训练五	综合运营	选择一个会议进行以上四种任务的综合运营	20 分	20%
合　计			100 分	100%

项目六

会议接待——首因效应促成功

 学习目标

通过本项目的学习,了解会议接待的重要性;了解会议接待的原则;掌握会议接待方案的撰写方法;掌握接站文件资料的准备、接站物料的准备、接站人员安排、接站车辆安排,掌握报到与签到的异同点;掌握报到与签到的流程设计、报到处和签到处的布置方法。

知识目标:

1. 了解接待方案的内容。

2. 掌握接站前的准备工作及接站工作要点。

3. 掌握报到和签到的工作要点。

能力目标:

1. 能够制定接待方案。

2. 能够完成接站工作。

3. 能够完成报到和签到工作的安排和执行。

素养目标:

1. 具备熟练的专业技能和较强的心理素质。

2. 具备良好的沟通能力与团队协作精神。

3. 能够承受一定的工作压力、工作强度,对突发事件具有沉着应变能力。

 学思践行

现代化国家建设促使会议接待迈向高质量发展。接待服务要个性化,精准洞察不同参会者需求,提供定制服务。全球化市场要求会议业从业人员具备国际视野,积极对接全球市场,参与国际竞争。因此,接待方案需要高端化,场地、流程、服务都要以高标准打造;服务要精细化,从参会者踏入会场起,各环节都做到极致;运营智能化,利用科技提升接待效率与质量。

智慧、数字、绿色会议理念已融入工作,影响接待人员行为与企业决策,使其从经验决策转向科学决策。从业者须培养信息技术应用、数据分析、国际化视野、跨文化交流、创新及前瞻性思维等能力,以应对行业发展需求。

★思考与践行

王琳在初步进行会议运营实践后,她越发感知到现代技术正重塑会议接待领域。如今,会议接待模式已从简单的接待规划,朝着基于精妙会议设计的精细化项目管理方向转变。面对这样的行业发展态势,企业对精通会议接待运营与管理的专业人才求贤若渴。作为会议运营商的新人,王琳开启了对会议接待工作的探索之旅。

项目说明

本项目首先介绍会议接待的重要性和会议接待的原则,然后介绍会议接待方案的撰写方法,接下来分别介绍接站工作、报到和签到工作的具体内容和工作要点。

本项目将帮助了解会议接待工作主要包含的内容以及工作实施要点,使其在没有接待工作经验的前提下能够初步了解接待工作,并且根据本项目所讲解的内容能够完成简单的接待方案制定以及执行。

项目框架

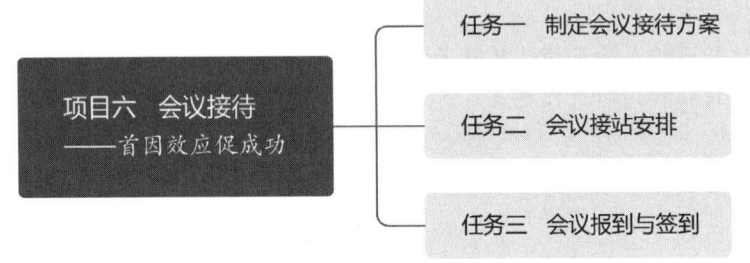

任务一　制定会议接待方案

本任务通过讲解会议接待工作的重要性和基本原则,以及会议接待方案应包含的主要内容,帮助根据特定会议的会期长短、会议形式、参会人员特点等,制定完善并且有针对性的会议接待方案。通过本任务的学习,应该能够回答如下这些问题:会议接待的基本原则是什么?如何对接待人员进行分工?接站方案应如何制定?报到或者签到方案应如何制定?应考虑到哪些风险预案?

任务实施

一、会议接待的重要性

会议接待,是指在各类会议正式开始前,为参会者提供接站、报到、签到、住宿安排等一系列服务与支持的专业工作。

会议接待是会议组织工作的重要组成部分,直接关系到会议的整体形象和参会者的体验。优质的接待服务不仅能够提升会议的专业性和影响力,还能增强参会者的归属感和满意度,为会议的顺利开展奠定基础。具体而言,会议接待的重要性体现在以下几个方面:

(一) 塑造会议形象

接待工作是参会者对会议的第一印象,直接影响其对会议整体质量的评价。若接待环节组织有序,工作人员展现出专业素养与敬业精神,不仅能够体现会议组织者的严谨态度与组织能力,更能彰显会议的专业性与权威性,为会议的成功举办筑牢根基。

(二) 保障会议效率

科学合理的接待安排能够确保参会者快速完成签到、入住等流程,减少时间浪费。通过对接待流程的优化,能切实避免时间的无端损耗,促使会议各环节紧凑有序地衔接,确保会议依照预定计划顺利推进,提升会议整体效率,充分彰显会议的价值。

(三) 提升参会体验

周到细致的服务能够让参会者感受到尊重与关怀,增强其对会议的好感与认同。接待人员热情的问候、及时的引导,为参会者构建舒适的休憩区域,以及在会议期间对特殊需求的及时回应与满足,这些看似细微的举措,均能在无形之中强化参会者对会议的好感与认可。

二、会议接待的基本原则

为确保会议接待工作高效有序,须遵循以下基本原则:

(一) 规范化原则

接待流程做到标准化、制度化,明确各环节的操作规范与职责分工,避免服务质量参差不齐。

(二) 人性化原则

以参会者需求为出发点,提供个性化的细致服务。例如,针对特殊群体(如老年人、残障人士)提供专属服务。

(三) 高效性原则

通过科学规划和资源整合,提高接待效率,减少参会者的等待时间。例如,采用电子签到系统、设置分流通道等。

(四) 灵活性原则

针对突发情况(如航班延误、人员临时增减、忘带证件等)制定应急预案,确保接待工作能够灵活应对各种变化。

(五) 节约性原则

在保证服务质量的前提下,合理控制接待成本,避免资源浪费。例如,优化车辆调度、合理分配住宿资源等。

三、会议接待方案的主要内容

(一) 人员分工

科学合理的人员分工是会议接待工作高效运转的基础。根据会议规模、参会人员特

点及接待需求,明确各岗位职责,确保分工明确、协作有序。一般来说,会议接待工作的人员应分为以下几组:

1. 接站组

(1)职责范围:负责将参会人员从汽车站、火车站或者机场安全周到地接到会议举办地点或者入住酒店。

(2)接站组的工作人员一般有:① 组长:统筹接站全局工作,协调车辆调度与突发情况处置。② 接站员:持接站标志在指定点位等候,核对参会人员信息并引导乘车,协助装卸行李。③ 驾驶员:按路线规划安全接送,协助装卸行李。

(3)需要具有以下素质:① 责任心强,具有服务意识。② 有良好的专业形象与礼仪素养。③ 沟通能力强,熟练掌握普通话,对于国际会议,能够使用简单的外语进行基本的沟通交流,如询问行程、介绍交通情况等。④ 具有行程安排和现场协调能力,熟悉会议的整体日程安排和参会人员的行程信息。⑤ 能够根据航班、车次等到达时间合理安排接站车辆和人员。⑥ 当发生突发情况时能有良好的问题解决能力。

2. 报到和签到组

(1)职责范围:主要负责参会人员信息登记、资料发放及入住引导。

(2)报到和签到组的工作人员一般有:① 前台接待员:核验参会人身份信息,完成分发会议资料、收取费用、分发房卡等工作。② 引导员:协助参会人员完成报到或者签到流程,指引至住宿区域或会场。③ 技术支持员:若采用电子签到系统需设置本岗位,负责维护电子签到系统的正常运作,处理设备突发故障。

(3)工作人员需要具有以下素质:① 仪表端庄,态度热情。② 具备良好的语言表达能力,说话声音洪亮、清晰,语速适中,确保参会人员能够轻松理解所传达的信息。③ 业务能力强,了解会议的报到和签到流程,能够熟练操作报到和签到系统。④ 具有良好的团队协作能力,能够与其他小组保持良好的沟通与协作。

(二)接站方案

接站是参会人员对会议留下第一印象的阶段,需通过规范化接站流程提升服务品质。接站方案一般包含以下内容。

(1)准备接站文件资料。编制接站方案,准备嘉宾资料登记表,制定详细行程安排表,准备接站通知书。

(2)准备接站物料,包括接站标志、随车物品等。

(3)安排接站人员。指定专人负责接站统筹,安排专人负责站点指引,配备专人进行礼宾接待。

(4)安排接站车辆。确保接站专车停车位,检查专车车况,清理车内环境,摆放必要的接送指引牌。

(三)报到和签到方案

报到与签到是会议接待的核心环节,要兼顾效率与人性化服务,一般包括报到和签到的流程设计,以及报到处和签到处的布置。

(四) 风险预案

1. 人员问题

(1) 参会人员缺席或迟到。须提前获取参会人员行程信息,实时跟进,若出现可能迟到或缺席的情况,应及时沟通了解原因并做好记录。

(2) 突发疾病或意外。了解会议场地周边医疗资源分布,提前与医疗机构建立联系,一旦有人员突发疾病或意外,能够迅速响应。

2. 设备设施故障

(1) 音响灯光设备故障。会前对所有设备进行全面检查调试,准备备用设备,安排专业技术人员随时待命。

(2) 网络故障。配备多种网络接入方式,如不同运营商的网络,同时准备移动网络热点设备。

3. 场地问题

(1) 场地临时变更。与场地提供方签订详细合同,明确责任义务,同时寻找备用场地,提前熟悉备用场地情况。

(2) 场地突发安全隐患。如漏水、漏电等隐患,应在会议前进行全面检查,建立与场地管理方的快速沟通机制。

接站、报到和签到的具体方案设计和工作方法将在下面的例子中详细讲解。

实例 6-1

《××××公司新品发布会》会议接站执行方案

一、人员分工

总负责人:张××(电话:×××××××××××)

目标:确保150名参会客户(普通120人,VIP30人)接待全程无缝衔接。人员分组如表6-1所示。

表6-1 人员分组表

组 别	人 员 配 置	职 责 细 化
接站组	组长:张×× 接站员4人 驾驶员3人(大巴2辆、商务车1辆)	普通客户:大巴车统一接送 VIP客户:商务车专送(车内配矿泉水、湿巾、发布会快讯) 实时微信群同步客户到达信息
报到签到组	组长:李×× 接待员2人 引导员2人 技术员1人	普通客户:3分钟内完成签到 VIP客户:专属通道+礼品直送客房 使用电子签到系统(备用方案:钉钉扫码签到)

二、接站方案(表6-2)

接站时间:××××年××月××日 8:00—18:00

接站点：××机场××航站楼××号出口、××高铁站南广场

表6-2　接站方案

任　务	执 行 标 准	操 作 工 具
接站标志准备	易拉宝(80 cm×200 cm)：红底白字，印"××新品发布会接站处" 手持牌：A3大小，正反面印刷	设计文件(提前3天交广告公司制作) 备用标志2套(防破损)
接站人员安排	排班表： 8:00—12:00：王××+接站员A/B 12:00—18:00：接站员C/D+机动人员 话术模板："您好！欢迎参加××新品发布会，请出示邀请码，车辆在前方20米等候。"	接站员配备对讲机(频道1) 接站台账(纸质+电子表格双备份)
接站车辆调度	行车路线：机场至酒店；走××高速(备用路线：××环线) 物资：每车配1瓶车载香氛、10个呕吐袋 司机要求：统一穿黑色制服，提前1小时洗车加油	使用专业软件实时监控车辆位置 车辆故障紧急联系人：赵××(租车公司，电话：×××××××××××)

三、报到和签到方案

报到时间：××××年××月××日　14:00—20:00

报到地点：××酒店大堂

1. 报到流程(分普通和VIP客户)

(1) 普通客户(120人)。

步骤：扫码签到→领取资料袋(内含：参会证、议程表、笔、定制U盘)→引导员带至客房(3分钟内完成)。每小时放行40人，避免拥堵。

(2) VIP客户(30人)。

步骤：专人引导至VIP室(提供现磨咖啡、茶点)→人脸识别签到→发放专属礼品(蓝牙耳机礼盒)→客房管家陪同至房间。

2. 报到处布置(表6-3)

表6-3　物资清单

区　域	布 置 要 求	物 资 清 单
普通签到区	准备2台电脑，一把扫码枪 资料袋按姓氏首字母分箱(A—L箱、M—Z箱) 地贴箭头引导至电梯	扫码枪2支 资料袋120个(提前1天分装) 应急充电宝5个
VIP接待室	独立房间(酒店2层会议室A) 沙发区和茶歇台(水果拼盘、小蛋糕) 背景板印"尊贵合作伙伴"	人脸识别设备1台 VIP礼品30份(贴客户姓名标签) 服务人员2名(酒店提供)

四、执行保障

（1）数字化工具。接站组用线上文档实时更新客户到达状态（绿色为已接到，红色为延误）。报到数据同步至企业 CRM 系统（次日生成《客户参会分析报告》）。

（2）成本控制。车辆按"满座发车"原则调度（大巴载客量≥40 人方可发车）。资料袋印刷采用公司库存物料，U 盘刻录发布会资料替代纸质手册。

（3）风险预案。

突发情况 1：客户未收到邀请码，则核查预留手机号后 4 位，人工核对身份。

突发情况 2：VIP 礼品不足，则启用备用礼品（公司 LOGO 定制钢笔）。

突发情况 3：酒店电梯故障，则引导员带客户走楼梯，赠送小礼品致歉。

任务二　会议接站安排

任务说明

本任务通过讲解接站所需要的文件资料和物料的准备，以及人员和车辆的安排和调度，使学生能够了解接站工作的基本内容，并能够顺利完成接站工作。通过本任务的学习，应该能够回答如下这些问题：接站所需文件资料应如何准备？接站所需物料应如何准备？接站工作人员应如何安排？接站所需车辆应如何安排？

任务实施

接站，是指将参会人员从汽车站、火车站或者机场安全周到地接到会议举办地点或者入住酒店。

会议接站工作是会议服务中的重要环节，直接关系到参会人员的第一印象和会议的整体效率。通过高效的接站服务，能够确保参会人员快速、顺利地抵达会场，减少因交通不熟悉或流程混乱造成的时间延误，同时为参会者提供及时的信息引导和必要的协助，体现会议组织方的专业性与服务水平。因此，会议接站不仅是参会体验的关键起点，更是会议成功举办的重要保障。

一、接站文件资料的准备

会议接站工作的文件资料准备是确保接站服务高效、有序开展的重要基础。首先，需提前收集并整理参会人员名单，包括姓名、联系方式、航班或车次信息、抵达时间等关键内容，以便精准安排接站人员和车辆调度。将表格按照接站人员的分工进行整理打印，分发给随车人员及司机，确保接站人员能够随时查阅自己所要接的参会人员的相关信息。表格设计参见表 6-4。

表 6-4　参会人员抵达信息表

序　号	姓　名	联系方式	单　位	职　务	航班/车次信息	抵达时间	备　注

此外，还应制定应急预案，明确突发情况下的处理流程和联系人信息，以应对可能出现的延误或其他意外情况。

所有文件资料应分类归档，确保接站人员能够随时查阅和使用，从而为参会人员提供专业、周到的接站服务，保障会议顺利进行。

二、接站物料的准备

准备会议接站物料是确保接站工作顺利进行的关键环节。通过详细的物料清单和准备要点，可以有效提升接站效率，为参会人员提供优质的接待服务。

（一）接站标志

1. 接站牌

接站牌是一种用于引导的视觉工具，上面印有会议名称、主办单位、接站地点等关键信息。其作用是帮助接站人员与被接站人员相互识别，是会议组织者与参会人员之间的第一接触点，因此，接站牌还能起到提升会议的专业形象和品牌宣传效果的作用。在进行物料准备时，应根据主办方的预算、会议内容、参会人员的身份、接站地点等因素设计制作适合的接站牌。

（1）在材质选择方面，首先要考虑其耐用性。因为接站牌随着使用场景的转换，要经过多次移动和搬运，所以接站牌要结实耐用，保证接站时的完好性；其次，还要考虑其便携性。如上文所述，接站牌要经过多次移动和搬运，并且可能需要接站人员长时间手持，因此不能过于沉重。最后，要考虑视觉效果，材质的透明度和反光性会影响接站牌的可视效果，因此要根据接站地点的光照情况选择不同材质的接站牌，以适应不同的使用环境和需求。

（2）在设计制作方面，应注重信息清晰、视觉效果突出和实用性。① 信息排版时，要将会议名称等核心信息称置于接站牌最显眼的位置，使用较大字号和醒目的字体，确保远距离也能看清。主办方名称、会议日期等辅助内容字号应稍小，但仍要清晰可辨。如果是国际会议，建议使用中英文双语。整体排版简洁明了，避免信息过于拥挤。② 要选择对比度高的颜色组合，如黄底黑字、红底白字等，增强视觉冲击力，色彩搭配要与会议主题和主办方品牌形象相契合。避免过多装饰，确保信息一目了然。通常建议接站牌的尺寸为A3(297 mm×420 mm)或更大。常见的形状为长方形，也可根据会议主题设计独特的形状(如圆形或异形)，以增强视觉吸引力。③ 如果是简单的手写接站牌，要确保字迹工整、清晰。如果是印刷的接站牌，确保文字和图案清晰、色彩鲜艳。

2. 引导标志

在机场、车站等接站地点的关键位置，如出口、通道等，设置引导标志，帮助参会者顺利找到集合点或者车辆。也可以在车辆上悬挂条幅或者粘贴引导标志,引导参会者正确登车的同时表达对其的欢迎。引导标志的内容应简洁明了,指向接站集合点。

知识拓展

接站牌制作材料及印刷工艺

一、接站牌常用制作材料

1. KT板

(1) 特点:轻便性好、成本低廉、易于裁剪和印刷。

(2) 适用场景:适用于室内或短期临时接站需求。

(3) 注意事项:性能欠佳,易受风雨侵蚀,需外加防水保护或更换材质。

2. 亚克力板

(1) 特点:具有高档质感和强耐用性,具备防水防潮功能。

(2) 适用场景:推荐用于高端会议及长期使用的场景。

(3) 注意事项:重量较大,需搭配稳固支架使用。

3. PVC板

(1) 特点:兼具轻便与防水特性,耐磨损性能突出。

(2) 适用场景:适合户外接站和频繁移动使用的场景。

(3) 注意事项:建议选用适中厚度,兼顾强度和便携性。

4. 泡沫板

(1) 特点:重量轻、易于裁剪,适合临时使用。

(2) 适用场景:适用于预算有限的临时接待的场景。

(3) 注意事项:稳定性差,不适合长时间或户外使用。

5. 金属板

(1) 特点:耐用性强、质感高级,适合长期使用。

(2) 适用场景:适用于高端场合或需要多次反复使用的场景。

(3) 注意事项:重量较大且成本较高,需要配备稳固支架。

二、接站牌常用印刷工艺与优劣势对比

1. 数码印刷

(1) 特点:印刷速度快,支持多种材质。

(2) 适用场景:适合快速制作临时会议接站牌。

(3) 注意事项:户外使用需要覆膜处理以增强防水防晒性能。

(4) 优点:成本低、周期短。

(5) 缺点:耐用性不佳,易出现褪色现象。

2. 丝网印刷

(1) 特点:色彩饱满,视觉效果突出。

(2) 适用场景:适合高端会议及长期使用的接站牌。

(3) 注意事项:制作周期较长,需要提前准备。

(4) 优点：耐用性强，适合户外环境。

(5) 缺点：成本高昂，不适合小批量制作。

3. UV印刷

(1) 特点：印刷效果细腻，色彩持久性好。

(2) 适用场景：适合追求高质量视觉效果的场合。

(3) 注意事项：需要专用设备支持。

(4) 优点：防水防晒性能优异。

(5) 缺点：制作成本高，周期较长。

4. 热转印

(1) 特点：图案色彩鲜艳，附着力强。

(2) 适用场景：适合使用特殊材质的接站牌制作。

(3) 注意事项：需要使用专用设备。

(4) 优点：图案清晰，耐用性较好。

(5) 缺点：成本较高，不适合小批量制作。

5. 喷绘

(1) 特点：适合大幅面印刷

(2) 适用场景：适合户外大型接站牌制作

(3) 注意事项：需进行覆膜处理以提升防水性

(4) 优点：适合批量制作，成本相对较低

(5) 缺点：细节刻画运力不足，长期使用易褪色

（二）通信设备

有条件的主办方应为接站工作人员配备足够数量的对讲机，确保在接站过程中，工作人员之间能够及时、有效地沟通。接站人员应提前调试频道，检查对讲机的电量，并准备好备用电池。

若没有对讲机，工作人员可以使用个人手机作为通信工具，同时保证手机联系畅通而且电量充足。为确保各接站人员间沟通渠道畅通无阻，每位接站人员均应留存其他小组成员的联系方式，以便在执行接站任务过程中能及时、高效地沟通交流。

（三）其他物料

可以为参会人员准备适量的饮用水或小点心，以缓解旅途疲劳。车上须配备一些呕吐袋或者垃圾袋。还可以准备一些常用的应急药品，如无菌敷贴、碘伏等，以应对可能出现的突发状况。除此之外，还应该根据天气预报，准备雨伞或雨衣，以防天气突变。

总之，要做好会议接站的物料准备工作，需要根据参会人员数量和接站地点，提前规划物料数量和种类，确保物料充足。在接站前，对所有物料进行质量检查，确保接站牌、横幅等标志清晰可见，接待用品完好无损。还应该制定应急预案，明确在物料不足或突发情况下的应对措施，确保接站工作不受影响。

三、接站人员安排

会议接站人员的安排要遵循"人员选拔—人员培训—排班管理"的逻辑。

(一) 人员选拔

在选拔接站人员时,应挑选形象良好、沟通能力强、熟悉接站地点环境的工作人员。优先考虑有相关接站或接待经验的人员,他们能够更好地应对各种突发情况。如果是国际会议,还应该具备基础外语能力。如果参会人员中有特殊人士,还应该选拔有特殊技能(如手语)的人员。同时,要确保工作人员具备良好的服务意识,能够热情、耐心地为参会人员提供帮助。

根据参会人员的身份和级别安排相应的接站人员。若是普通参会人员,可安排经验丰富、沟通能力良好的普通工作人员或者志愿者前往接站。对于某一领域的专业人士,可安排相关领域的资深工作人员去接站,以便在接站途中能进行简单且有价值的交流。而对于级别较高的重要嘉宾,必须安排会议的核心组织者、高层领导亲自接站。确保各类参会人员都能获得与其身份相匹配的接待服务,既体现接待工作的专业性,又展现会议组织方的人文关怀。

(二) 人员培训

对于接站人员的培训应该包括如下内容。

(1) 会议背景与接站要求。使接站人员清楚接站工作的意义。明确接站人员的职责分工与纪律要求。讲解会议主题、议程、举办地点等,使其能够准确回答参会人员的相关问题。

(2) 接站流程与操作规范。学习参会人员引导、行李协助等标准化服务动作。细化示范接站牌使用、车辆调度等操作细节。

(3) 礼仪与沟通技巧。培训仪容仪表规范(如着装、站姿、微笑)。强化礼貌用语(如"欢迎参会""请稍候")、正确的引导姿势等。如果是国际会议,还应该培训跨文化沟通技巧。

(4) 应急处理与安全知识。模拟突发场景(如参会人员身体不适、车辆延误、人员走失等),制定应对策略。学习急救常识,熟悉紧急联系人信息及上报流程。

(三) 排班管理

保证每一辆接站车辆至少一位随车工作人员,每一个接站点至少应安排两名工作人员同时在岗。根据参会人员的到达时间分布,合理安排接站人员的工作班次。对于到达时间较为集中的时段,增加人员数量,确保能够及时、周到地接待每一位参会人员。同时,为接站人员安排适当的休息时间,避免人员长时间连续工作导致疲劳,影响服务质量。预留 10%～20% 的人员作为机动使用人员,应对突发性任务或顶替缺勤。

四、接站车辆安排

在会议接待工作中,车辆安排是一个关键环节,直接关系到参会者的出行体验和会议的整体效率。以下是车辆安排部分应包含的主要内容。

(一) 车辆需求分析

根据参会人员数量、身份及行李情况确定所需车辆类型与数量。比如,对于普通参会人员,可安排大巴车,依据参会总人数合理计算大巴数量;对于重要嘉宾,安排舒适的商务车或者专车接送,保证出行的舒适性与私密性。如有行动不便者或携带大量行李者,则安排无障碍车辆或额外安排人员协助。

还要根据参会人员到达的时间进行需求分析,在人员集中到达的时间段对于车辆的需求量会比较大。

最后,根据会议主办方的预算以及自有车辆情况,决定车辆来源是内部还是外部租赁。两种车辆的特点对比见表6-5。

表6-5 内部车辆和外部租赁车辆特点对比

项 目	内 部 车 辆	外部租赁车辆
成 本	较低,主要为燃油费和司机加班费	较高,包括租赁费、司机工资等
车辆资源	有限,可能无法满足大规模会议需求	丰富,可根据需求灵活调配
调度灵活性	较高,但要提前协调	较高,租车公司通常提供专业调度服务
服务质量	取决于内部司机水平	通常较专业,但需选择优质租车公司
风险管理	需自行承担车辆故障、事故等风险	租车公司通常提供保险和应急预案支持

因此,如果是小型会议或会议预算有限,优先考虑内部车辆,但应确保车辆和司机资源充足。如果是大型会议或高规格接待,建议选择外部租赁车辆,能够确保车辆资源和服务质量。也可以根据实际情况进行内部车辆和外部租赁车辆混合使用。

(二)路线规划

制定详细的车辆排班表,明确每辆车在不同时间段的任务。根据参会者的到达时间,合理划分接站批次,避免车辆资源浪费或不足。同时,根据会议场地位置、交通状况以及参会人员的抵达站点,规划最优的车辆行驶路线,标注好可能出现拥堵的路段及备选路线,确保车辆能按时、高效地完成接送任务。接站组组长应实时监控路况,及时调整行车路线。

实例6-2

汉娜公司业务洽谈会议接站工作

汉娜公司邀请目标客户公司的李副总等人来公司参加业务洽谈会,汉娜公司的王秘书负责接站工作。王秘书按照接站时间提前到达机场,但接站标志不醒目,导致李副总等人在机场等待了20分钟才见到王秘书,且没有安排级别相当的领导前来接待,也没有给予必要的解释。李副总等人感觉受冷遇,对此次接站非常不满,因此影响了与汉娜公司的合作意愿。

汉娜公司此次接站工作失败的原因是:王秘书接站前没有准备合适的接站标志,没有了解清楚所要接待的人物身份和来意,没有安排级别适合的人员同去接站,而且没有向客户做出合理解释,导致接站时工作很被动。

任务三 会议报到与签到

任务说明

本任务通过讲解报到和签到的异同点,以及报到和签到的流程设计、台面设计、文件准备等内容,使学生能够清晰理解报到与签到的核心区别与联系,掌握其工作要点,并能够独立完成报到和签到的组织与实施,确保会议接待工作高效、有序地进行。通过本任务的学习,应该能够回答如下这些问题:报到与签到的异同点是什么?报到和签到的流程应如何设计?报到处和签到处应如何布置?

任务实施

一、报到与签到的异同点

(一) 报到与签到的相同点

报到和签到均为会议接待的重要环节,它们进行的时间点相似,都是在会议正式内容开始前进行。其功能和作用也相似,旨在核实参会者身份、统计实际参会人数、并为其提供后续服务。它们的形式也有共同之处,都可以采用表格登记、电子系统自助操作等。它们都标志着参会人员正式参与会议活动,是会议流程启动的关键环节。只有完成报到或签到,参会人员才正式进入会议的活动范围。

(二) 报到与签到的区别

1. 目的不同

报到的主要目的是证明参会者已到达会议举办地,主办方以此为依据为其提供全面的会务服务支持(如资料分发、住宿安排等)。其侧重于参会者的抵达登记和会务安排,不直接证明其出席具体的会议或活动。

而签到的主要目的是证明参会者出席某一次具体的会议或活动,并实时统计到场情况。其侧重于参会者的参与记录,尤其在法定会议中,签到还具有法律效力。有时签到还起到仪式的作用,用签到仪式进行氛围烘托,借此提升会议的专业形象和宣传会议品牌。

2. 适用场景不同

报到适用于会期较长(如多日会议、论坛或培训)的场合,通常需要集中接待参会者。常用于大型会议或需要统一安排住宿或者用餐的会议。

而签到适用于会期较短(如半日或单日会议)的场合,无须统一安排住宿或者用餐。也适用于长期会议中的每次具体活动(如分论坛、研讨会等),用于统计每次具体会议或活动的参与情况。

因此,在会期较长的大型会议中,参会者只在到达会议地点时报到一次即可,而签到可以多次进行。

3. 形式不同

报到的主要目的就是登记和统计，所以报到的形式比较单一，一般以表格登记为主，可以结合电子化工具（如二维码扫描或在线登记系统）提高效率。

签到的形式更加灵活多样，尤其是具有仪式感的签到，可以采用新颖有创意的多种签到形式，用以提升会议氛围和参会体验，既能增加互动性，又能强化会议的记忆点。

二、报到与签到的流程设计

（一）报到的流程

报到工作一般遵循以下流程。

1. 查验证件

查验证件的目的是核实参会者身份，确保报到信息的准确性，防止无关人员混入会议，保障会议的安全性与秩序。当参会人员抵达报到地点时，工作人员首先应对其相关证件进行查验，要求参会人员出示有效身份证件，如身份证、护照等，以及会议主办方发放的邀请函、参会凭证等。通过仔细核对证件信息与主办方预先留存的参会人员名单，确认人员身份的真实性与有效性。对于未提前报名的参会者，应及时与会务组沟通，确认是否可现场补录。对于 VIP 嘉宾或特殊参会者，可安排专人提供快速通道服务。

2. 信息确认

信息确认的目的是记录参会者的报到信息，便于后续统计和服务。在确认参会人员身份无误后，引导其进行信息登录。为提高工作效率，可以在纸质或电子系统中提前将参会者的基本信息录入，在报到现场，对于已提前报名的参会者，可直接在名单中签名或者勾选确认，对于现场报名的参会者，须补充录入相关信息。纸质表格可以参考表 6-6 的格式：

表 6-6 ×××会议报到统计表

序 号	工作单位	姓 名	联系电话	签 名	房间号	备 注
1	北京×××研究院	张×				
2	上海×××集团	李×				
3	广州×××中心	王×				

表格中的序号、工作单位、姓名、联系电话根据参会人员发回的回执提前打印好，报到时参会人员只需在对应处签名即可，这样可以提高工作效率，避免报到处拥堵。

3. 接收审查

接收审查的目的是确保会上分发的文件符合会议要求，避免不当内容传播。若与会者携带有需要在会议上分发的文件，工作人员需将这些文件接收并提交给会务组进行审查。审查内容包括审查文件内容是否符合会议主题、是否存在敏感或违规信息等。只有通过审查的文件，会务组才会统一安排在会议期间进行分发，以保证会议资料的规范性与专业性,维护会议的整体形象与质量。未通过审查的文件将不予发放,并向文件提供者说明原因。

4. 发放资料袋

完成上述步骤后,工作人员为参会人员发放资料袋。资料袋内通常包含会议议程安排、会议文件、参会证、笔、本、纪念品、餐券等物品。工作人员应确保文件袋内物品齐全,并向参会人员简要说明资料袋内各物品的用途及相关注意事项,方便参会人员更好地了解会议安排与参与会议活动。

5. 收取费用并开具发票

对于需要收取会务费用的会议,工作人员在此时进行费用收取工作。明确告知参会人员收费标准及收费项目,通过现金、银行卡、移动支付等多种方式收取费用。在收到费用后,立即为参会人员开具正规发票,发票信息需准确无误,以便保障参会人员的权益,同时也符合财务规范。对于提前支付费用的参会者,可在此环节确认支付信息并补开发票。

6. 安排住宿

上述环节完成后,对于需要住宿安排的参会人员,工作人员引导其前往住宿登记区,根据住宿名单分配房间并发放房卡,将房间号登记在报到统计表,以便后续为参会人员提供服务。对于有特殊需求(如无障碍房间、家庭房)的参会者,应提前安排并确认。向参会者提供酒店地图、入住须知等信息,并告知早餐时间、退房时间等注意事项。

(二) 签到的流程

签到除了可以完成统计到场信息的任务外,有时还承担着提升会议氛围和参会体验的重要职责。可以根据签到的目的来设计签到的流程。如果本次签到以统计信息为主,签到方式则应采取表格或者电子系统的方式,以提高签到现场的效率以及后续统计数据的便捷性。如果本次签到更注重仪式感,则可以精心设计签到环节,使参会者感受到主办方的用心与专业,从而提升对会议的整体期待。因此,签到的流程可以根据签到的形式进行个性化调整。

知识拓展

个性化签到方式

一、主题印章签到

根据会议主题设计一系列专属印章,比如科技类会议可设计芯片、卫星等形状的印章,文化艺术会议可设计画笔、脸谱等印章。在一张大幅的签到画布上,参会者用喜欢的印章蘸取印泥,在画布上留下印记,同时在旁边写下自己的名字。这种方式不仅能让参会者充分参与,还能在签到结束后,将画布作为独特的会议装饰,展示会议的特色与参会者的热情。

二、电子签名墙签到

在会议现场设置大型电子屏幕作为签名墙,参会者走到屏幕前,通过触摸屏幕,使用电子笔写下自己的名字,还能选择添加个性化的表情、图案。签名完成后,名字会以动态效果展示在屏幕上,同时系统自动拍照留念,并将照片发送至参会者预留的邮箱或手机。这种方式兼具科技感与便捷性,方便后期会议资料的整理与分享。

三、拼图签到

提前将会议主题相关的图片制作成拼图,每一块拼图对应一位参会者。参会者到达现场后,找到自己的拼图板块,拼接到完整的拼图墙上,完成签到。例如,环保主题会议可将地球、森林等图片制作成拼图。拼图过程能让参会者之间产生互动,且完成后的拼图墙极具视觉冲击力,成为会议现场的亮点装饰。

三、报到处和签到处的布置

报到处和签到处的布置直接影响参会者的第一印象和整体体验。合理的布置不仅能提高工作效率,还能为参会者提供清晰、便捷的服务。以下是报到处和签到处的布置要点及具体实施方法。

(一) 报到处的布置

报到处通常需要处理多项任务,因此应根据功能划分为不同区域。① 身份核实区:用于核对参会者身份信息并进行信息登记;② 资料发放区:用于分发会议资料袋、参会证等,若有需要接收审查的文件也在此区域收取;③ 住宿登记区:用于安排住宿并发放房卡;④ 费用结算区:用于收取费用并开具发票。

报到处的台面应保持整洁,物料摆放有序,避免杂乱。每个功能区域之间保留足够的空间,方便工作人员操作和参会者流动。此外,可准备一些糖果、饮用水等小物品,展现主办方的贴心服务。

(二) 签到处的布置

签到处可以根据签到的方式和流程进行个性化布置,以彰显会议的独特魅力与创新理念,为参会者带来耳目一新的体验。

(三) 报到处和签到处布置的共同要点

1. 位置选择

报到处与签到处应设置在会议场地入口处显眼且便利的位置,方便参会人员快速找到并前往。若会议场地有多个入口,则应根据人员流量预测,在主要入口设置主报到处与签到处,在次要入口设置辅助台,确保人员分流,避免拥堵。

2. 视觉设计

紧密围绕会议主题、目标受众喜好及整体格调来进行视觉设计。使用统一的视觉元素(如会议主题色、标志等)装饰报到处和签到处,增强品牌辨识度。标志牌设计应简洁明了,字体大小适中,方便参会者远距离识别。同时,在周边设置引导标志,如箭头指示牌,引导参会人员有序排队、依次报到与签到。

3. 人员安排

应设置工作人员区域,配备桌椅,方便工作人员就座办公。为工作人员准备统一的工作牌,便于参会人员识别与咨询。同时,预留一定空间用于存放备用物资。事前对相关工作人员进行培训,确保其熟悉流程并能提供专业服务。

技能训练

一、单项选择题

1. 会议接待工作直接关系到会议的整体形象和参会者的体验,其中塑造会议形象体现在( )。

A. 为参会者提供舒适的住宿环境

B. 接待环节组织有序,工作人员展现专业素养

C. 会议期间提供丰富的茶歇

D. 会议结束后提供返程交通帮助

2. 会议接待中,确保参会者快速完成签到、入住等流程,减少时间浪费,体现的是( )原则。

A. 规范化   B. 人性化   C. 高效性   D. 灵活性

3. 接站组中,负责统筹接站全局工作,协调车辆调度与突发情况处置的是( )。

A. 接站员   B. 驾驶员   C. 组长   D. 引导员

4. 会议接站时,接站牌设计制作不需要考虑的是( )。

A. 信息清晰,核心信息置于显眼位置   B. 颜色鲜艳,随意搭配

C. 尺寸大小合适   D. 排版简洁明了

5. 对于会期较长且需要统一安排住宿的大型会议,通常采用( )环节。

A. 报到   B. 签到   C. 先报到后签到   D. 先签到后报到

二、多项选择题

1. 会议接待的重要性体现在( )。

A. 塑造会议形象   B. 保障会议效率   C. 提升参会体验   D. 增加会议预算

2. 会议接待的基本原则包括( )。

A. 规范化原则   B. 人性化原则   C. 高效性原则   D. 灵活性原则

3. 接站文件资料准备包含( )。

A. 参会人员名单(含姓名、联系方式等信息)

B. 应急预案

C. 会议议程安排

D. 会议场地租赁合同

4. 接站物料准备中,属于接站标志的有( )。

A. 接站牌   B. 引导标志   C. 通信设备   D. 雨伞

5. 报到处的功能区域一般可划分为( )。

A. 身份核实区   B. 资料发放区   C. 住宿登记区   D. 费用结算区

三、案例分析题

某公司举办一场为期三天的行业研讨会,邀请了来自全国各地的专家学者和企业代表。在会议接待过程中,出现了以下问题:

(1)接站组在接站时,部分接站人员对车站环境不熟悉,导致一些参会人员未能及时

找到接站人员,造成了一定的混乱。

(2) 报到环节,报到流程烦琐,工作人员业务不熟练,导致报到现场排起了长队,参会人员等待时间过长,产生了不满情绪。

(3) 会议期间,部分音响设备出现故障,影响了会议的正常进行。

请分析以上问题产生的原因,并提出相应的解决措施。

四、综合实训题

【实训 1】 接站方案策划

假设你负责一场重要商务会议的接站工作,会议预计有 50 名参会人员,分别从不同城市乘坐飞机和火车抵达。请根据以下信息,完成接站方案的设计:

(1) 接站文件资料准备(列出需要准备的文件资料及要点)。

(2) 接站物料准备(详细说明接站标志、通信设备及其他物料的准备情况)。

(3) 接站人员安排(包括人员选拔标准、培训内容及排班管理)。

(4) 接站车辆安排(分析车辆需求,规划路线,制定车辆排班表)。

【实训 2】 报到方案策划

你所在的团队要举办一场为期两天的培训会议,共有 80 名学员参加。请设计会议报到流程,包括报到各环节的具体操作、报到处的布置(功能区域划分、台面设计等)以及可能出现的问题及应对措施。

【实训 3】 签到方案策划

一场以创新为主题的科技论坛即将召开,预计有 200 名行业精英参加。本次签到希望既能够高效统计到场信息,又能通过有创意的签到形式提升会议氛围和参会体验。请设计签到方案,包括签到流程、签到形式选择及签到处的布置要点。

项目评价表

学习效果评价表				
任务序号	任务内容	任 务 清 单	权	重
任务一	制定会议接待方案	了解会议接待的重要性	5 分	5%
		了解会议接待的原则	5 分	5%
		掌握会议接待方案的撰写方法	12 分	12%
任务二	会议接站安排	掌握接站文件资料的准备	12 分	12%
		掌握接站物料的准备	12 分	12%
		掌握接站人员安排	12 分	12%
		掌握接站车辆安排	12 分	12%

续　表

任务序号	任务内容	任务清单	权　重	
任务三	会议报到与签到	理解报到与签到的异同点	6 分	6%
		掌握报到与签到的流程设计	12 分	12%
		掌握报到处和签到处的布置方法	12 分	12%
合　计			100 分	100%

技术能力评价表				
技能序号	技能内容	技　能　清　单	权　重	
技能训练一	制定会议接待方案	撰写人员分工	10 分	10%
		撰写接站方案	10 分	10%
		撰写报到和签到方案	10 分	10%
		撰写风险预案	10 分	10%
技能训练二	接站方案策划	准备接站文件资料	10 分	10%
		准备接站物料	10 分	10%
		安排接站人员	10 分	10%
		安排接站车辆	10 分	10%
技能训练三	报到和签到方案策划	设计报到与签到的流程	10 分	10%
		布置报到处和签到处	10 分	10%
合　计			100 分	100%

会议服务——细节决定成败

 **学习目标**

通过本项目的学习,掌握会议现场服务和生活服务的工作内容和要点,比如接待礼仪、茶歇服务、影像服务、住宿服务、餐饮服务、交通服务等。

知识目标:

1. 掌握接待礼仪、茶歇服务、会议现场影像服务的工作要点。

2. 掌握会议住宿服务、餐饮服务、交通服务的工作要点。

能力目标:

1. 能够为特定会议制定茶歇服务、影像服务的工作方案。

2. 能够为特定会议制定住宿、餐饮、交通服务方案。

素养目标:

1. 培养专业服务意识与职业素养。

2. 提升沟通协调与应急处理能力。

3. 强化细节管理与创新能力。

 学思践行

现代化会议服务正朝着智能化、个性化和可持续化方向发展。随着科技的进步,会议服务不再局限于传统的流程化管理,而是更加注重通过数字化手段提升效率与体验。服务对象的需求日益多样化,要求从业者能够精准识别不同群体的偏好,提供量身定制的解决方案。同时,全球化趋势要求会议服务具备跨文化沟通能力,能够适应多元文化背景下的服务场景。服务标准也逐步向高端化迈进,从场地选择到流程设计,均需体现专业性与创新性。此外,绿色会议理念的普及推动服务向环保、节能方向转型,强调资源的高效利用与可持续发展。从业者需具备数据分析、技术创新、国际化视野及前瞻性思维等综合能力,以应对行业变革与挑战,推动会议服务向更高层次迈进。

★思考与践行

随着工作的深入,王琳更加意识到,会议公司不再仅仅满足于基础的服务提供,而是追求从会议策划到执行的全程精细化运营,力求为参会者打造无缝衔接的优质体验。面对这一趋势,行业对具备创新思维、技术应用能力和国际化视野的专业人才需求愈发迫切。作为新时代的会议产业从业者,唯有不断学习与实践,才能在会议服务的浪潮中把握机遇,迎接挑战,为行业发展注入新的活力。

项目说明

　　本项目首先介绍会议现场服务的内容,包括会议的接待礼仪、茶歇的准备、会议现场摄影摄像工作的开展等。然后介绍了会议生活服务,包括如何安排住宿、餐饮的类别及选择、交通服务的安排等。

　　本项目将帮助了解会议服务的全流程细节,掌握各项服务的关键点,提升综合服务能力,确保会议高效、顺畅进行,满足客户多元化需求。通过系统学习与实践,能够全面掌握会议服务的精髓,灵活应对各类突发状况。

会场服务

项目框架

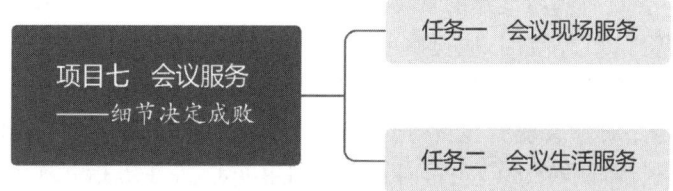

任务一　会议现场服务

　　本任务通过讲解会议现场服务和会议生活服务的工作内容和工作要点,使学生掌握会议现场服务的基本流程和关键细节,提升接待礼仪、茶歇准备及摄影摄像等专业技能,以及会议生活服务的安排技巧,确保住宿、餐饮、交通等环节无缝对接。通过本任务的学习,应该能够回答如下这些问题:接待时有哪些礼仪规范? 茶歇的地点和餐饮品种应如何选择? 会议的影像服务有哪些技巧?

任务实施

　　会议现场服务是确保会议顺利进行的关键环节,直接影响到参会者的体验和会议目标的达成。优质的现场服务不仅能够提升会议的专业性和效率,还能有效应对突发情况,保障会议流程的顺畅。本任务将详细探讨会议现场服务的核心要素,包括接待礼仪、茶歇服务、影像服务等内容。

会议现场
服务

一、接待礼仪

良好的接待礼仪能够营造和谐、有序、高效的会议氛围,促进信息的顺畅交流与团队协作。因此接待人员作为会议的重要服务角色,其礼仪表现尤为关键。

(一) 形象与仪态

1. 着装标准

接待人员的着装应保持整洁、专业且与会议风格契合,最好穿着统一制服,体现专业性和团队精神。若无制服,则应选择正式、得体的服装。对于正式会议,男士身着深色西装套装,搭配素色领带与光亮皮鞋,衬衫要熨烫平整,无褶皱;女士选择款式简洁的套装或套裙,颜色以黑、白、灰、深蓝等稳重色调为主,避免穿着过于艳丽或装饰繁杂的服装。若为主题特定的会议,可在遵循正式着装原则的基础上,融入与主题相关的元素。

会议引导
服务1

2. 仪态规范

① 接待前不要吃有刺激气味的食物,保持口气清新,也不要用气味过于浓烈的香水,以免影响参会体验。② 站立时,应挺胸收腹,双肩自然下垂,双脚微微分开与肩同宽,头部端正,目光平视,展现出挺拔、自信的姿态。③ 行走时,步伐稳健、轻盈,速度适中,手臂自然摆动,切忌走路时弯腰驼背、步伐拖沓或过于急促。在引导参会人员时,要走在参会人员左前方二至三步,侧转130°左右,向着客人的角度走,左手五指并拢示意方向,动作幅度不宜过大,保持优雅、大方。与来宾保持自然的目光接触,展现真诚和尊重,保持自然微笑,营造亲切友好的氛围。

(二) 接待流程礼仪

1. 迎接礼仪

在会议入口处,接待人员应提前就位,面带微笑,热情迎接每一位参会者。当参会人员到达时,主动上前问候,使用礼貌用语,如"您好,欢迎参加本次会议"。若有贵宾,应给予特别关注,必要时可安排专人迎接,并引导至贵宾休息区。对于携带行李的参会者,主动询问是否需要帮助提拿行李,但要注意尊重对方意愿,避免强行服务。

会议引导
服务2

2. 签到引导

引导参会人员进行签到,详细介绍签到流程。若采用电子签到方式,应耐心指导参会人员操作;若为纸质签到,递上签到笔时,笔尖朝向自己,双手递上,必要时协助填写信息。签到完成后,及时为参会者发放会议资料、名牌等物品,并告知其会议大致流程、会场位置及相关注意事项,如卫生间、休息区的方位等。

3. 座位引领

提前熟悉会场座位安排,按名单或事先安排引导来宾入座。对于有指定座位的情况,使用清晰的手势指引方向,边走边介绍座位所在区域,使用"请这边走"等礼貌用语,侧身引导,避免背对来宾,到达座位后,用手势示意并说"请坐",待来宾坐下后再离开;若为自由就座,告知参会者大致的座位分布原则,方便其选择合适位置就座。在引领过程中,注意与参会者保持适当距离,避免过于贴近或疏远。

(三) 会议期间服务礼仪

1. 茶水服务

在会议开始前提前准备好茶具、茶叶、热水等,确保茶具清洁,茶叶充足。在会议进行中,适时为参会人员提供茶水服务。添茶时,动作要轻缓,避免发出噪声,茶水不宜过满,通常七分满即可。从参会人员的右侧递上茶杯,杯把朝向对方右手方向,轻声说"请用茶"。注意观察参会人员的需求,及时续杯,但不要过于频繁,以免打扰会议进程。

2. 应急处理

若会议过程中出现突发状况,如设备故障、人员身体不适等,接待人员应保持冷静,迅速采取行动。对于设备问题,及时联系技术人员进行维修,并向参会人员简要说明情况及预计修复时间;若有人身体不适,立即提供必要的帮助,如联系急救人员、提供急救药品等。同时,向来宾说明情况,安抚情绪,避免恐慌,尽量不引起会场的混乱,维持会议的正常秩序。

(四) 送别礼仪

1. 结束引导

会议结束时,接待人员应在会场出口处等候,引导参会人员有序离场。提醒参会人员携带好个人物品,对于遗忘物品及时归还或妥善保管。对年长者或行动不便者提供特别照顾,如搀扶或安排优先离场。若有贵宾,安排专人陪同至出口或车辆停放处。

2. 送别致谢

在会场出口处向离场的参会人员表达感谢,感谢他们参加会议,使用礼貌用语,如"再见""感谢您的参与"。对于重要嘉宾,可适当与对方握手道别,握手时力度适中,目光注视对方,传达真诚的感谢之情。

知识拓展

我国古代以及与外国人交往的相关礼仪

中国古代的迎接礼仪是中华礼仪文化的重要组成部分,具有丰富的形式和深厚的文化内涵。以下是常见的迎接礼仪及其动作、适用范围与礼义。

1. 拱手礼

(1) 动作:双手合抱,右手握拳在内,左手在外,举至胸前。

(2) 适用范围:常用于日常见面、朋友、同学或同事之间的问候。

(3) 礼义:表示恭敬和礼让。

2. 作揖礼

(1) 动作:双手抱拳,拱起再按下去,同时低头,上身略向前屈。

(2) 适用范围:适用于进门、落座时的主客相互客气、行礼谦让,亦可用于致谢、祝贺、道歉或托人办事。

(3) 礼义:表达敬意和谦虚。

3. 跪拜礼

（1）动作：跪下双膝，两手触地，头触双手，表示深深的敬意。

（2）适用范围：适用于下对上表达敬意的情况，如下官对上官的拜迎、拜送。

（3）礼义：体现虔诚和尊敬。

4. 执手礼

（1）动作：双手平伸并出，晚辈手心向下，长辈手心向上，长辈握住晚辈的手。

（2）适用范围：常见于家庭礼仪，如夫妻之间的礼仪，亦用于师友。

（3）礼义：体现长幼有序、强化情感联结。

5. 鞠躬礼

（1）动作：垂手，躬身，鞠躬幅度可大可小。

（2）适用范围：适用于向长者还礼或日常见面中的谦恭表达。

（3）礼义：表示谦恭和礼让。

6. 宾礼

（1）动作与形式：宾礼主要是对客人的接待之礼，与客人往来的馈赠礼仪有等级差别。例如：士相见时，宾见主人需以雉为赞；下大夫相见，以雁为赞；上大夫相见，以羔为赞。

（2）适用范围：适用于接待宾客的场合。

（3）礼义：体现对客人的尊重和礼遇。

这些礼仪动作和形式不仅体现了中国古代社会的等级制度，也反映了人际关系中对尊重与和谐的重视。

那么，在与外国人交往中如何握手、拥抱或行礼？

（1）握手。西方人通常是在经人介绍与别人相识时才握手，若相识的对方是妇女、年长者、职位高者，则应尊重对方意愿，不主动伸手。宾主之间，主人有向客人先伸手的义务，无论在机场或宾馆接待外宾，不管对方是男是女，主人都应先伸手。

握手要有适当力度，太轻会使人感到冷淡，太重会使人觉得粗鲁。男士与女士握手可轻些，不要握满全手，只握其手指部位即可。握手时男士应脱去手套，女士除遇地位高的人外，可以不脱薄纱手套。握手时切忌站在门口一脚门里，一脚门外。多人同时握手时注意不要交叉，可等别人握完再伸手。

（2）拥抱。拥抱是西方以及一些南美洲国家常见的熟人和朋友间的一种亲密礼节。拥抱的方法是右手扶住对方左后肩，左手扶在对方右后腰，以"左—右—左"交替的方式进行。一般礼节性的拥抱多用于同性别之间。

（3）鞠躬礼。鞠躬礼多用于日本等东方国家，欧美国家较少采用。行鞠躬礼时需脱帽，呈立正姿势，两眼注视对方，行日常问候礼时上身前倾15度，而后恢复原状并致问候。

（4）合十礼。多见于一些南亚、东南亚国家。行礼时，两只手掌在胸前对合并微微上举，同时头微向前俯下。在对外交往中，当对方以这种礼节致礼，我们也应以合

会议礼仪中的坐姿指导

十还礼,但要注意合十的同时不要点头。

(5)其他见面礼节。世界各地的见面礼节繁多且具有鲜明的地域和民族特色,形成了诸多具体礼俗:有西方国家通行的"脱帽礼",有流行于波兰和法国上流社会的"吻手礼",还有非洲国家的"吻脚礼""蛇环礼"等,对这些礼俗应有所了解,可减少一些场合中的误会。

二、茶歇服务

茶歇服务,是指在会议期间为参会者提供的短暂休息和饮品点心服务,旨在缓解疲劳、促进交流。茶歇通常安排在会议中间或特定环节后,时长一般为 10～30 分钟为宜。通过精心布置场地、提供丰富食品饮品和周到人员服务,茶歇服务能为参会者创造舒适的休息环境,提升会议整体体验。

(一)场地布置

1. 位置选择

茶歇区域应设置在距离会议室较近且行走便利的地方,方便参会人员在短时间内往返。理想情况下,可选择会议室相邻的休息厅、宽敞的走廊或专门的茶歇室。若会议在酒店或会议中心举行,可利用其提供的配套休息区域。同时设置清晰的指示牌,方便参会者找到茶歇区。

2. 空间规划

根据参会人数合理规划茶歇区域的大小,确保人员走动顺畅,不会出现拥堵现象。一般来说,每人需要预留 $1～1.5\ m^2$ 的活动空间。同时,要划分出食品饮品摆放区、就餐区和交流区,使功能区域清晰明确,确保场地干净整洁,提前布置桌椅、餐具、垃圾桶等。

3. 环境营造

通过装饰布置营造舒适、温馨的氛围。可摆放绿植增加生机与活力,设置柔和的灯光避免强光刺激,播放舒缓的背景音乐放松心情。对于主题会议,可围绕主题进行特色装饰,如科技会议可使用科技元素的摆件,文化艺术会议可展示相关艺术作品。

(二)食品饮品供应

1. 品类

(1)饮品。提供多样化的饮品选择,包括咖啡(美式、拿铁、卡布奇诺等)、各类茶(绿茶、红茶、乌龙茶、花草茶等)、鲜榨果汁(橙汁、苹果汁、西瓜汁等)、矿泉水以及碳酸饮料等,满足不同参会者的口味偏好,确保温度适宜。

(2)食品。准备丰富的茶点,如糕点(纸杯蛋糕、马卡龙、曲奇饼干等)、水果(选择当季新鲜水果,切成方便食用的小块)、三明治、沙拉、坚果、酸奶等。同时,要考虑到不同饮食需求,根据需求提供素食、低糖、无麸质等特殊食品选项,必要时要求参会人员提供过敏原信息。注意口味搭配和食品安全,避免过于甜腻或油腻。

2. 品质保证

所有食品和饮品必须保证质量安全与新鲜度。采购应选择正规渠道,确保原材料新鲜、无变质。食品制作过程要严格遵循卫生标准,工作人员须穿戴干净的工作服、口罩、手套和帽子。对于易变质的食品,如水果、沙拉等,要控制制作时间,尽量在茶歇前短时间内准备。

3. 标志清晰

在食品和饮品摆放区域,设置清晰的标志牌。标明食品和饮品的名称、口味、主要成分以及是否含有常见过敏原(如坚果、牛奶、鸡蛋等),方便有过敏史或特殊饮食需求的参会者选择。食品饮品摆放整齐美观,方便取用,使用托盘或餐架,避免直接接触桌面。

(三) 人员服务

1. 人员配备

根据茶歇规模和参会人数合理配备服务人员。一般每 10～15 名参会者配备 1 名服务人员,服务人员负责食品饮品的补充、场地清理、为参会者提供帮助等工作。服务人员应具备良好的服务意识、沟通能力和专业素养,使用"您好""请"等礼貌用语,保持微笑,提供热情周到的服务。

2. 服务流程

(1) 迎接服务。在茶歇开始时,服务人员应热情迎接参会者,引导他们进入茶歇区域,并简单介绍食品饮品的摆放位置。

(2) 食品饮品服务。主动为参会者介绍食品和饮品的种类、特色,及时送上餐具、纸巾等物品。当参会者有特殊需求时,如需要额外的饮品、特殊食品等,服务人员应迅速响应并尽量满足。

(3) 场地清理。在茶歇过程中,及时清理桌面垃圾,保持场地整洁卫生。每隔 15～20 分钟对桌面进行一次清理,确保新到的参会者有干净的就餐环境。

(4) 结束服务。茶歇结束前 5 分钟,提醒参会者注意时间。茶歇结束后,迅速清理场地,收拾剩余食品饮品,将桌椅等物品归位,为后续会议环节做好准备。

实例 7-1

具有参考价值的茶歇案例

一、杭州洲际酒店的会议茶歇

杭州洲际酒店在举办大型国际会议时,会根据会议主题定制茶歇内容。除了传统的西式点心,还会加入中国元素,如虾饺、烧卖、江浙地区的特色糕点定胜糕、麻球等。这种结合中西文化的茶歇不仅满足了与会者的味蕾需求,还让外国客人感受到浓郁的东方文化美味。

二、杭州 JW 万豪酒店的创意茶歇

杭州 JW 万豪酒店的饼房大厨拥有丰富的国际甜品制作经验。酒店会根据会议主题、时令特点和环境特色,为会议公司创作主题茶歇。例如,为阿里巴巴、玛莎拉蒂、保时捷等公司私人定制特制茶歇,将茶歇出品与公司文化相融合,为宾客打造非凡的茶歇体验。

三、杭州新侨饭店的"荷·下午茶"

新侨饭店的"荷·下午茶"以薄荷和荷花为主题,所有茶点都围绕这两种元素展开。薄荷遇上荷花,清新的绿、淡雅的粉、沁人的香、灵动的心,成就了一席独特而味蕾丰富的茶歇。无论是原料还是造型,都体现了西湖的韵味。这种独特的茶歇设计不仅满足了与会者的味觉享受,还为会议增添了文化氛围。

知识拓展

茶歇的演变

茶歇作为一种休息和交流的方式,其演变历程体现了不同文化背景下的融合与发展。以下是茶歇演变的主要历程。

一、起源与早期发展

(1)中国起源。茶歇最早起源于中国。在中国古代,饮茶文化源远流长,茶不仅是日常饮品,还融入了丰富的文化内涵。早在唐朝时期,茶点就已出现,人们会在特定时间享用茶水和点心,以缓解疲劳。随着时间的推移,茶歇逐渐从茶道文化中演化到社会活动中,成为一种社交礼仪。

(2)欧洲引入。17世纪早期,茶叶通过传教士和航海者传入欧洲,最初只是作为稀罕的东方珍品供贵族享用。1662年,葡萄牙公主凯瑟琳与英国国王查理二世联姻,她带来的中国茶和茶具引发了英国贵族对饮茶的热爱,饮茶逐渐成为英国上流社会的时尚。

二、工业化时期的演变

(1)英国工业革命。19世纪的英国工业革命期间,茶歇开始进入工厂。工人们在工作间隙会聚集在一起,享受茶水和小吃,这不仅为他们提供了补充能量的机会,还促进了工人之间的交流和分享。这种工间茶歇逐渐演变成一种企业的非制度福利,被称为"Tea Break",而官方制度化的形成茶歇在20世纪才完成。

(2)美国的"Break"概念。"Break",即"工间休息"的概念,被一些研究者认为能有效缓解工作压力。这一理念也影响了茶歇的传播和发展。

三、现代茶歇的多样化

(1)中式与西式融合。现代茶歇既有中式风格,也有西式风格。中式茶歇通常包括各种糕点、饼干、水果、茶等;西式茶歇则可能包括咖啡、果汁、甜品等。这种融合体现了不同文化之间的交流与融合。

(2)在社交与商务活动中的应用。如今,茶歇已成为现代社交活动和商务会议中不可或缺的一部分。它不仅为参与者提供了放松的机会,还促进了人际交流和沟通。在一些高端会议中,茶歇的安排也更加精致,成为展示主办方实力和品位的重要环节。

三、影像服务

影像服务，是指在会议活动全程，运用专业的摄像、摄影设备及相关技术，对会议内容进行全面、精准地记录，并在后续对所采集的影像素材开展针对性编辑、制作等一系列服务工作的统称。这些影像成果不仅能为会议留存完整且生动的记录，方便参会者回顾会议内容、加深记忆，还能为会议主办方用于宣传推广、经验总结，以及为后续类似会议的策划提供参考依据，助力会议品牌形象的塑造与传播，在会议全流程中发挥着不可替代的记录与传播作用。

（一）会议摄影服务

会议摄影服务，指的是对会议的各个关键节点与重要场景进行精准的静态视觉记录，力求通过高质量的照片，生动呈现会议的核心内容、现场氛围以及参会人员的精神风貌，为会议留存可供深度回顾与分析的珍贵影像资料，同时也为会议宣传提供优质素材。

1. 拍摄内容

（1）嘉宾、领导进场。捕捉嘉宾与领导步入会场的瞬间，记录他们的神态、步伐以及现场的欢迎氛围。从正面、侧面等多角度拍摄，展现其入场的风采，同时注意拍摄周围工作人员引导、礼仪人员迎接的画面，全面呈现入场环节的重要场景。

（2）大场景、背景板。运用广角镜头拍摄会议场地的全景，展示会场的整体布局、参会人员的分布以及背景板上的会议主题、标志等关键信息。大场景照片能体现会议的规模与氛围，背景板则突出会议的核心主题，为会议留下直观的整体印象。

（3）签到处。拍摄参会人员在签到处签到的场景，包括他们专注签到的表情、工作人员协助签到的画面以及签到处的布置细节，如签到簿、名牌等。这部分内容记录了会议参与人员的到达情况，也是会议开始前的重要环节体现。

（4）重要嘉宾。对重要嘉宾进行特写拍摄，捕捉他们在会议中的专注神情、交流互动的瞬间。例如，在嘉宾交谈、聆听演讲或参与讨论时，拍摄他们富有表现力的面部表情与肢体语言，突出重要嘉宾在会议中的关键地位与参与状态。若嘉宾的桌上放有名牌，应将名牌也纳入画面，拍摄完整。

（5）台上发言人。拍摄台上发言人演讲的画面，展现其演讲时的姿态、表情以及与台下观众的互动。通过不同景别，如用中景展示发言人整体形象与肢体动作，用特写突出其面部表情与眼神交流，记录发言人传递重要信息的过程。

（6）观众。拍摄台下观众的反应，包括专注聆听的神情、鼓掌的瞬间、做笔记的场景等。通过捕捉观众的状态，反映会议内容对参会者的吸引力与影响力，展现会议现场的互动氛围。

（7）互动环节。在互动环节，如小组讨论、问答环节等，抓拍参会者积极参与的场景。拍摄不同小组讨论时的热烈氛围、提问者与回答者的互动画面，展现会议中思想碰撞与交流的活力。

（8）组委会工作的场景。记录组委会工作人员在会议现场忙碌的身影，如引导人员就座、调试设备、处理突发问题等场景，体现组委会为保障会议顺利进行所付出的努力，展现会议背后的组织协调工作。

（9）茶歇。拍摄茶歇区域的布置、丰富的茶点以及参会者在茶歇期间交流互动的场景。通过茶歇照片，展现会议期间轻松的氛围，以及参会者借此机会进一步沟通交流的画面。

（10）散场。拍摄参会者有序离场的场景，记录会议结束时的整体画面。可拍摄领导、嘉宾离场的画面，以及工作人员清理场地的场景，为会议的完整流程画上句号。

2. 技术要求

（1）设备操作。熟练掌握相机的各项功能，根据不同拍摄场景灵活调整参数。在光线较暗的室内环境，适当提高感光度，但要注意控制噪点；拍摄动态画面，如嘉宾入场、互动环节时，合理设置快门速度，确保画面清晰不模糊。熟练运用不同焦段的镜头，广角镜头用于大场景拍摄，长焦镜头捕捉特写画面。

（2）光线运用。善于利用现场光线，无论是自然光还是人工照明。在有自然光的场地，选择合适的拍摄时间与角度，让光线为拍摄对象增添立体感与层次感。对于室内人工照明，注意避免光线过强或过暗导致的过曝或进光量不足问题，必要时可使用闪光灯作为辅助光源，但要注意避免产生反光或阴影影响画面效果。

（3）构图技巧。运用多种构图法则，如中心构图突出主体，适合拍摄台上发言人；三分法构图可以营造画面平衡感，常用于拍摄大场景、观众等画面；框架式构图利用现场的门框、窗户等元素，增强画面的纵深感与趣味性，也可用于拍摄特定场景下的人物或物体。通过合理构图，可以使照片更具视觉吸引力与表现力。

3. 后期处理

（1）素材筛选。拍摄结束后，对大量照片进行筛选，删除模糊不清、构图严重失误或内容重复的照片，挑选出能够准确反映会议各个环节关键信息、氛围以及精彩瞬间的优质照片。按照拍摄内容的不同类别，如嘉宾、场景、互动等，对筛选后的照片进行分类整理，方便后续编辑。

（2）基础调整。使用专业图像处理软件，对筛选出的照片进行基础调整：① 调整照片的色彩平衡，使画面色彩更加自然；② 优化对比度，增强画面的层次感与清晰度；③ 调整亮度，确保照片整体亮度适宜，无过亮或过暗区域。通过这些基础调整，可以提升照片的整体视觉效果。

（3）细节优化。对照片进行细节优化处理，去除画面中的瑕疵，如杂物、眩光、红眼等。对于主体人物，可适当进行美颜处理，但要保持自然质感，避免过度修饰。同时，根据需要对照片进行裁剪，调整画面的构图，突出主体内容，使照片更加完美。

（4）添加元素。根据会议主办方的要求，为照片添加相关元素。如在照片角落添加会议标志、水印，既起到宣传作用，又能保护照片版权。对于用于特定宣传用途的照片，可添加文字说明，突出会议的关键信息或亮点内容。

知识拓展

正式场合拍摄人像的技巧

在正式场合拍摄人像，需要运用专业技巧，确保照片质量。以下是一些关键技巧：

一、设备选择

(1) 相机。使用全画幅或中画幅相机,确保高画质和细节表现。

(2) 镜头。选择 85 mm 或 135 mm 定焦镜头,获得自然透视或良好的虚化效果。

(3) 灯光。使用柔光箱、反光板等控光设备,确保光线均匀柔和。

二、拍摄技巧

(1) 构图。使用三分法或黄金分割构图,突出主体,避免画面呆板。

(2) 景深控制。使用大光圈(如 f/2.8~f/1.4)缩小景深范围,突出人物,虚化背景。

(3) 光线运用。使用侧光或前侧光,增强人物立体感,避免正面光导致的平面感。

(4) 白平衡。根据环境光线设置白平衡,确保色彩准确。

(5) 曝光控制。使用手动模式,根据光线调整光圈、快门速度和感光度(ISO),确保曝光准确。

三、人物引导

(1) 姿势调整。指导人物调整姿势,避免僵硬,保持自然。

(2) 表情捕捉。与人物交流,捕捉自然表情,避免刻意摆拍。

(3) 眼神交流。确保人物眼神自然,避免游离或过度直视镜头。

四、后期处理

(1) RAW 格式处理。使用 RAW 格式拍摄,便于后期调整曝光、白平衡等参数。

(2) 皮肤修饰。使用频率分离等技术,修饰皮肤瑕疵,保持质感。

(3) 色彩调整。调整色彩平衡、饱和度和对比度,提升画面效果。

(4) 锐化与降噪。适度锐化,增强细节,同时进行降噪处理,保持画面干净。

(二) 会议摄像服务

会议摄像服务,是指借助专业设备与技术,对会议全程关键环节、重要场景及互动交流进行动态连贯记录。以流畅影像全方位呈现会议核心内容、现场氛围与参会者风貌。

1. 拍摄内容

(1) 全程连贯记录。会议摄像需对会议从开场到结束进行全程不间断的拍摄。从会议开场时主持人热情洋溢的开场致辞,到会议过程中各个环节的依次推进,如嘉宾演讲、小组讨论、成果展示等,再到会议结尾的总结发言与闭幕仪式,都要完整地记录下来,展现会议的全貌与发展脉络。

(2) 开场环节。着重拍摄会议开场的重要场景,如领导、嘉宾入场就座的过程,捕捉他们的行动轨迹、相互交流的瞬间以及现场的热烈氛围。同时,拍摄主持人开场介绍会议背景、目的、议程以及到场重要嘉宾的画面,为会议的正式开始做好铺垫。

(3) 演讲环节。对台上发言人的演讲进行多角度拍摄。运用中景镜头展示发言人的整体形象、肢体语言以及与台下观众的互动;通过特写镜头捕捉发言人的面部表情、眼神变化以及对关键内容的强调动作,如手势、指向屏幕等,完整记录发言人传递信息的过程。

（4）小组讨论。在小组讨论环节，拍摄不同小组围坐讨论的场景，展现参会者积极发言、热烈讨论的氛围。捕捉小组成员之间的互动细节，如眼神交流、点头认同、记录观点等画面，体现会议中思想碰撞与交流的活力。

（5）成果展示。当会会议涉及成果展示环节，如新产品发布、项目成果汇报等，要对展示内容进行清晰拍摄。拍摄展示者操作演示设备、讲解成果亮点的画面，以及展示品的细节特写，确保观众能够通过视频清晰了解展示内容。

（6）互动环节。在问答、投票等互动环节，拍摄视频记录提问者积极提问的神态、提问内容，以及回答者的回应过程。对于投票环节，记录投票的操作过程、计票情况以及最终结果公布时的现场反应，展现会议的互动性与参与度。

（7）观众反应。持续关注台下观众的反应，拍摄观众专注聆听、认真做笔记、鼓掌喝彩、交头接耳等不同状态的画面。通过观众的反应，侧面反映会议内容的吸引力与影响力，以及会议现场的整体氛围。

（8）特殊环节。若会议中有签约仪式、颁奖仪式等特殊环节，要对仪式的全过程进行重点拍摄。从双方签约代表签字、交换文本，到颁奖嘉宾为获奖者颁奖、合影留念等关键瞬间，都要精准捕捉，展现这些环节的庄重与重要性。

（9）会议周边。除了会议核心内容，还应拍摄会议周边的相关场景，如会议场地的布置、设备设施的运行情况、工作人员忙碌的身影等。这些画面能为会议视频增添丰富性，展示会议背后的组织保障工作。

（10）花絮瞬间。除了拍摄会议的正式环节，还应捕捉一些轻松有趣的花絮瞬间，如参会者在茶歇时的交流、拍照留念等场景，展现会议的人文关怀与轻松氛围，使视频内容更加生动多元。

2. 技术要求

（1）设备操作与稳定。熟练掌握专业摄像设备的操作，包括高清摄像机、稳定器、三脚架等。在拍摄过程中，根据不同场景和需求，灵活调整摄像机的参数，如光圈、快门速度、感光度等，以确保画面的清晰度、色彩还原度和曝光准确性。使用稳定器和三脚架，保证拍摄画面的稳定性，避免因晃动造成画面模糊，影响观看体验。

（2）镜头运用。综合运用多种镜头语言来丰富画面效果：① 运用全景镜头展示会议场地的整体布局、参会人员的整体状态以及会议的规模；② 中景镜头用于拍摄人物之间的互动、小组讨论的场景等；③ 特写镜头用于突出关键人物、重要物品或细节，如发言人的面部表情、展示品的细节等。合理运用推、拉、摇、移、跟等镜头运动技巧，使画面更具动态感和连贯性，引导观众的注意力。

（3）多机位协作。对于规模较大或重要性较高的会议，常采用多机位协同拍摄的方式。不同机位负责拍摄不同区域或角度，如一个机位专门拍摄演讲台，一个机位拍摄观众反应，一个机位拍摄全景，使用摇臂或轨道拍摄动态画面。摄像师之间通过无线通信设备保持实时沟通，确保各机位拍摄的画面在时间、内容上相互配合，无缝衔接，为后期剪辑提供多样化的素材选择，丰富视频的表现形式。

（4）音频清晰。① 使用专业麦克风，确保录音清晰，避免杂音；② 使用领夹麦克风、枪式麦克风等设备调整音频，确保音量适中。

3. 素材整理与筛选

（1）拍摄结束后,对大量的视频素材进行系统整理。按照会议的时间顺序和不同环节,对素材进行分类标注,如开场、演讲、讨论、互动等。筛选出拍摄效果良好、能够准确反映会议内容和关键瞬间的素材,删除拍摄失误、画面模糊、内容重复或与会议主题无关的片段,为后续剪辑工作奠定基础。

（2）剪辑与拼接。使用专业视频编辑软件,根据会议的逻辑和流程,对筛选后的素材进行精心剪辑与拼接。合理安排各片段的顺序,使视频内容过渡自然、流畅。在剪辑过程中,运用转场效果增强视频的连贯性和观赏性。同时,根据需要调整视频的播放速度,突出重点内容或营造特定氛围。

（3）画面优化。对剪辑后的视频进行画面优化处理:① 调整视频的色彩平衡、对比度、亮度、饱和度等参数,使画面色彩更加真实、自然,增强画面的层次感和清晰度;② 去除画面中的噪点、瑕疵,对画面进行适当的锐化处理,提升视频的整体质量。

（4）声音处理。会议视频的声音质量同样重要。对视频中的声音进行降噪处理,去除环境噪声、电流声等干扰因素,确保声音清晰、纯净。调整音频的音量大小,使不同部分的声音,如主持人声音、发言人声音、观众声音等,保持合适的音量平衡。对于重要的讲解内容,可添加字幕,方便观众理解,尤其是在存在口音、语言差异或现场声音嘈杂的情况下。

（5）添加元素。根据会议主办方的要求,以及视频的使用场景及发布平台,为视频添加相关元素。在视频中添加会议标志、标题、时间轴等信息,突出会议的主题和相关信息。可根据会议的氛围和风格,选择合适的背景音乐,增强视频的感染力和吸引力。对于一些需要强调的内容,如重要观点、数据等,可添加动画特效、标注等元素,吸引观众的注意力。

知识拓展

视频剪辑的技巧

一、剪辑节奏把控

（一）节奏点抓取

在视频剪辑中,精准抓取节奏点是塑造视频韵律的关键。节奏点通常隐匿于情节的起伏、动作的起止以及情绪的转变之处。例如在一段舞蹈视频里,舞者动作的发力起始点、姿态转换瞬间,或是音乐节奏的重拍、鼓点等,都可视为节奏点。通过在这些节奏点上进行剪辑操作,如切换镜头、调整画面时长,能使视频的节奏与内容紧密契合,增强视觉冲击力与节奏感。

（二）速率调控

运用变速剪辑技术,根据视频内容的重点与情感表达需求,灵活调整片段播放速率。对于需要着重展现的关键细节,如体育赛事中的精彩进球瞬间、魔术表演中的关键手法,可降低速率,延长画面停留时间,让观众充分领略其中精妙;而对于过渡性、铺垫性内容,像风景视频中用于转场的云卷云舒画面,可加快播放速率,快速带过,避免拖沓,引导观众注意力聚焦关键内容,优化观看体验。

二、转场技巧运用

（一）硬切运用

硬切作为最为基础且常用的转场手段，即两个镜头之间的直接无缝切换。这种转场方式简洁明快，适用于节奏紧凑、逻辑关联紧密的场景转换。例如，在动作片里，从主角的一个攻击动作直接切换到对手的防御动作，能保持情节的连贯性与紧张感，让观众迅速跟上剧情节奏，营造出干脆利落的视觉感受。

（二）淡入淡出操作

淡入淡出常用于场景过渡，具有柔和、舒缓的效果。在故事片的场景转换中，上一个场景的画面逐渐暗去（淡出），下一个场景的画面由暗渐明（淡入），例如从室内温馨的晚餐场景淡入室外夜晚的街道场景，可使不同场景间的衔接自然流畅，给予观众视觉上的缓冲，使其更好地适应场景变化，避免突兀感。

（三）特效转场选择

特效转场，如旋转切换、百叶窗效果、闪白闪黑等，能为视频增添独特的视觉效果与趣味性。但运用时需谨慎考量视频风格与氛围。想增强科技感，可以使用旋转切换特效，强化时空扭曲的动态感与科技感；而要增加文学艺术元素，应避免过度使用复杂特效转场，以免破坏影片的艺术氛围与叙事节奏，分散对内容的注意力。

三、素材组接策略

（一）匹配剪辑

匹配剪辑要求前后镜头在动作、形状、颜色等方面具备相似性或关联性，以此实现画面的自然过渡。比如在一段运动视频中，前一个镜头是运动员投篮出手的动作，下一个镜头切换到篮球空心入网的画面，通过动作的连贯性匹配，使两个镜头的衔接流畅自然，增强视频的逻辑性与连贯性，让观众的视觉感受更为顺滑。

（二）轴线原则

在拍摄时，摄像师遵循轴线原则，确保同一动作或场景在不同镜头中的方向一致。剪辑过程中同样要严格恪守轴线原则，防止画面中人物或物体的运动方向出现混乱。以对话场景为例，若一个镜头中人物 A 在画面左侧面向右侧的人物 B 说话，后续组接的镜头中，人物 A 的朝向与说话方向应保持从左向右，否则会使观众产生方向感错乱，干扰对视频内容的理解。

（三）镜头组接逻辑

依据视频的情节发展与内容逻辑进行镜头组接。一般按照起承转合的结构排列素材，先通过全景镜头交代故事发生的环境与背景，再运用中景、近景展现人物动作与情感交流，最后以特写镜头突出关键细节。同时，要合理搭配镜头景别，避免连续使用过多相同景别的镜头，通过全景、中景、特写的有机结合，丰富画面层次，提升视频的观赏性与表现力。

四、声音剪辑要点

（一）音频淡入淡出处理

与画面转场相似，音频也可采用淡入淡出技巧。在视频场景切换时，如从一段激昂的音乐过渡到轻柔的背景音乐,通过音频淡入淡出,使前一段音频逐渐减弱,后一段音频逐渐增强,避免声音的突然切换给观众带来不适感,保证音频的连贯性与流畅性,让声音与画面的融合更为自然。

（二）声音同步校准

确保视频中的声音与画面完全同步是声音剪辑的关键。在剪辑过程中,须仔细检查每个镜头的声音与画面匹配情况,尤其是人物对话、动作音效等场景。例如,当演员做出开门动作时,相应的开门音效应与之同步出现,若出现声音与画面不同步的情况,需精确调整音频的时间轴,使声音与画面完美契合,增强视频的真实感与可信度。

（三）音频降噪与均衡调节

运用专业音频处理工具,对视频中的音频进行降噪处理,去除环境噪声、电流声、杂音等干扰因素,确保声音清晰纯净。同时,借助均衡器调整音频的频率分布,使不同类型的声音,如背景音乐、人物对话、环境音效等,保持合适的音量平衡,突出主要声音内容,提升音频质量,让观众能够清晰地接收视频中的每一个重要声音信息。

任务二　会议生活服务

 **任务说明**

本任务通过讲解会议住宿服务的具体流程与注意事项、餐饮服务的安排及保障措施、交通服务的工作要点,使学生掌握会议生活服务的全面知识,确保在会议期间为参会者提供高效、便捷的住宿、餐饮和交通服务。通过本任务的学习,应该能够回答如下这些问题:如何筛选会议合作酒店？与会者入住期间应提供哪些服务？与会者退房时应有哪些服务和跟进？会议的不同餐饮形式的应用场景分别是什么？餐饮服务的工作程序是什么？交通服务方案应如何制定？

任务实施

在会议运营的全过程中,生活服务是提升参会者满意度与体验感的重要环节。无论是住宿安排、餐饮服务,还是交通指引,细致入微的生活服务都能为参会者营造舒适、便捷的环境,从而让他们更专注于会议内容。本节将围绕会议期间的生活服务展开,详细探讨如何通过科学规划与人性化设计,满足参会者的多样化需求,为会议的成功举办提供有力支持。

一、住宿服务

会议住宿服务是会议运营中不可或缺的一环,从前期精心筹备到入住期间的贴心服务,再到退房后的跟进反馈,每一个环节都对会议的成功举办起着重要作用。只有注重细节,为参会者提供优质、舒适、便捷的住宿体验,才能提升会议的整体质量与满意度,助力会议目标的顺利实现。

(一) 前期筹备

1. 调研与筛选合作酒店

(1) 地理位置考量。会议主办方须优先寻找距离会议场地较近的酒店,以减少参会者往返路程耗时。最好将住宿和会议场地安排在同一个酒店,若无法实现,酒店与会议场地的通勤时间应控制在 30 分钟以内,做到可通过公共交通直达或由会议主办方提供专门的接驳服务。

(2) 酒店设施评估。对酒店的硬件设施进行全面评估:① 客房方面,要确保房间数量能满足参会人数需求,房型丰富多样,包括单人间、双人间、套房等,以适应不同参会者的住宿偏好。② 房间内的床品须舒适整洁,卫生间设施齐全且运行良好。③ 酒店公共区域,如大堂、餐厅、会议室等,应宽敞明亮、环境宜人。④ 酒店还应配备停车场、健身房、商务中心、洗衣房等附属设施,满足参会者多样化需求。

(3) 服务质量考察。通过网络平台的用户评价、实地考察以及向曾合作过的客户咨询等方式,了解酒店的服务质量。重点关注酒店前台接待的热情度与专业度、客房服务的响应速度与细致程度、餐饮服务的品质与口味等方面。

(4) 价格谈判。与筛选出的酒店进行价格谈判,争取最优惠的会议协议价格。价格应包含房费、早餐费用,以及可能涉及的会议期间的餐饮、场地租赁等费用。同时,明确价格的适用时间范围、付款方式与退款政策等关键条款。例如,争取在会议前一定时间内可免费取消部分预订房间,以应对参会人数的变动。

2. 确定住宿方案

(1) 房型分配规划。① 在会议筹备初期,通过报名系统或邮件沟通,收集参会者的住宿需求信息,包括入住时间、离店时间、房型偏好(如大床房、双床房)、特殊需求(如无障碍房间、家庭房、婴儿床等)以及预算范围。② 根据前期收集的信息,合理规划房型分配。对于重要嘉宾、演讲者,可安排套房或行政楼层房间,提供更优质的住宿体验;普通参会者则根据人数和性别安排标准间或单人间。③ 提前与酒店沟通,确保房间的布局和设施符合不同房型的需求。④ 方案确定后,向参会者发送住宿确认信息,包括酒店地址、联系方式、入住须知、交通指引等,确保他们提前了解相关安排。

(2) 特殊需求应对预案。考虑到部分参会者可能有特殊需求,如无障碍设施需求、宗教饮食禁忌等,制定相应的应对预案。在预订酒店时,明确告知酒店这些特殊需求,确保酒店能够提供相应的服务与设施。同时,在预订流程中设置特殊需求备注栏,方便参会者填写相关信息,以便主办方提前做好安排。

(二) 入住期间服务

1. 接待与引导

(1) 快速入住。与酒店协商开设会议专属接待通道,简化入住流程,减少参会者的排队时间。协助解答参会者关于会议安排、酒店设施使用等方面的疑问,确保入住流程高效、顺畅。为重要嘉宾提供个性化欢迎服务,如欢迎信、水果篮或小礼品,提升他们的满意度。

(2) 引导服务。在酒店大堂设置明显的引导标志,指引参会者前往电梯、客房、餐厅、会议场地等区域。安排志愿者或工作人员在关键位置进行引导,尤其是对于不熟悉酒店环境的参会者,提供详细的路线指引与帮助,确保他们能够快速找到目的地。

2. 问题解决与沟通

与酒店保持密切沟通,及时反馈参会者的意见与建议,协调酒店改进服务。如遇房间设备故障、卫生问题等突发情况,迅速与酒店协调解决,必要时为参会者更换房间或提供补偿。

(三) 退房协助及后续跟进

与酒店协商提供快速退房服务,对于无额外消费或已提前结清费用的参会者,可直接办理退房手续,无须等待查房。为晚班机或需要延迟退房的参会者提供灵活的退房时间安排。为退房后仍需参加会议或活动的参会者提供行李寄存服务,确保他们的行程更加顺畅。

在参会者退房时,通过线上问卷、纸质问卷或面对面交谈等方式,开展住宿服务满意度调查。问卷内容涵盖酒店房间设施、服务质量、餐饮口味、地理位置便利性等方面,收集参会者对住宿服务的真实评价与意见。

对收集到的意见和建议进行整理、分析与总结,形成详细的反馈报告。将报告反馈给酒店,与酒店寻求改进措施,为后续类似会议的住宿服务提供参考。同时,主办方自身也应反思在住宿安排过程中的不足之处,不断优化住宿服务方案,提升会议运营水平。

实例7-2

天津市北辰区洲际酒店——高效应对,彰显专业服务

在2024年中国国际服务贸易交易会(服贸会)期间,北京北辰洲际酒店肩负起接待来自15个国家近400人的重任,涵盖住宿、餐饮、会议及高规格会见等服务。酒店运营团队主动出击,提前联系老客户获取需求,挖掘新客户资源。期间,临时接到格鲁吉亚代表团4场紧急高规格会见需求,面对会场已满的状况,团队紧急协调,复盘活动时间,提供两个解决方案。服务团队高效布置、快速翻台,实现2小时内4场会见无缝衔接,赢得了代表团赞赏。针对外籍客人多的情况,酒店在房间布置与欢迎礼遇中融入天坛造型、京剧脸谱等中国元素,洗衣房也以完善流程满足大量客衣洗熨需求,即便凌晨加急任务也能妥善处理,展现出全方位的专业服务能力。

知识拓展

不同类型酒店住宿条件对比

(1) 精品酒店。规模通常较小,像杭州M小院精品酒店仅有20间客房。但房间布置极为精致,融合独特设计风格,如江南水乡风情与现代简约设计的结合。每间房配备智能设备,在满足参会者工作需求的同时,兼顾休闲体验,营造出温馨且具品质的居住环境。

(2)经济型酒店。以成都 J 经济型酒店为例,房间注重实用性,虽简约但干净整洁,床铺舒适,具备基本的住宿设施,满足客人的基础住宿需求,不过在设施的豪华程度与个性化设计上相对薄弱。

(3)民宿。规模不一,比如厦门 H 民宿由多栋别墅改造而成,拥有 25 间各具特色的客房。房间设计常融入当地文化元素,如闽南风格建筑特色,部分房间还能提供独特景观,如海景房,为客人带来别具一格的住宿感受。

(4)豪华型酒店。规模较大,客房数量众多,像北京的 E 酒店拥有超 200 间客房。房间装修奢华,采用高端材质,配备顶级设施,如智能马桶、高端按摩浴缸、定制床品等,为客人提供极致舒适与尊贵体验。

(5)商务型酒店。规模适中,房间以商务功能为主导。以上海的 S 皇家艾美酒店为例,房间配备宽敞办公桌、高速网络接口、多功能电源插座、专业办公椅等,方便商务人士办公,同时具备舒适的睡眠与休闲区域。

(6)度假型酒店。规模可大可小,以三亚的 A 酒店为例,拥有千余间客房。房间设计注重营造度假氛围,多采用明亮色彩与自然元素装饰,部分房间配备私人阳台、泳池等,部分酒店还设有亲子主题房,满足家庭度假需求。

(7)主题型酒店。规模不定,如上海的 D 乐园酒店,以迪士尼主题为核心打造客房。房间内充满迪士尼卡通元素,从床品、装饰画到洗漱用品,都与主题紧密结合,为客人带来沉浸式主题体验。

二、餐饮服务

会议的餐饮服务不仅为参会者提供能量补给,更是社交互动和放松身心的关键环节。优质的餐饮服务能够提升参会者的整体体验,增强会议的满意度与专业性。

(一)餐饮形式

会议的餐饮形式,根据特点、适用场景以及菜品和服务的区别,分为正式宴会、便宴、招待会、工作餐四种类型。

1. 正式宴会

(1)特点。正式宴会是会议餐饮中最为隆重的形式,具有严格的礼仪规范与流程。正式宴会的场地布置精美,常采用高档的桌布、餐具,搭配华丽的灯光与鲜花装饰,营造出庄重、典雅的氛围。用餐过程一般会遵循特定顺序,每道菜的上菜时间与方式都有讲究。服务人员经过专业培训,服务周到细致,注重细节与礼仪。采用固定座位形式,通常根据参会者身份安排主桌、嘉宾桌等,体现礼仪与尊贵感。在宴会过程中,还可能安排致辞或者表演环节。

(2)适用场景。正式宴会适用于重要的商务会议、国际交流会议、高端学术会议的闭幕晚宴等场合,强调仪式感与社交功能。这类会议通常有重要嘉宾、政要、企业高层等出席,正式宴会能够体现主办方对会议的重视以及对宾客的尊重,为会议增添庄重氛围,促进高层次的交流与合作。

(3)菜品与服务。正式宴会菜品丰富多样,注重品质与口感。一般包含多种冷盘、热菜,热菜常选用高档食材,烹饪方式精湛,菜品造型美观,搭配优质酒水饮品。服务方面,服务人员要全程关注宾客需求,及时响应,提供个性化服务。

2. 便宴

(1)特点。便宴相较于正式宴会,形式更为轻松、灵活,礼仪规范相对简化。场地布置简洁大方,以舒适、实用为主,不追求过度奢华。用餐流程没有严格的顺序限制,宾客可以更加自由地交流互动。服务人员的服务也更侧重于满足宾客的基本需求,营造轻松愉快的用餐氛围。座位安排满足基本习俗规范即可,可安排背景音乐或简单的互动环节,以便活跃现场气氛。

(2)适用场景。便宴适合小型商务会议、企业内部会议,或者大型会议的日常晚餐等场合。这些会议的参与人员关系相对熟悉,便宴能够让大家在轻松的氛围中交流工作、分享经验、增进感情。

(3)菜品与服务。便宴菜品以当地特色菜肴、家常菜为主,注重口味与实用性。菜品数量适中,避免过于繁杂,既能满足宾客的饮食需求,又不会造成浪费。饮品方面,提供常见的酒水、饮料等,供宾客自由选择。服务人员及时为宾客添水、上菜,保持餐桌整洁,在宾客需要时提供帮助,但不过多打扰宾客交流。

3. 招待会

(1)特点。招待会是一种较为灵活的餐饮形式,以站立式用餐为主,不设固定座位。场地空间开阔,便于宾客自由走动、交流。食品和饮品放置在自助餐台上,供宾客自行选取。通过轻音乐、灯光设计等营造轻松愉悦的氛围。招待会中可安排简短的致辞或表演。招待会的时间安排较为灵活,可根据会议进程进行调整,通常持续时间较短,一般在1~2小时。

(2)适用场景。招待会通常用于会议的开闭幕式、欢迎酒会或社交活动,以轻松的氛围促进参会者之间的交流。招待会比较适合规模较大、参会者背景多样的会议。

(3)菜品与服务。招待会的菜品以精致的小食、点心、冷盘为主,方便宾客手持食用,如迷你三明治、寿司、糕点、水果等。饮品提供咖啡、茶、果汁、香槟、鸡尾酒等多种选择。自助餐台的布置应当美观大方,食品摆放有序,方便宾客拿取。服务人员在现场及时补充食品和饮品,清理垃圾,确保场地整洁。

4. 工作餐

(1)特点。工作餐强调便捷、高效,以满足参会者在会议期间快速用餐、节省时间的需求。场地一般选择在会议室附近,方便参会者往返。工作餐的价格相对较为亲民,注重性价比。

(2)适用场景。工作餐广泛应用于日程紧凑、以内容为主的会议。如在大型学术研讨会、多场次的商务培训会议等会议中,参会者需要在短时间内用餐并返回会议,工作餐能够有效节省时间,保证会议的连续性。

（3）菜品与服务。工作餐提供简餐或快餐，注重营养搭配与快速供应，避免因排队或等待影响会议日程。合理安排用餐时间，通常控制在 1 小时以内，确保会议进程不受影响。同时，应提供充足的餐具、纸巾等用品，确保用餐过程顺利。

（二）就餐形式

1. 围餐式

（1）围餐式，是指参会者按照固定座位就座，由服务人员按顺序上菜的一种就餐形式。通常采用圆桌或长桌形式，强调仪式感与社交互动。用餐过程中由专业服务人员提供全程服务，体现高规格的接待水平。

（2）适用场景。围餐式一般适用于正式宴会和便宴，体现对参会者的尊重与重视。

2. 自助餐

（1）自助餐，是指参会者根据个人喜好自由选择餐品的一种就餐形式。通常设置多个取餐区，参会者可自行取餐后返回座位用餐，减少等待上菜的时间，充分满足了不同参会者的个性化饮食需求，以其高度的自主性和灵活性受到众多会议的青睐。这种方式的就餐环境相对开放、自由，参会者可以边用餐边自由走动、交流，营造出轻松、活跃的氛围。

（2）适用场景。一般适用于招待会和工作餐，以便于参会者在用餐过程中保持灵活的互动和交流，或者提高用餐效率。在实际会务工作中，应根据会议目标、参会者需求及预算情况灵活选择就餐形式，并注重细节管理与服务质量，以确保会议的成功举办。

（三）餐饮服务的工作程序

1. 制定工作方案

根据会议的性质、规模、日程安排及参会者背景，确定餐饮服务的总体需求，包括就餐形式（如围餐式、自助餐）、用餐次数（如午餐、晚餐）及特殊需求（如茶歇、酒会）。与会议策划团队沟通，明确餐饮服务的预算、目标及重点。

制定详细的餐饮服务明细与时间表，包括获取预定的餐厅信息、统计人数、确定菜谱、制作就餐凭证等环节与对应的时间节点，确保各项工作有序推进。

2. 预定餐厅

根据会议地点、参会者人数及预算，筛选合适的餐厅或酒店餐饮部门。优先选择距离会议场地较近、设施完善、口碑良好的餐厅。

对初步筛选出的餐厅进行实地考察。观察餐厅的环境整洁度，检查餐厅的设施设备，与餐厅负责人交流，了解其服务精细程度、应急处理能力等。

3. 统计人数

通过会议报名系统、邀请函回执等方式收集参会人员信息，及时统计报名人数。在会议临近时，再次与参会人员确认，统计最终准确的参会人数，以便合理安排餐饮数量。在统计人数的同时，收集参会人员的特殊饮食需求，如素食、清真食品、食物过敏等信息。将特殊需求分类整理，标注清楚每位有特殊需求的参会人员信息，以便在商定菜谱与餐中服务时能够精准满足其需求。

4. 商定菜谱

根据参会者的饮食偏好与禁忌，设计多样化的菜单，确保满足不同口味需求。注重菜品的营养搭配与美观性,体现会议的专业性与服务水平。安排试菜环节,确保餐品的口味与质量符合预期。与餐厅确认最终菜谱,并明确每道菜品的分量与供应方式。为有特殊饮食需求的参会者提供定制餐品,并确保餐厅能够准确执行。

5. 制作就餐凭证

首先确定就餐凭证的形式,可采用纸质票、用餐电子二维码、胸牌附加就餐标志等形式。若采用纸质门票,则根据会议主题与风格,也可按需设计独特的就餐凭证样式,在凭证上体现会议名称、就餐时间、地点、座位号(若为围餐式)等关键信息,同时可添加会议标志、主题图案等元素,增强凭证的辨识度与美观度。在会议报到时,将就餐凭证发放给参会人员,同时告知其使用方法与注意事项。

6. 餐前检查

提前检查餐厅的场地布置,包括桌椅摆放、取餐区设置、餐具供应等,确保符合会议要求。检查灯光、音响等设备,营造舒适的用餐环境。与餐厅确认餐品的准备情况,确保按时供应且质量达标。检查特殊餐品的准备情况,确保满足参会者的特殊需求。

7. 餐中服务

在参会人员用餐时,安排服务人员在餐厅入口处热情迎接,引导参会人员就座。对于围餐式用餐,按照事先安排的座位号引导入座;对于自助餐,引导参会人员有序进入用餐区域,并告知其餐区分布。确保餐品供应充足且及时,避免因排队或等待影响用餐体验。关注有特殊饮食需求的参会人员,确保其特殊菜品及时、准确供应。在餐中服务过程中,会议主办方应与服务人员保持密切沟通,及时反馈现场情况,如遇菜品质量问题、设备故障等突发状况,迅速采取应急措施解决。

拓展案例

大型国际商务论坛餐饮服务

某大型国际商务论坛汇聚全球 50 多国的 500 余位企业高管、行业专家与政府官员,为期三天的会议中,餐饮服务极为关键。因参会人员地域与文化差异大,服务团队提前数月与主办方沟通,掌握人员分布、宗教信仰及饮食禁忌等信息。考虑会议的国际化与高端特性,采用自助餐搭配正式晚宴的形式。日常午餐与茶歇的自助餐,提供欧式面包、美式煎蛋、中式粥品、意大利面、日式寿司、中式炒菜等丰富多样的国际美食,满足多元口味。闭幕当晚的正式晚宴,以法式鹅肝、中式海鲜为主菜,搭配精选葡萄酒,遵循西餐礼仪上菜,营造庄重交流氛围。

在餐厅选择上,经多轮筛选,选定市中心交通便利、可容纳 600 人的五星级酒店。该酒店在国际餐饮服务方面经验丰富,口碑良好。实地考察其厨房卫生、食材储存及服务人员专业度后,签订合同明确菜品质量、服务流程、费用明细与应急处理机制。通过线上报名系统与邀请函回执收集参会信息,多轮提醒确保数据准确,最终统计出 520 人参会,其中 100 人有素食、清真等特殊饮食需求。与酒店厨师团队合作设计菜谱,充分考虑营养均衡与口味适配后,服务团队提前送主办方审核并依反馈调整。

就餐凭证采用关联会议 APP 的电子二维码,参会人员扫码可显示个人信息、餐次及晚宴座位号。工作人员在会议注册时指导下载激活,操作便捷。每餐开餐前 2 小时,服务团队与酒店共同检查餐厅环境、菜品准备及服务人员状态。餐中,服务人员热情引导就座,自助餐及时补充食品、清理桌面,晚宴时规范上菜,关注宾客需求,及时响应特殊要求,全程与主办方密切沟通,确保餐饮服务与会议进程无缝对接。

知识拓展

中国八大菜系

中国菜系丰富多样,其中最具代表性的为"八大菜系",包括鲁菜、川菜、粤菜、苏菜、闽菜、浙菜、湘菜和徽菜。以下是对这些主要菜系的详细介绍。

1. 鲁菜(山东菜)

(1)特点:鲁菜以鲜香、突出原味、咸鲜为主。注重原料的选取和加工,以炖、烧、烩、烤等技法为主。

(2)代表菜品:葱烧海参、九转大肠、糖醋鲤鱼、四喜丸子。

2. 川菜(四川菜)

(1)特点:川菜以麻辣鲜香为特色,口味丰富多样,有"一菜一格,百菜百味"的美誉。烹饪技法多样,如小炒、干煸、干烧等。

(2)代表菜品:麻婆豆腐、水煮牛肉、鱼香肉丝、回锅肉。

3. 粤菜(广东菜)

(1)特点:粤菜以清淡鲜美、原汁原味著称。由广州菜、潮州菜和东江菜三种地方风味组成。注重原料的新鲜和原味,烹饪技法多样,如蒸、炖、炒等。

(2)代表菜品:白切鸡、红烧乳鸽、清蒸石斑、盐焗鸡。

4. 苏菜(江苏菜)

(1)特点:苏菜口味清淡,以河湖海鲜为主。烹饪技法多样,如炖、焖、煨、焐、蒸、烧、炒等。注重做工、食材和调汤。

(2)代表菜品:松鼠鳜鱼、鸡汤煮干丝、盐水鸭、蟹粉狮子头。

5. 闽菜(福建菜)

(1)特点:闽菜以烹制山珍海味出名,清鲜不腻、色美味鲜。闽菜讲究做汤,有"一汤十变"之称。

(2)代表菜品:佛跳墙、鸡汤氽海蚌、白斩河田鸡。

6. 浙菜(浙江菜)

(1)特点:浙菜注重用料鲜、刀工巧,口味清淡。以杭州菜、宁波菜、绍兴菜、温州菜四支地方风味为主。

(2)代表菜品:龙井虾仁、东坡肉、西湖醋鱼。

7. 湘菜(湖南菜)

(1)特点:湘菜以酸辣、麻辣、鲜香为主。注重调料的搭配和加工技巧的运用。

（2）代表菜品：剁椒鱼头、口味虾、辣椒炒肉。

8. 徽菜（安徽菜）

（1）特点：徽菜以色香味俱佳、烹饪技艺独特著称，擅长烧、炖、蒸技巧的运用。

（2）代表菜品：臭鳜鱼、黄山石耳炖石鸡。

这些菜系各具特色，不仅体现了中国饮食文化的丰富多样性，也深受国内外食客的喜爱。

三、交通服务

交通服务，是指为参会者提供从出发地到会议地点以及会议期间相关场所之间的交通支持与保障服务。其核心目标是确保参会者的出行便利性、安全性和高效性。它绝非是简单的人员运输，而是从会议筹备之初便深度介入，从前期对参会人员行程、会议日程及特殊需求的精准调研，到精心规划交通方案，再到资源筹备、服务执行，直至面对突发状况时的应急处理。

（一）需求分析

通过报名系统、邀请函回执等渠道收集参会人员出发地、抵离会场时间等信息。根据参会者身份（如嘉宾、演讲者、普通参会者）进行分类，明确不同群体的交通服务标准。国际会议则需掌握境外参会者的出入境口岸与航班信息，据此规划交通。依据会议日程，明确各环节时间节点，合理规划接送时间，确保参会人员在会议开始前到达会场。同时明确是否有特殊交通需求，如贵宾接送、无障碍交通等，记录并制定解决方案。

（二）资源筹备

1. 车辆准备

根据乘车人数、主办方自有车辆情况以及预算，选择使用自有车辆还是汽车租赁。

如果选择租赁的方式，利用不同渠道进行筛选，评估车辆状况、服务水平与价格，选定车龄新、司机专业且价格合理的租赁公司。在签订租赁合同时，明确车辆类型、数量、租赁时间、费用、使用范围、保险及违约责任等条款，避免纠纷。会期临近时，督促租赁公司按要求准备车辆，确保车内整洁、车辆设施完好，张贴会议标志，贵宾车辆可特别布置，将车辆进行编号，以便在会议期间进行有效的车辆管理。

2. 司机安排

会前对司机培训会议信息、服务流程、礼仪与安全知识，确保他们熟悉会议地点、交通路线及服务流程，强调准时接送，保持沟通，同时传达最新安排。

（三）服务执行

（1）机场、车站接送服务。在指定机场、车站设接待点，安排工作人员举牌引导，协助搬运行李，依到达时间安排车辆接送。

（2）酒店与会议场地往返接送服务。按预定时间，安排司机提前到达，做好准备，礼貌热情服务，告知参会者行程信息。

（3）特殊接送需求。为重要嘉宾、行动不便者安排专车，依其行程灵活调整，提供舒适安全的服务。

（4）将参会人员进行分组编排，使组号与车辆编号一一对应，及时告知乘车时间、地点、车牌号、司机电话号码等相关信息，以便参会人员能够按时乘车。

（四）注重环保

倡导绿色出行和环保理念，鼓励参会者使用公共交通或共享出行方式，减少碳排放。优先选择环保型车辆，如电动车或混合动力车，体现会议的社会责任。

实例 7－3

首汽约车服务国家级会议

首汽约车作为国际奥运历史上"首次"以网约车方式圆满完成交通服务保障的企业，其报送的《国家级重要会议活动出行服务的平台建设与运营管理模式》创新成果案例入选 2024 年国企改革创新成果。首汽约车通过将大数据的网络预约与传统线下调度指挥相结合，形成新的运营管理模式，为国家级重要会议和赛事提供了高效、安全的交通服务。通过服务国家级重大会议、赛事，首汽约车将冬奥系统的经验教训运用于网约车核心业务，重塑网约车领域发展新形态。同时，首汽约车重新探索行业创新发展趋势，将基于大数据的网络预约与传统线下调度指挥相结合，产生新的运营管理模式。

技能训练

一、单项选择题

1. 关于会议接待人员在正式会议中的着装，以下说法正确的是（   ）。

A. 男士穿浅色休闲西装，搭配彩色领带

B. 女士穿短裙，颜色鲜艳

C. 男士身着深色西装套装，搭配素色领带与光亮皮鞋

D. 女士穿着带有大量蕾丝装饰的服装

2. 茶歇服务中，茶歇区域每人需要预留的活动空间一般为（   ）。

A. 0.5～1 平方米　　B. 1～1.5 平方米　　C. 1.5～2 平方米　　D. 2～2.5 平方米

3. 会议摄影中，拍摄台上发言人演讲的画面，为突出其面部表情与眼神交流，常采用（   ）景别。

A. 全景　　　　　　B. 中景　　　　　　C. 特写　　　　　　D. 近景

4. 会议住宿服务中，为减少参会者往返路程耗时，酒店与会议场地的通勤时间应控制在（   ）。

A. 15 分钟以内　　B. 30 分钟以内　　C. 45 分钟以内　　D. 60 分钟以内

5. 适用于重要商务会议闭幕晚宴，具有严格礼仪规范与流程的餐饮形式是（   ）。

A. 正式宴会　　　　B. 便宴　　　　　　C. 招待会　　　　　D. 工作餐

二、多项选择题

1. 会议接待礼仪中,接待人员的仪态规范包括(　　　　　)。

A. 站立时挺胸收腹,双脚并拢

B. 行走时步伐稳健、轻盈,速度适中

C. 引导参会人员时走在其左前二至三步

D. 与来宾保持自然的目光接触,微笑服务

2. 会议茶歇服务的场地布置要点有(　　　　)。

A. 选择距离会议室较近且行走便利的位置

B. 空间规划要确保人员走动顺畅,划分功能区域

C. 摆放绿植,设置柔和灯光,播放舒缓音乐

D. 不需要设置指示牌,参会者可自行找到

3. 会议摄像的技术要求包括(　　　　)。

A. 熟练掌握设备操作,保证画面稳定　　　B. 综合运用多种镜头语言和运动技巧

C. 多机位协作时摄像师无须沟通　　　　D. 确保音频清晰,使用专业麦克风

4. 会议住宿服务的前期筹备工作有(　　　　)。

A. 调研与筛选合作酒店　　　　　　　　B. 确定住宿方案,规划房型分配

C. 为参会者提供快速退房服务　　　　　D. 制定特殊需求应对预案

5. 会议餐饮服务的工作程序包括(　　　　)。

A. 制定工作方案,预订餐厅　　　　　　B. 统计人数,商定菜谱

C. 制作就餐凭证,餐前检查　　　　　　D. 餐中服务,关注特殊需求

三、案例分析题

某大型科技会议在市中心的酒店举行,共有 500 名来自国内外的参会者。会议期间,在茶歇服务环节出现了一些问题。茶歇区域空间狭小,参会者在取餐时十分拥挤;食品种类单一,没有考虑到不同参会者的饮食需求;服务人员数量不足,导致食品补充不及时,垃圾清理不及时,现场较为混乱。

请分析这些问题产生的原因,并提出相应的解决措施。

四、综合实训题

【实训 1】　茶歇方案策划

假设你负责一场有 200 人参加的商务会议的茶歇服务,会议时长为一天,中间安排两次茶歇。请设计茶歇服务方案,包括场地布置、食品饮品供应、人员服务等方面的内容。

【实训 2】　住宿方案策划

你所在的公司要举办一场为期三天的行业研讨会,预计有 150 名参会者。请制定会议住宿服务方案,涵盖前期筹备(调研筛选酒店、确定住宿方案)、入住期间服务(接待引导、问题解决)以及退房协助及后续跟进等环节的具体工作内容。

【实训 3】　餐饮方案策划

为一场有 300 名参会者的企业年会设计餐饮服务方案。年会从下午 6 点开始,预计持续 3 个小时,包括晚宴和表演环节。请确定餐饮形式、就餐形式,并详细说明餐饮服务的工作程序,包括制定工作方案、预订餐厅、统计人数、商定菜谱、制作就餐凭证、餐前检查

和餐中服务等内容。

项目评价表

学习效果评价表				
任务序号	任务内容	任 务 清 单	权	重
任务一	会议现场服务	了解接待礼仪	15 分	15%
		掌握茶歇服务工作要点	17 分	17%
		掌握影像服务工作要点	17 分	17%
任务二	会议生活服务	掌握住宿服务工作要点	17 分	17%
		掌握餐饮服务工作要点	17 分	17%
		掌握交通服务工作要点	17 分	17%
合　计			100 分	100%

技术能力评价表				
技能序号	技能内容	技 能 清 单	权	重
技能训练一	制定会议现场服务方案	在会议服务中符合礼仪规范	15 分	15%
		制定茶歇工作方案	17 分	17%
		制定影像工作方案	17 分	17%
技能训练二	制定会议生活服务方案	制定住宿工作方案	17 分	17%
		制定餐饮工作方案	17 分	17%
		制定交通工作方案	17 分	17%
合　计			100 分	100%

会议记录——记宣并举以行远

 学习目标

通过本项目的学习，掌握会议纪要和会议新闻的定义、作用及标准格式，培养提炼会议核心内容、归纳总结和逻辑组织的能力，提升语言表达的简洁性、正式性和准确性；增强时效意识、责任意识和团队保密意识，最终具备会议文秘的基本素养。

知识目标：

1. 理解会议纪要和会议新闻稿的定义与特性。
2. 熟悉会议纪要和会议新闻稿的类型与场景。
3. 掌握会议纪要和会议新闻稿的格式与要求。

能力目标：

1. 能够使用简洁、正式的条理性语言撰写会议纪要和会议新闻稿。
2. 能够如实反映会议讨论内容。
3. 能够高效准确地撰写会议纪要和会议新闻稿。

素养目标：

1. 培养严谨细致的工作态度，确保会议内容的准备无误，尽量避免对会议内容的理解和执行偏差。
2. 认识到会议纪要是会议决策的重要依据，塑造职业责任意识和团队的保密意识。
3. 培养提高工作效率和时间管理能力的意识，更好地适应职场节奏。

 学思践行

成为会议记录的效率达人

在现代化会议运营中，会议记录不仅是会议内容的简单记载，更是转化会议成果、执行决策和传递信息的重要工具。随着会议形式的多样化和技术的不断进步，会议记录的方式和要求也在发生深刻变化。高质量的会议记录需要结合技术手段、专业化思维和精细化服务，以满足现代会议运营的高效化、智能化和全球化需求。

未来的会议记录在智能工具的辅助下，可以实现自动生成摘要、智能任务分配等功能，为会议运营提供更强大的支持。作为会议从业者，需要不断学习新技术、新工具，提升自身的专业能力，从"记录者"转向"信息管理者"，以适应会议行业的高质量发展需求。

★思考与践行

在一次公司内部的高层会议中,王琳注意到,会议主持人使用了一款智能会议记录工具。这款工具能够实时将语音转化为文字,并自动生成会议摘要和任务分配清单。会议结束后,参会人员立即收到了清晰、结构化的会议纪要,会议新闻稿也在第一时间形成初稿,待修改审核后即可发布,大大提高了后续工作的效率。

这让王琳意识到,未来的会议记录将更加智能化、个性化和高效化,而作为会议从业者,不仅要积极拥抱并熟练运用新兴技术,更要深入掌握会议文书的规范格式与核心要领,方能在智能化浪潮中彰显不可替代的专业价值。

 项目说明

本项目首先介绍会议纪要和会议新闻稿的定义,包括概念和写作特性;其次介绍会议纪要和会议新闻稿的格式和规范要求,以及这两种会议文书在会议领域的应用场景;最后介绍会议文秘人员岗位设置和职业要求。

本项目将帮助掌握会议纪要和会议新闻稿之间的定义和写作特点,学会在不同情景下运用不同文体的会议文书进行信息传达,引导对会议文秘岗位人员基本素养建立正确的认识,提高职场适应能力。

 项目框架

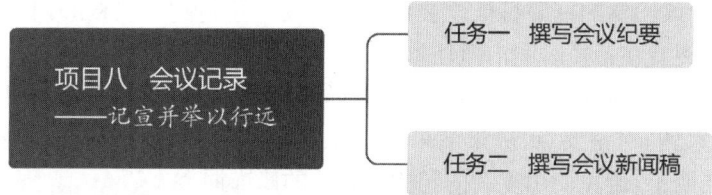

任务一　撰写会议纪要

 **任务说明**

本任务通过讲解会议纪要的定义、分类、写作特点、格式规范及应用场景等内容,对会议纪要形成初步认知。通过本任务的学习,应该能够回答以下这些问题:会议纪要是什么? 会议纪要的标准格式是什么? 会议纪要的语言风格应如何把握?

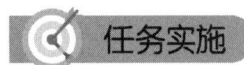
任务实施

一、会议纪要

（一）会议纪要的概念

会议纪要是会议文书的一种形式。它是在对会议记录进行加工整理之后形成的简要记录，旨在提炼会议的核心议题、讨论要点、决策结果及任务分配等信息。它不仅是会议成果的正式文件，也是后续执行和跟进的依据。

会议纪要通常包括会议时间、地点、参会人员、议题讨论、议题决策及行动计划等内容。通过会议纪要，参会人员和非参会人员都能快速了解会议内容，确保会议目标的实现和任务的落实。

（二）会议纪要的特性

会议纪要作为一种正式的会议文书，具有鲜明的文体特性。在内容和格式方面，强调准确性、简洁性、条理性；在签发和执行方面，强调时效性和保密性。

1. 会议纪要的准确性

准确性是会议纪要的核心特性。它要求内容真实无误地反映会议要点、决议及行动计划。此特性保证了会议纪要作为正式文档的权威性与可信度，为后续工作提供坚实依据。

撰写时，写稿人须保持客观中立态度，细致核对记录，杜绝会议信息失真或遗漏，进而提升会议决策与执行的高效性。

2. 会议纪要的简洁性

简洁性是会议纪要的重要特征。会议纪要需要快速传达会议核心内容，避免冗长的描述，才能使传阅者在最短时间内抓住重点。

撰写时，应遵循"精炼、明确、扼要"的原则，剔除无关细节，保留关键信息。例如，只记录会议的主要议题、讨论要点、决策结果和任务分配，而不必逐字逐句复述发言内容。同时，语言应简洁明了，避免使用复杂的句式和冗长的修饰词。

3. 会议纪要的条理性

条理性是会议纪要逻辑清晰、易于理解的重要保障。条理性要求会议纪要按照会议议程或讨论顺序，将内容分门别类地呈现，确保传阅者能够快速定位关键信息。

撰写时，通常采用"议题—讨论—决策—行动"的结构，每个部分层次分明、逻辑连贯。此外，使用编号、标题或分段等方式，可以进一步增强文本的结构感。

4. 会议纪要的时效性

时效性是发挥会议纪要信息传达作用的重要因素。时效性要求会议纪要须在会议后立即整理、突出重点、快速发布，以确保决策和任务及时传达和被执行。延迟发布的会议纪要可能导致信息滞后，影响工作推进。

在现代会议运营中，利用语音识别、协同编辑等数字化工具可以进一步提高会议纪要的整理速度。时效性强的纪要能提高团队效率，增强成果落实，是会议高效运营的关键。

5. 会议纪要的保密性

保密性要求会议纪要的内容应根据会议性质和议题的敏感程度,采取相应的保密措施,防止信息泄露。对于涉及商业机密、战略决策或敏感议题的会议,会议纪要的保密性尤为重要。

在撰写和分发时,须明确标注密级,并严格控制传播范围,仅限相关人员查阅。同时,电子版会议纪要应通过加密方式传输,纸质版则需妥善保管或到期销毁。保密性不仅是对集体利益的保护,也是对参会者隐私和信任的尊重。

(三) 会议纪要的分类

根据会议内容和目的的不同,会议纪要可分为以下几类:

(1) 决策型会议纪要。记录会议中的决策事项,包括决策背景、过程、结果及责任分配,如项目启动会、董事会决议等。

(2) 讨论型会议纪要。汇总会议讨论的议题、各方观点、争论焦点及初步共识,适用于研讨会、头脑风暴会等。

(3) 信息型会议纪要。以传达信息为主,记录会议中的关键信息、数据、报告等内容,如工作汇报会、项目进展会等。

(4) 培训型会议纪要。针对培训、讲座等会议,记录培训内容、方法、效果及学员反馈。

(5) 协调型会议纪要。记录多方协调的事项、达成的一致意见及后续行动计划,如跨部门协调会、合作伙伴会议等。

知识拓展

"枪杆子里面出政权"来自这份会议记录(有删改)
——摘自新华社时政文章

夏日的武汉骄阳似火,在喧闹的鄱阳街上有一栋三层西式建筑。建党百年之际,这栋不起眼的小楼吸引了很多人慕名前来,他们多数是冲着一份会议记录。而这份文件的记录者,正是时任中共中央政治秘书的邓小平。

这份详细记录 1927 年 8 月 7 日中共中央紧急会议的会议记录共 20 页、12 800字。通过会议记录,我们可以看到只有一天的会议时间,出席代表只有 21 人,但会上却有 56 次发言。所以,这到底是一次什么样的会议呢?

1927 年,因为"四一二"反革命政变、"七一五"反革命政变,中共中央机关各部门相继迁移办公地点,中央领导人和身份公开了的共产党员陆续更换住所,党的活动迅速转入地下状态。

鉴于当时的革命形势,共产国际、中国共产党决定召开中央紧急会议。会议原定于 7 月 28 日举行,因为形势紧张,交通困难,被一再推迟。等到 8 月 7 日,不得已只能仅由在武汉的中央执监委员、青年团中央委员及湖北、湖南、上海的负责同志开会。

八七会议地点选在汉口原俄租界三教街 41 号（现鄱阳街 139 号）二楼，是经过仔细考量的。那里曾是苏联驻国民政府农民顾问拉祖莫夫的住所，前后有楼梯，后门通小巷，屋顶凉台与邻居凉台相通，便于发生意外情况时撤离。

此次会议有三项议程：一是共产国际代表罗米那兹作报告，指出党在此前的错误及今后的工作路线；二是瞿秋白代表临时中央政治局常委会作关于党在今后工作方针的报告；三是改组中央政治局。

参会者毛泽东发言最早，次数最多，记录的文字就有约 1 300 字。他一口气讲了中国革命存在的国民党、农民、军事和组织等 4 个问题。

毛泽东这句"枪杆子里面出政权"的重要论断给当时的会议记录者邓小平留下了深刻的印象。这是邓小平第一次见到毛泽东，也是他第一次参加中央级别的重要会议。

八七会议虽然会期只有一天，但使中国共产党和中国革命绝处逢生。八七会议以后，中国共产党人按照会议精神，在黑暗中高举起革命的旗帜，以血与火的抗争，领导秋收起义、黄麻起义、广州起义等一系列武装起义，逐步走上了农村包围城市、武装夺取政权的革命道路。

如今，八七会议会址纪念馆已经成为武汉最著名的红色教育基地。透过玻璃展橱中那几张泛黄的记录纸，依然能窥见那段风云激动的历史。而那一行行清秀的蓝色字迹正是革命星星之火，在纸笔间传承不息。

二、会议纪要的写作规范

（一）会议纪要的基本格式要求

会议纪要作为一种正式的会议文书，其格式要求规范、清晰，以确保内容的可读性和实用性。以下是会议纪要的基本格式要求。

1. 标题

会议纪要的标题是其格式的重要组成部分，起到概括会议主题、明确文件性质的作用。标题应简洁明了，通常以"××会议纪要"的形式呈现，其中"××"可以是会议名称、主题或时间范围。例如，"2025 年第三季度销售总结会议纪要"或"××公司年度战略规划会议纪要"。

2. 首部

会议纪要的首部是整篇纪要的起始部分，主要用于说明会议的基本信息，通常包括会议时间、地点、参会人员、主持人和记录人等。首部内容应简明扼要，确保信息准确无误。通过清晰的首部，传阅者能够快速了解会议的基本情况，为后续阅读正文奠定基础。首部的规范性和完整性直接体现了会议纪要的专业性。

会议记录一般使用普通的 A4 纸张进行手写或使用电子文档进行记录，而会议纪要一般使用红头文件纸进行打印记录，并需要进行编号。

实例 8-1

会议纪要首部模板参考(图 8-1)

×××××××××**学校**

会 议 纪 要

〔20××〕××号

会议主题：20××年第×次会议
时　间：20××年×月×日 9:00
地　点：第×会议室
主持人：周二
与会人员：张三、李四、王五、赵六、孙七
记录人：王琳

图 8-1　会议纪要首部模板参考

3.正文

会议纪要的正文是文件的核心部分，用于详细记录会议的主要内容和成果。正文通常按照会议议程或讨论顺序展开，结构清晰、逻辑分明，主要包括以下三个部分。

（1）议题：简要列出会议讨论的主要议题。

（2）讨论内容：概述各议题的讨论情况，提炼核心观点，避免冗长描述。

（3）决策与行动计划：明确决策结果和后续任务分配，确保可执行性。

正文撰写时注意语言简洁、重点突出，避免主观评价或无关细节。通过规范的正文格式，会议纪要能够高效传递会议信息，为后续工作提供明确指导。

实例 8-2

会议纪要正文模板参考(样例)

一、关于外请××专家

会议认为，外请专家发生的专家补助属劳务报酬，按照往年的惯例，除少部分做专项财务预算外，其余的均统一归口预算，即行政职能部门分管的讲座由本部门做预算；各系外请专家的费用各系报计划由教务处统筹预算；党委外请专家的费用由学院党委办公室负责预算。

二、关于××办公用品

会议认为，去年的办公用品费用支出较大，例如：纸张、文具、墨盒等耗材大大超支。因此，提倡勤俭节约，养成良好的节约习惯。

会议要求，新学年度办公用品经费预算经各部门分别预算后，再由学院办公室统一审核，学院办公室将根据预算情况，制定出办公用品发放的统一标准，并严格遵照标准执行。

三、关于××活动

会议认为，学生活动经费要统一放到系里做预算。数额按学生人数多少按比例分配到系。建议学生辅导员人事编制统一划归到系里,增强辅导员归属感,有利于辅导员开展工作。

　　四、关于××培训

　　会议进一步明确,教职工的培训经费归口到人事处预算;教师、辅导员业务培训经费归口到教务处预算。

　　4. 结尾

　　会议纪要的结尾包括总结和附件两个部分。总结部分简明扼要,概括会议成果与后续行动计划,强调会议的核心价值;附件部分如有相关文件资料,则列出附件清单,便于会后查阅。

　　5. 审阅签署与分发

　　会议纪要的审阅签署与分发部分是确保其权威性和执行力的重要环节,具体格式如下:

　　(1) 审阅签署,主要有:① 审阅人,明确标注审阅人姓名及职务,通常为会议主持人或相关负责人。② 签署方式,可采用手写签名或电子签名,确保文件的正式性。③ 签署时间,注明签署日期,体现文件的时效性。

　　(2) 分发范围,主要有:① 分发对象,列出会议纪要的分发对象,通常包括参会人员及相关执行部门。② 分发方式,明确分发形式,如电子邮件、纸质文件或内部系统上传。

　　(3) 存档要求,主要有:① 存档方式:注明会议纪要的存档形式,如纸质存档或电子存档。② 存档地点,明确存档位置,如公司档案室或内部系统。

实例 8-3

会议纪要审阅签署与分发模板参考(图 8-2)

抄　报:×××部门负责人、×××部门全体成员	
×××××××××部门	20××年××月××日印发
	(一类文件,共印 5 份)

图 8-2　会议纪要审阅签署与分发模板参考

(二) 会议纪要与会议记录的异同

　　会议纪要是在对会议记录的整理和归纳之后形成的会议文书。但会议纪要不等同于会议记录,它们之间的异同如下:

　　1. 共同点

　　(1) 基本信息一致。无论是会议纪要还是会议记录,都包含会议的基本信息,如会议时间、地点、参会人员等。

　　(2) 内容相关性。两者都围绕会议的主题和内容进行记录,确保会议信息的准确传达。

（3）文档性质。两者都属于正式文档,具有一定的保存价值和参考意义。两者都有助于促进组织内部和外部的沟通,确保会议信息的准确传达和共享。

2. 不同点

（1）目的性不同。会议记录的主要目的是全面、详细地记录会议过程中的所有发言、讨论和决策,强调客观性和完整性。而会议纪要旨在提炼会议的核心内容、主要结论和行动方案,强调概括性和实用性。

（2）内容详略不同。会议记录的内容详尽,几乎涵盖会议的所有细节,包括发言人的每一句话、每一个讨论点等。但会议纪要内容精炼,只保留会议的关键信息,如主要观点、决议、责任分配等。

（3）格式结构不同。会议记录通常按照会议的先后顺序进行记录,格式较为固定,注重时间顺序和发言人的对应。会议纪要则可以根据需要灵活调整格式,注重信息的逻辑性和条理性,常见有摘要式、条目式等。

（4）使用对象不同。会议记录主要供内部参考,如参会人员、组织者等,用于回顾会议全过程。而会议纪要除了内部参考外,还可能对外发布或用于指导后续工作,具有更广泛的使用范围。

（5）编写时间不同。会议记录通常在会议进行中或结束后不久完成,强调及时性。会议纪要可以在会议结束后一段时间内完成,允许对会议内容进行深入分析和提炼。

（6）法律效力不同。会议记录在某些情况下,如法律诉讼等,可能具有更高的法律效力,因为它是会议过程的直接记录。会议纪要虽然也具有一定的法律效力,但通常不如会议记录严格。

三、会议纪要的应用场景

（一）会议纪要的发文流程

会议纪要的发文流程包括整理初稿、审核修改、签署确认、分发传达、存档备查和跟进执行等环节。通过规范的流程,确保会议纪要的权威性和执行力,为会议成果的落实提供有力支持。以下是会议纪要发文的一个标准流程。

1. 整理初稿

记录人根据会议内容整理初稿,确保核心议题、讨论要点、决策结果和任务分配等信息完整、准确。

2. 审核修改

初稿完成后,提交给会议主持人或相关负责人进行审核。审核人须核对会议纪要的准确性、完整性和规范性,必要时提出修改意见。

3. 签署确认

审核通过后,由会议主持人或相关负责人签署确认,赋予会议纪要正式效力。签署可采用手写签名或电子签名,并注明签署日期。

4. 分发传达

将签署后的会议纪要分发给参会人员及相关执行部门。明确分发范围,确保相关人员及时收到文件。分发方式可采用专业电子邮件、纸质文件或内部系统上传。

5. 存档备查

将会议纪要存档，作为正式文件保存。存档方式包括纸质存档和电子存档。存档地点应明确，如单位档案室或内部系统。

6. 跟进执行

根据会议纪要中的决策和任务分配，督促相关部门和人员落实执行。定期检查任务进展，确保会议成果有效转化。

(二) 提高会议纪要准确性的方法

提高会议纪要的准确性是确保会议成果有效传达和执行的关键。以下是一些实用的方法，帮助提升会议纪要的准确性：

1. 会前准备

(1) 熟悉会议议题。提前了解会议议程、背景资料和参会人员名单，明确会议目标和讨论重点。对专业术语或复杂议题进行研究，避免记录时因不熟悉内容而遗漏关键信息。

(2) 准备模板与工具。使用标准化的会议纪要模板（如包含标题、时间、地点、参会人员、议题、决策、行动项等）。同时，准备好录音设备（如手机、录音笔）或 AI 语音转文字工具作为辅助。

2. 会中记录

(1) 专注倾听与快速记录。集中注意力，捕捉发言者的核心观点，避免遗漏重要信息。使用速记技巧或缩写，提高记录效率。

(2) 区分事实与观点。客观记录会议内容，避免掺杂个人主观判断。对争议性观点或未达成共识的内容，如实记录各方意见。

(3) 标记重点与待确认内容。对会议中的决策、任务分配、时间节点等关键信息进行重点标注。对不确定的内容（如数据、术语）做好标记，会后核实。

(4) 借助录音工具。全程录音，作为文字记录的补充，确保重要信息不遗漏。录音前应征得参会者同意，避免法律或隐私问题。

(5) 利用 AI 辅助工具。借助语音转文字工具生成初稿，提升记录效率。使用 AI 摘要工具自动提取会议重点，提高效率。使用在线文档共享会议纪要，邀请参会者补充或修正。通过多人协作，确保内容准确无误。

3. 会后整理

(1) 及时整理与核对。会议结束后尽快整理记录，避免因时间拖延导致记忆模糊。对照录音或笔记，核对关键信息（如数据、任务分配）是否准确。

(2) 补充遗漏信息。对标记的待确认内容，联系相关参会者核实并补充。确保会议纪要完整，避免因信息不全影响后续执行。

(3) 结构化呈现。按逻辑顺序组织内容（如按议题顺序或重要性排序），确保条理清晰。使用标题、编号、表格等形式，增强可读性。

(4) 明确行动项与责任人。清晰列出会议决策和后续行动项，明确任务负责人和截止时间。避免模糊表述（如"尽快完成"），使用具体时间节点（如"10 月 15 日前提交"）。

知识拓展

会议纪要的辅助工具

现代会议服务中,会议纪要不再仅仅通过人工进行记录和撰写。利用 AI 辅助工具可以帮助提高记录的效率和质量,以下是一些常见的辅助工具。

1. 录音设备

(1) 智能手机:几乎所有的智能手机都具备录音功能,方便随时记录会议内容。内置 AI 大模型的手机也会提供语音转录文字的功能。

(2) 专用录音笔:提供更高质量的录音效果,有些也具备语音转文字功能。

2. 笔记软件

(1) OneNote:微软的笔记软件,支持多种格式的内容,易于整理和分享。

(2) Evernote:知名的笔记应用,支持多平台同步,便于随时查阅和编辑。

(3) Notion:一个集笔记、数据库、任务管理于一体的协作工具。

3. 语音转文字软件

(1) 讯飞听见:提供实时语音转文字服务,准确率高。

(2) Google Docs 语音输入:谷歌文档的内置功能,支持实时语音转文字。

4. 会议记录模板

(1) Word 或 Excel 模板:可在其中预先设计好会议纪要模板,方便开会后填写和格式化。

(2) 在线模板:如百度文库、道客巴巴等提供的免费会议纪要模板。

5. 协作工具

(1) 腾讯会议:提供会议录制、实时字幕等功能,便于会后整理纪要。

(2) 钉钉:集成了会议、聊天、任务管理等功能,便于团队协作。

6. 项目管理工具

(1) Trello:通过看板方式管理任务,可以用于跟踪会议决议的执行情况。

(2) Asana:项目管理工具,有助于将会议内容转化为可执行的任务。

7. 智能助手

使用 Siri、小爱同学等智能助手,可以通过语音指令快速记录要点或设置提醒。

任务二　撰写会议新闻稿

 **任务说明**

本任务通过讲解会议新闻的定义、分类、写作特点、格式规范及应用场景等内容,使学生能够系统掌握会议新闻稿的撰写技能。通过本任务的学习,应该能够回答以下这些问题:会议新闻稿与会议纪要的区别是什么? 会议新闻稿的标准结构包括哪些部分? 如何从会议内容中提炼出最具新闻价值的信息?

 **任务实施**

一、会议新闻稿的定义

（一）会议新闻稿的概念

会议新闻稿是一种以新闻报道形式撰写的书面材料，旨在向公众或特定受众传达会议的核心内容、重要成果及其社会意义。它通常由会议主办方或相关机构发布，用于宣传会议的价值、扩大影响力，并为媒体提供报道素材。

会议新闻稿与会议纪要是有区别的，具体如表 8－1 所示。

表 8－1　会议新闻稿与会议纪要的区别

	会议新闻稿	会议纪要
传播对象	面向公众或媒体，用于宣传与传播	面向内部人员，用于记录与执行
语言风格	语言生动简洁，突出亮点与成果	语言正式严谨，注重内容完整与准确
文本意义	强调会议的社会意义与影响力	强调会议的任务分配与执行细节

（二）会议新闻稿的特性

会议新闻稿的四大核心特点——简洁性、时效性、客观性和传播性，共同构成了其独特的价值与功能。

1. 会议新闻稿的简洁性

简洁性是会议新闻稿的首要特点，旨在用最少的文字传达最核心的信息，确保读者能够快速抓住重点。简洁性不仅提高了新闻稿的可读性，还适应了现代读者快速获取信息的习惯，增强了传播效果。

（1）语言精练。会议新闻稿通常篇幅较短，要求在有限的字数内清晰表达会议的核心内容。避免使用冗长的句子或复杂的修辞，采用直接明了的语言风格。

（2）重点突出。新闻稿需要提炼会议中最具新闻价值的信息，如重要决策、创新观点或社会影响。采用标题、导语和段落开头的"倒金字塔结构"，将最重要的信息放在最前面。

（3）结构清晰。使用小标题、编号或分段形式，使内容层次分明，便于读者快速浏览。避免信息堆砌，确保每一段落都有明确的主题。

2. 会议新闻稿的时效性

时效性是新闻稿的生命线，尤其对于会议新闻稿而言，及时发布是确保其价值的关键。时效性确保了新闻稿的新闻价值，使其能够在信息爆炸的时代脱颖而出，吸引更多关注。

（1）快速发布。会议新闻稿通常在会议结束后第一时间发布，以确保信息的"新鲜度"。延迟发布可能导致信息过时，削弱新闻稿的传播效果。

（2）抓住热点。结合当前社会热点或行业趋势，突出会议内容的新闻价值。例如，在环保议题备受关注时,环保会议的新闻稿更容易引起公众兴趣。

(3) 持续跟进。对于重要会议,可通过系列报道或后续新闻稿持续传播会议成果。例如,会议结束后发布总结性新闻稿,或在后续活动中引用会议成果。

3. 会议新闻稿的客观性

客观性是会议新闻稿的基本原则,要求内容真实、中立,避免主观倾向。客观性不仅提升了新闻稿的公信力,还避免了因信息失真导致的舆论风险。

(1) 如实反映。新闻稿须准确记录会议内容,包括发言者的观点、决策过程和最终结论。避免夸大或歪曲事实,确保信息的真实性和可信度。

(2) 中立立场。撰写新闻稿时须保持中立,不掺杂个人情感或主观评价。对争议性议题,应平衡呈现各方观点,避免偏袒任何一方。

(3) 数据与事实支撑。使用具体数据、案例或引述发言者的原话,增强新闻稿的说服力。例如,"会议发布了《2023 年行业白皮书》,数据显示市场规模同比增长 15%。"

4. 会议新闻稿的传播性

传播性是会议新闻稿的最终目标,旨在通过多种渠道将会议成果传递给目标受众。传播性使会议新闻稿能够触达更广泛的受众,提升会议的社会影响力和组织形象。

(1) 多渠道发布。会议新闻稿可通过官网、新闻媒体、社交媒体(如微信、微博)等多种渠道发布。针对不同平台调整语言风格和内容重点,以适配受众需求。

(2) 多媒体结合。结合图片、视频、图表等多媒体形式,增强会议新闻稿的吸引力和可读性。例如,在会议新闻稿中嵌入会议现场照片或专家访谈视频。

(3) 互动与反馈。通过社交媒体与读者互动,收集反馈并优化传播策略。例如,在微博发起话题讨论,或在微信公众号推送后续报道。

(4) 搜索引擎优化(SEO)。在会议新闻稿中嵌入关键词,提高搜索引擎排名,扩大传播范围。例如,在标题和正文中多次提及会议名称、行业热点词汇。

(三) 会议新闻稿的应用场景

会议新闻稿作为一种重要的传播工具,广泛应用于各类会议场景中。它不仅是会议成果的总结与展示,更是连接会议与公众、媒体、行业的重要桥梁。下面从学术会议、企业发布会、政府工作会议、行业论坛四个典型场景,详细阐述会议新闻稿的应用。

1. 学术会议

学术会议是学术界交流研究成果、探讨前沿问题的重要平台,会议新闻稿在此场景中扮演着传播学术成果、促进学术合作、扩大影响力的角色。学术会议新闻稿不仅传播知识,还为学术界树立标杆,推动学术进步。其作用与示例如表 8-2 所示。

表 8-2　会议新闻稿在学术会议中的作用与示例

	作　用	示　例
传播学术成果	用于发布会议中的重要研究成果、创新观点或突破性发现	某国际学术会议发布了关于气候变化的最新研究数据

续 表

	作　用	示　例
促进学术合作	宣传会议中达成的合作意向或联合研究项目，吸引更多学者参与	××会议宣布成立国际研究联盟，共同应对全球能源危机
扩大影响力	突出会议的学术权威性和行业地位，吸引更多关注	××会议汇聚全球顶尖学者，探讨人工智能未来发展方向

2. 企业发布会

企业发布会是企业展示新产品、新战略或行业动态的重要场合，会议新闻稿在此场景中承担着品牌宣传和市场推广的职能。企业发布会新闻稿是品牌传播的重要工具，能够有效提升市场认知度和用户信任度。其作用与示例如表 8-3 所示。

表 8-3   会议新闻稿在企业发布会中的作用与示例

	作　用	示　例
发布新产品	用于详细介绍新产品的功能、优势和市场定位	××公司发布全新智能手表，续航时间长达 30 天
宣传战略规划	传达企业的战略目标和发展方向，增强投资者和消费者的信心	××公司宣布未来五年将投资 100 亿元用于新能源研发
解读行业动态	解读会议中发布的行业报告或市场趋势，树立企业的行业权威形象	××会议发布《2024 年消费电子白皮书》，预测智能家居市场将增长 20%

3. 政府工作会议

政府工作会议是政策解读、发布发展规划和宣传民生举措的重要平台，会议新闻稿在此场景中承担着信息公开和公众沟通的职能。政府工作会议新闻稿是政府与公众沟通的重要渠道，能够增强政策透明度和公众参与感。其作用与示例如表 8-4 所示。

表 8-4   会议新闻稿在政府工作会议中的作用与示例

	作　用	示　例
解读与宣传政策	解读会议中发布的新政策或法规，帮助公众理解政策内容	××会议宣布实施新一轮减税降费政策，惠及中小微企业
发布发展规划	传达政府的长期发展规划和重点项目，增强公众信心	××会议提出在某个规划期间将建设 100 个智慧城市
宣传民生举措	突出会议中与民生相关的举措，如教育、医疗、环保等	××会议宣布将投入 50 亿元用于改善农村饮水安全

4. 行业论坛

行业论坛是行业领袖、专家学者和企业代表交流经验、探讨趋势的重要场合,会议新闻稿在此场景中承担着传播行业动态和推动合作的功能。其作用与示例如表 8-5 所示。

表 8-5　会议新闻稿在行业论坛中的作用与示例

项　目	作　用	示　例
解读行业趋势	用于总结会议中讨论的行业热点和未来趋势,为从业者提供参考	××论坛预测,未来五年新能源汽车市场将迎来爆发式增长
宣传合作项目	宣传会议中达成的合作意向或签约项目,推动行业合作	××论坛上,多家企业签署战略合作协议,共同推动 5G 技术落地
树立行业标杆	突出论坛的权威性和影响力,树立行业标杆形象	××论坛汇聚全球 500 强企业高管,探讨数字化转型之路

二、会议新闻稿的撰写

(一) 基本结构

会议新闻稿的基本结构包括标题、导语、正文(会议背景、会议内容、会议成果)、结尾和联系方式。通过清晰的结构和简洁的语言,新闻稿能够高效传递会议信息,提升会议的影响力和传播效果。

1. 标题

会议新闻稿的标题旨在吸引读者注意,概括会议核心内容。为了写好会议新闻稿的标题,可以使用以下撰写技巧:

(1) 简明有力、重点突出。标题通常不超过 20 字,避免冗长复杂的表达。同时,标题应直接反映会议的核心主题或重要成果,让读者一目了然。

(2) 善用动词、强调价值。在标题中加入动词,有利于使标题更具活力和吸引力。注意突出会议的新闻价值,如重要决策、重大成果或行业影响。

(3) 适用数字、引发兴趣。适当地在标题中加入数字,增强具体性和说服力。另外,可以通过提问或暗示引发读者好奇心,吸引其阅读正文。

(4) 体现亮点、避免夸张。注意突出会议的独特之处或亮点,如重要嘉宾、创新议题等。标题还应真实反映会议内容,避免夸大或误导读者。

2. 导语

会议新闻稿的导语是整篇新闻稿的开篇部分,承担着吸引读者注意、概括会议核心内容的重要作用。一个优秀的导语能够快速传递会议的关键信息,激发读者的阅读兴趣。导语应简洁明了,通常在 100 字以内,直接点明会议的核心内容。避免冗长的背景描述或无关细节,确保读者在最短时间内抓住重点。导语需涵盖会议的基本信息,通常包括以下要素:

（1）时间：会议举办的具体时间。

（2）地点：会议举办的地点。

（3）主办方：会议的主办单位或组织。

（4）主题：会议的核心议题或主题。

（5）规模：参会人数或重要嘉宾。

3. 正文

会议新闻稿的正文是传递会议核心内容的关键部分，要求结构清晰、语言简洁、重点突出。撰写会议新闻稿正文时，应遵循结构清晰、语言简洁、突出新闻价值、使用数据和事实、引用嘉宾发言、避免主观评价和总结会议意义等技巧。通过规范的撰写方法，确保新闻稿能够高效传递会议信息，提升传播效果。

（1）结构清晰，逻辑分明。正文通常按照"会议背景—会议内容—会议成果"的逻辑顺序展开，确保读者能够快速理解会议的全貌。在撰写会议背景时，须简要介绍会议的背景和目的，突出会议的重要性；撰写会议内容时，须概述会议的主要议题和讨论内容，提炼核心观点；在撰写会议成果时，须介绍会议达成的共识、发布的成果或重要决策。

例如："本次峰会以'科技赋能未来'为主题，旨在探讨科技创新对经济社会的影响。会议期间，多位行业领袖发表了主题演讲，分享了前沿观点和实践经验。最终，峰会发布了《全球科技创新白皮书》，为行业发展提供了重要参考。"

（2）语言简洁，突出新闻价值。正文应使用简洁明了的语言，避免冗长烦琐的描述。每个段落应围绕一个核心点展开，确保重点突出。同时，突出会议的新闻价值，如重要成果、重大决策或行业影响，吸引读者关注。

例如："会议期间，××公司与多家国际企业签署了战略合作协议，共同推动科技创新项目的落地实施。这一合作标志着中国企业在全球科技领域的进一步崛起。"

（3）使用数据和事实增强说服力正文可以通过引用数据、事实或权威观点，增强新闻稿的可信度和说服力。另外，通过引用重要嘉宾的发言或观点，也可以增加新闻稿的权威性和生动性。

例如："根据峰会发布的报告显示，20××年全球人工智能市场规模预计达到××××亿美元，年均增长率超过 30％。"

（4）避免主观评价，结尾总结会议意义。正文应保持客观中立，避免加入个人观点或情感色彩。例如："与会专家一致认为，绿色能源是未来发展的关键方向。"

4. 结尾

会议新闻稿的结尾应简洁有力，总结会议意义或展望未来，增强新闻稿的深度和影响力。首先，可以概括会议的核心成果或重要决策，突出其价值。然后展望未来发展方向或行动计划，传递积极信号。

例如："本次峰会为全球科技创新搭建了重要平台，未来××公司将继续推动技术合作与可持续发展。"

最后，结尾应语言凝练，避免冗长，富有号召力或启发性。通过精心设计的结尾，既能强化会议成果，又能为读者留下深刻印象，提升新闻稿的整体传播效果。

5. 联系方式

如有需要,会议新闻稿的结尾可以提供主办方的联系方式,便于媒体或公众进一步了解信息。一般联系方式包括联系人姓名、电话、邮箱等。

例如:"如需了解更多信息,请联系我们。联系人:王琳;电话:123-4567-890;邮箱:wanglin@company.com"

(二) 内容优化方法

会议新闻稿的语言风格与受众适配是确保信息有效传达的关键。通过简洁明了的语言、正式专业的表达以及针对不同受众的内容设计,能够更好地满足目标受众的需求,提升传播效果。无论是面向政府、企业、学术界还是公众,适配的语言风格都能帮助会议成果更广泛地传播,并产生更大的社会影响力。

1. 针对语言风格进行优化

(1) 受众对象为政府与政策制定者时,应使用正式、严谨的语言风格,重点阐述会议中的政策发布、决策依据及社会影响,突出政策解读与战略意义。在政府工作会议新闻稿中,须详细解读政策内容及其影响。

(2) 受众对象为企业与投资者时,应使用简洁、务实的语言风格,重点阐述会议中的行业趋势、合作项目及市场前景,突出商业价值与投资机会。在企业发布会新闻稿中,须突出新产品的市场定位与竞争优势。

(3) 受众对象为学术界与专业人士时,应使用专业、深入的语言风格,重点阐述会议中的研究成果、技术突破及学术合作,突出学术价值与创新成果。在学术会议新闻稿中,须详细描述研究数据与方法论。

(4) 受众对象为公众与媒体时,应使用通俗易懂的语言风格,生动有趣,吸引普通读者关注。重点阐述会议中的亮点、社会意义及与公众生活相关的议题。例如,在环保会议新闻稿中,用通俗语言解释环保举措对日常生活的影响。

2. 针对稿件结构进行优化

(1) 设计有吸引力的标题。针对不同受众设计吸引眼球的标题。例如,面向公众时,标题需突出会议的社会意义,如"全球气候峰会为地球未来注入希望";面向企业时,标题需突出商业价值,如"××××年绿色金融峰会达成×××亿欧元合作协议"。

另外,标题应简洁醒目,突出会议的核心成果或亮点。例如,"××××年全球人工智能峰会发布十大未来科技趋势"比"××××年全球人工智能峰会圆满结束"更具吸引力。

(2) 对内容深度适当调整。针对专业受众,会议新闻稿应突出专业性,使用行业术语,深入解析会议议题,提供翔实的数据和分析,以满足其对深度信息的需求。同时,强调会议的价值和对某领域发展的深远影响,确保内容精准、严谨。

对于普通受众,会议新闻稿则应简化专业术语,采用通俗易懂的语言,聚焦会议的核心内容和亮点,突出其对日常生活或社会发展的实际意义。通过生动的案例或故事,增强可读性和吸引力,使内容更加贴近普通人的生活,激发其兴趣和关注。

(3) 不同传播渠道的优化策略。会议新闻稿在不同传播渠道通过不同的优化策略,可以确保会议新闻稿在不同传播渠道中都能达到最佳的传播效果。

① 传统媒体在传播会议新闻稿时,应突出权威性,采用正式的语言风格,确保信息的准确性和完整性。同时,受到报纸、电视的版面和时长限制,须提炼关键信息,制作吸引人的标题和导语,以抓住受众注意力;此外,还可以提供联系方式或二维码,引导受众参与互动或获取更多信息,增强传播效果。

② 新媒体在传播会议新闻稿时,应注意将内容碎片化。将长篇大论拆分为短小精悍的片段,便于快速阅读和分享。同时,加入图片、视频、音频等多媒体元素,增强信息的吸引力和表现力。还可以在其中设置投票、评论、问答等互动环节,提高受众参与度。

③ 行业媒体在传播会议新闻稿时,应使用行业内的专业术语和表达方式,确保信息的专业性和准确性。可以提供深入的分析和解读,满足专业受众的需求。同时,结合实际案例,增强信息的实用性和参考价值。

④ 社交媒体在传播会议新闻稿时,应当采用轻松、活泼的个性化语言,拉近与受众的距离。加强话题引导,设置相关话题标签,引导受众参与讨论和分享,提供实时报道和更新,保持信息的热度和关注度。

会议新闻稿在进行国际传播时,应当根据目标地区的语言习惯进行翻译和调整。考虑不同文化的接受习惯,避免文化冲突。

实例 8-4

会议新闻稿优化案例

优化前:

"今日,××行业大会在市中心会议厅成功举办。众多行业专家齐聚一堂,就行业发展趋势进行了深入探讨。会议内容丰富,取得了显著成果。"

优化后:

××行业大会巅峰论道:专家齐聚,共绘发展新蓝图

××日,市中心会议厅迎来了一场行业盛宴——××行业大会。权威专家云集,聚焦行业热点,为我们揭示了未来发展的新趋势、新机遇。

本次大会以**"创新、融合、发展"**为主题,吸引了来自全国各地的行业精英。会上,**××专家发表了题为《××行业未来展望》的精彩演讲**,深入剖析了行业现状,并提出了具有前瞻性的发展建议。

会议期间,多位专家围绕行业热点问题进行了深入探讨,现场互动热烈,观点碰撞,激发了无数创新思维。

此外,**大会还发布了《××行业年度报告》**,详细总结了过去一年的行业成果,并为未来发展规划了明确路径。

××行业大会的成功举办,为行业发展注入了新的活力,我们期待在未来见证更多创新与突破。

为了进一步深化交流,大会特别设置了互动环节,观众可通过扫描下方二维码,参与在线讨论,获取更多独家资料。

优化说明:① 对标题的优化,后者采用更具吸引力的标题,突出会议的重要性和亮点。② 对导语的优化,后者简明扼要地介绍会议的基本情况,吸引读者继续阅读。③ 对正文的优化,后者增加会议主题、专家演讲、讨论内容等具体信息,使内容更加丰富。引用专家观点,增加权威性。提供年度报告等独家资料,增加价值感。设置互动环节,引导受众参与,增强传播效果。④ 对格式的优化,后者采用分段、加粗等格式调整,提高阅读体验。

三、会议新闻稿的传播规范

在信息爆炸的时代,会议新闻稿作为传递信息、展示成果、塑造形象的重要载体,其传播规范显得尤为重要。

(一) 伦理规范

会议新闻稿在传播过程中,伦理规范至关重要,它关乎媒体公信力、参会者权益及社会影响。

1. 尊重隐私

会议新闻稿应严格保护参会者的隐私权。未经允许,不得公开个人敏感信息,如联系方式、家庭住址等。对于涉及隐私的讨论内容,应进行妥善处理,避免泄露。

2. 避免侵权

会议新闻稿须确保不侵犯他人的知识产权、名誉权等合法权益。引用他人观点或成果时,应注明出处,尊重原创。避免使用误导性语言,造成对他人名誉的损害。

3. 公正报道

报道应保持公正、客观,对不同观点、立场给予平等对待。不得因个人偏见或利益关系而偏袒一方,诋毁另一方。确保会议新闻稿的真实性,不夸大、不歪曲事实。

4. 社会责任

会议新闻稿应承担起社会责任,传播积极、正面的信息。避免传播极端负面、有害或误导性的内容,对社会造成不良影响。同时,关注社会热点和公众利益,发挥舆论监督作用。

5. 透明度

新闻稿的来源、采访过程及编辑原则应保持透明。让读者了解会议新闻稿的产生过程,增强信任感。对于可能存在的利益冲突,应予以披露。

6. 持续改进

根据反馈和互动情况,不断改进新闻稿的撰写和传播策略。对于出现的伦理问题,应及时纠正,并采取措施防止类似问题再次发生。

(二) 反馈与互动规范

反馈与互动规范,是为了确保会议新闻稿的有效传播和积极影响。

1. 反馈渠道

设立电子邮件、官方网站、社交媒体等多元化的渠道反馈途径。确保各渠道畅通,及时处理问题,避免信息丢失。同时,保护反馈者隐私,不泄露个人信息。

2. 反馈内容

鼓励真实、客观的反馈,杜绝虚假信息。引导受众提供具体意见,同时给出解决方案或建议,形成针对性改进措施。

3. 互动方式

根据受众和会议特点,选择合适互动平台;对反馈迅速回复,表达重视和感谢;适当公开反馈及回应,增加透明度。

4. 反馈处理

按内容、性质等分类整理反馈。深入分析反馈内容,评估其合理性和可行性。最后,将合理意见落实到新闻稿修改中。

5. 互动效果评估

明确互动效果评估指标,如反馈数量、满意度等。定期评估互动效果,持续优化互动策略。

(三) 遵守法律法规

会议新闻稿在撰写和发布过程中,严格遵守法律法规是基本要求。

(1) 确保内容真实、准确,不得含有虚假信息,符合《中华人民共和国广告法》等相关法律对信息真实性的规定。其次,尊重他人知识产权,引用数据、观点时注明出处,避免侵犯版权,遵循《中华人民共和国著作权法》。

(2) 新闻稿应避免涉及敏感政治话题,保持中立客观,遵循《中华人民共和国宪法》关于维护国家安全和社会稳定的规定。在涉及人物报道时,尊重个人隐私,不泄露他人隐私信息,遵守《中华人民共和国民法典》关于个人隐私保护的规定。

(3) 在发布渠道上,选择合法合规的媒体平台,避免使用未经许可的传播渠道。同时,遵守互联网信息管理相关法规,不传播违法信息。如《中华人民共和国网络安全法》对网络信息传播有明确规范。

(4) 建立内部审核机制,对新闻稿进行法律审查,确保每一篇稿件都符合法律法规要求。通过这些措施,确保会议新闻稿在传播信息的同时,不触法律红线,维护良好的新闻传播秩序。

技能训练

一、单项选择题

1. 会议纪要和会议记录的相同点不包括(　　)。

A. 基本信息一致　　　　　　　　　B. 内容具有相关性

C. 文档性质一致　　　　　　　　　D. 文书目的一致

2. 会议纪要分发传达的平台载体不包括(　　)。

A. 微信平台　　　　　　　　　　　B. 纸质文件

C. 内部系统　　　　　　　　　　　　　　D. 专业电子邮箱

3. 会议新闻稿在学术会议场景中扮演的角色不包括(　　)。

A. 传播学术成果　　　　　　　　　　　　B. 促进学术合作

C. 提高公众认知度　　　　　　　　　　　D. 扩大影响力

4. 会议新闻稿受众对象为公众与媒体时,应使用(　　)的语言风格。

A. 正式、严谨　　　　　　　　　　　　　B. 简洁、务实

C. 专业、深入　　　　　　　　　　　　　D. 通俗、易懂

5. 以下(　　)不属于会议新闻稿的伦理规范。

A. 尊重隐私、避免侵权　　　　　　　　　B. 态度明确、做好站队

C. 传播积极、正面的信息　　　　　　　　D. 来源、采访过程保持透明

二、多项选择题

1. 以下属于会议纪要的特性的有(　　　　　　)。

A. 保密性　　　　B. 时效性　　　　C. 准确性　　　　D. 灵活性

2. 根据会议内容和目的的不同,会议纪要的类型有(　　　　　)。

A. 决策型　　　　　　　　　　　　　　　B. 讨论型

C. 信息型　　　　　　　　　　　　　　　D. 培训型

3. 以下属于会议纪要发文流程的有(　　　　　)。

A. 整理初稿　　　B. 审核修改　　　C. 签署确认　　　D. 分发传达

4. 会议新闻稿的核心特点包括(　　　　　　)。

A. 简洁性　　　　B. 时效性　　　　C. 客观性　　　　D. 传播性

5. 会议新闻稿的反馈与互动规范机制中,应当做到(　　　　　)。

A. 设立多元的反馈渠道,确保各渠道畅通,保护反馈者隐私。

B. 引导受众提供具体意见,同时给出解决方案或建议。

C. 对反馈迅速回复,并适当公开反馈及回应,增加透明度。

D. 分类整理反馈,并深入分析反馈,将合理意见落实到新闻稿修改中。

三、思考论述题

1. 会议纪要与会议记录之间的不同是什么?

2. 如何利用 AI 辅助工具提高会议纪要的效率?请举例说明。

3. 提高会议纪要的准确性有哪些方法?

4. 会议新闻稿的撰写技巧有哪些,请根据基础结构进行分析。

5. 会议新闻稿在撰写和发布过程中,应如何遵守法律法规?

四、综合实训题

[任务背景]

××公司 2025 年第一季度项目进展汇报会

一、会议时间

2025 年 3 月 10 日,上午 10:00—11:30

二、会议地点

公司总部会议室 A

三、会议人员

主持人：张伟(项目经理)记录人：王琳(行政助理)

参会人员：张伟、李娜、王丽、陈强、刘洋、赵敏

四、会议议程

1. 项目进展汇报

2. 问题与挑战讨论

3. 下一步行动计划

五、会议内容

1. 项目进展汇报

市场部(王丽)：已完成市场调研，目标客户群体锁定为 25～40 岁的中高收入人群。初步制定了营销策略，计划在 4 月初启动推广活动。

技术部(陈强)：产品开发进度正常，核心功能已完成 80%。预计 3 月底完成全部开发工作，4 月初进入测试阶段。

财务部(刘洋)：项目预算执行情况良好，目前支出占项目预算的 60%。预计后续推广活动将增加 20% 的成本，需要提前规划资金。

客户服务部(赵敏)：已制定客户支持计划，培训了 5 名专职客服人员。计划在产品上线前完成客服系统的测试与优化。

2. 问题与挑战讨论

技术部(陈强)：测试阶段需要额外的人力支持，建议从其他项目组抽调人员。

市场部(王丽)：推广活动的预算可能不足，需要与财务部协调资金分配。

客户服务部(赵敏)：客服系统的稳定性仍需进一步测试，建议技术部提供支持。

3. 下一步行动计划

技术部：3 月底前完成产品开发，4 月初启动测试。协调其他项目组，确保测试阶段的人力支持。

市场部：与财务部协商，调整推广活动预算。4 月初启动市场推广活动。

财务部：重新评估项目预算，确保资金充足。

客户服务部：与技术部合作，完成客服系统的测试与优化。

六、会议结论

1. 各部门须按计划推进工作，确保项目按时上线。

2. 技术部与客户服务部须加强协作，解决系统测试中的问题。

3. 市场部与财务部须尽快确定推广活动的预算调整方案。

七、下次会议安排

时间：2025 年 3 月 24 日，上午 10:00

地点：公司总部会议室 A

议程：测试阶段进展汇报、推广活动准备情况

[任务要求]

1. 请以上述会议记录为基础，撰写一篇会议纪要。

2. 请为以上会议编写一则会议新闻稿，该新闻稿将发布在该公司的内部网上。

项目评价表

学习效果评价表				
任务序号	任务内容	任 务 清 单	权	重
任务一	撰写会议纪要	了解会议纪要的概念	5分	5％
		掌握会议纪要的五个特性	10分	10％
		了解会议纪要的分类	5分	5％
		掌握会议纪要的基本格式要求	15分	15％
		区别会议纪要与会议记录的异同	5分	5％
		了解会议纪要的发文流程	5分	5％
		掌握提高会议纪要准确性的方法	10分	10％
任务二	撰写会议新闻稿	了解会议新闻稿的概念	5分	5％
		掌握会议新闻稿的四个核心特点	10分	10％
		了解会议新闻稿的应用场景	5分	5％
		掌握会议新闻稿的基础结构撰写技巧	10分	10％
		掌握会议新闻稿的内容优化方法	10分	10％
		了解会议新闻稿的传播规范	5分	5％
合　计			100分	100％

技术能力评价表				
技能序号	技能内容	技 能 清 单	权	重
技能训练一	会议纪要和会议新闻稿的常识认知	会议纪要的定义与特征	3分	3％
		会议新闻稿的定义与特征	3分	3％
		会议纪要与会议记录的异同	3分	3％
		会议纪要与会议新闻稿的区别	3分	3％
技能训练二	会议纪要和会议新闻稿的撰写技能认知	会议纪要的基本结构撰写技巧	13分	13％
		提高会议纪要准确性的方法	13分	13％

续　表

技能序号	技能内容	技能清单	权	重
技能训练二	会议纪要和会议新闻稿的撰写技能认知	会议新闻稿的基本结构撰写技巧	13分	13%
		会议新闻稿的内容优化方法	13分	13%
技能训练三	会议纪要和会议新闻稿的应用技能	会议纪要的发文流程	12分	12%
		会议新闻稿的应用场景	12分	12%
		会议新闻稿的传播规范	12分	12%
合　计			100分	100%

会议收尾——善始亦善终

 学习目标

通过本项目的学习,掌握会议运营的收尾流程,具备高效完成会议收尾工作的能力,并培养细致、负责、专业的职业素养,为未来从事会议运营及相关工作奠定基础。

知识目标:

1. 掌握会议清理与送离安排的具体内容和流程。

2. 了解会议经费结算的基本原则和方法。

3. 熟悉寄发感谢信的规范与技巧。

能力目标:

1. 能够独立完成会议清理与送离安排,包括协调清理人员安排送离交通及处理突发情况。

2. 能够进行会议经费结算,准确核对费用、完成报销流程并生成财务报告。

3. 能够撰写并寄发专业的感谢信,根据参会者身份和需求,定制个性化的感谢内容。

素养目标:

1. 培养细致入微的工作态度,在会议收尾工作中注重细节,确保每个环节的准确性和完整性。

2. 增强责任感和服务意识,以参会者为中心,提供周到、专业的服务,提升参会者满意度。

3. 树立团队协作与沟通意识,在会议收尾工作中与团队高效配合,确保任务顺利完成。

 学思践行

做会议收尾工作的"全面人"

在快节奏的现代社会中,时间成为最宝贵的资源之一。参会者往往在会议结束后需要立即投入其他工作或行程。因此,会场收尾工作必须高效、有序地进行。清理会场、送离参会者、结算经费等环节需要在最短时间内完成,以确保会场能够迅速恢复原状,为后续活动做好准备。同时,参会者对会议服务的期望值不断提高,专业的收尾工作不仅能够提升会议的整体形象,还能增强参会者的满意度和信任感。

在这一背景下,会议组织方需要不断优化收尾流程,融入科技与环保理念,提升服务质量和应对能力,以满足参会者的期望和时代的挑战。通过高效的会场收尾工作,不仅能够为会议画上圆满的句号,还能为未来的会议运营积累宝贵的经验和口碑。

★思考与践行

会议即将结束,会议收尾工作也即将开始。在对会议收尾工作进行策划和准备时,需要协调各个部门,在每个环节都要安排专人专项执行跟踪,方能确保会议收尾工作的周全。这是一个庞大的系统性工作,却是一个让每个参会者(包括工作人员)对会议留下美好回忆的重要环节。

未来的会议收尾工作在科技发展的背景下,只会更加周全和细致,而作为会议从业者,需要深入系统地掌握会议收尾工作的技能,培养细致入微的工作态度,树立周全的服务意识,方能避免会议收尾工作的纰漏给一场会议的运营留下遗憾。

 项目说明

本项目首先介绍会议收尾安排三个核心任务的重要性,包括定义和遵循的原则;其次介绍三个核心任务的具体实施步骤;最后介绍三个核心任务的特殊情况处理原则及方法。

本项目将帮助学会会场收尾工作的具体技能要领,培养在会场收尾工作中做到有序、细心、专业的职业素养,引导王琳增强责任感、服务意识和培养细致入微的工作态度。

 项目框架

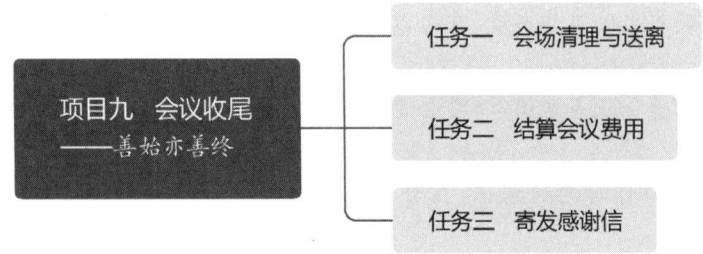

任务一　会议清理与送离

 **任务说明**

本任务通过讲解会议清理与会议送离安排的具体内容、遵循的原则及注意事项等内容,使学生能够系统掌握会场现场收尾的技能。通过本任务的学习,应该能够回答以下这些问题:会议清理的安排应注意哪些方面? 会议送离应遵循哪些原则? 会议清理和送离时遇到特殊情况该如何处理?

任务实施

一、会议清理与送离安排的重要性

会议清理与送离安排是会议运营的最后环节,也是确保会议圆满结束的关键步骤。它不仅关系到会议现场的整洁与安全,还直接影响参会者的体验和对会议的整体评价。一个高效的会议清理与送离安排能够提升会议的专业形象,增强参会者的满意度,并为未来的会议运营积累良好的口碑。

二、会议清理的具体安排

(一)会场清理

会场清理是会议结束后对会场进行的全面整理和恢复工作,主要包括设备器材的整理与归位、会场卫生的清洁、废弃物品的分类与处理以及场地恢复原状等环节。

1. 设备器材的整理与归位

(1)设备清点。会议结束后,首先需要对使用的设备进行清点,确保所有设备数量齐全,无损坏或遗失。清点过程中,应对照会议前的设备清单,逐一核实。

(2)设备整理。清点完成后,对设备进行整理,包括关闭电源、拔掉插头、整理线缆等。对于易损坏的设备,如投影仪、音响等,应特别小心,避免在整理过程中造成损坏。

(3)设备归位。整理好的设备应按照原定位置进行归位,确保下次使用时能够快速找到。归位时,应注意设备的摆放顺序和方式,避免造成空间浪费或设备损坏。

2. 会场卫生的清洁

(1)垃圾清理。会议结束后,会场内通常会留下大量的垃圾,如纸张、饮料瓶、食品包装等。清洁人员应首先对这些垃圾进行清理,确保会场内的环境整洁。

(2)桌面清洁。会议桌、主席台等桌面通常会有污渍,清洁人员应使用相应的清洁剂和工具进行清洁,确保桌面干净、无异味。

(3)地面清洁。地面是会场清洁的重点区域,清洁人员应使用吸尘器、拖把等工具对地面进行彻底清洁,确保地面无垃圾、无污渍。

(4)卫生间清洁。卫生间是会场的重要设施之一,清洁人员应定期对卫生间进行清洁和消毒,确保卫生间的卫生状况良好。

3. 废弃物品的分类与处理

(1)垃圾分类。由会议产生的垃圾,如纸张、塑料、金属等,应按照分类标准进行分类,便于后续处理。

(2)可回收物品处理。对于可回收的物品,如纸张、塑料等,应进行回收处理,减少资源浪费和环境污染。

(3)有害垃圾处理。对于有害垃圾,如电池、荧光灯管等,应进行特殊处理,避免对环境和人体造成危害。

4. 场地恢复原状

（1）桌椅归位。会议结束后，桌椅可能被移动或调整，应按照原定位置进行归位，确保场地的整洁和有序。

（2）装饰拆除。会议期间使用的装饰物，如横幅、海报等，应在会议结束后进行拆除，并妥善保管或处理。

（3）灯光音响复位。会议期间使用的灯光和音响设备，应在会议结束后恢复到初始状态，便于下次使用。

（二）资料清理

资料清理是会议结束后对会议过程中产生的各种资料进行整理、归档和保存的工作，主要包括会议文件的收集与归档、重要资料的备份与保存以及废弃文件的销毁等环节。

1. 会议文件的收集与归档

（1）文件收集。会议结束后，应立即对会议过程中产生的各种文件进行收集，包括会议议程、会议记录、发言稿、形成的结论与决议等。

（2）文件分类。收集到的文件应按照类别进行分类，如按照会议主题、文件类型等进行分类，便于后续查找和使用。

（3）文件归档。分类后的文件应进行归档处理，包括编制档案目录、装订成册、存入档案室等。归档时，应注意文件的保存期限和保密要求。

2. 重要资料的备份与保存

（1）资料识别。应对会议资料进行识别，确定哪些资料属于重要资料，需要备份和保存。重要资料通常包括会议决议、合同协议、重要发言等。

（2）资料备份。对于重要资料，应进行备份处理，包括电子备份和纸质备份。电子备份可以存储在硬盘、云盘等介质中；纸质备份可以复印或扫描后存档。

（3）资料保存。备份后的资料应进行妥善保存，避免丢失或损坏。保存时，应注意资料的保密性和安全性，设置访问权限和密码保护。

3. 废弃文件的销毁

（1）文件鉴定。应对废弃文件进行鉴定，确定哪些文件属于无用文件，确保废弃文件不包含敏感信息。

（2）文件销毁。纸质文件采用碎纸机或专业销毁服务进行彻底销毁。电子文件使用数据擦除软件或物理破坏存储介质，确保无法恢复。销毁方式需彻底，防止信息泄露。

（3）销毁记录。编制销毁文件清单，记录销毁的文件名称、数量等。设立监督人员，确保销毁过程的合规性。将销毁记录存档，以备后续核查。

（三）物资归还

物资归还关系到会议资源的合理利用、成本控制和组织声誉的维护。以下将从物资归还的准备、执行和后续处理三个方面进行详细分析。

1. 物资归还的准备

（1）归还计划的制定。根据物资租赁合同或借用协议，确定每类物资的归还时间，避免逾期产生额外费用。根据物资的性质和数量，选择合适的归还方式，如自行归还、物流配送或供应商上门回收。

(2)指定负责人。明确物资归还的负责人,负责协调和管理整个归还过程。将归还任务分配给具体的人员或团队,确保每项物资都有专人负责。

2.物资归还的执行

(1)整理物资。在会议结束后,立即对物资进行整理,确保物资完整、无损坏。

(2)检查物资。对照物资清单,逐一检查每项物资的数量和质量,确保与租赁或借用时的状态一致。

3.后续处理

(1)归还过程的沟通。

① 与供应商沟通。及时与物资供应商沟通,确认归还时间、方式和注意事项。

② 内部沟通。保持与内部团队的沟通,确保物资归还工作的顺利进行。

(2)物资的运输与交接。

① 安全运输。采用合适的包装和运输方式,确保物资在运输过程中不受损坏。

② 交接确认。在与供应商交接物资时,双方共同确认物资的数量和质量,签署交接凭证。

(3)费用结算。

① 核对费用。根据租赁合同或借用协议,核对物资使用费用,确保无误。

② 及时支付。在确认费用后,及时支付相关费用,避免产生滞纳金。

知识拓展

小气的爸爸

周末,在家陪五岁的女儿写作业的曹国权,突然接到通知,下午要召开紧急会议,需要他马上布置好会场,可是妻子出差在外还没有回来,于是他带着女儿来到单位。快速在自己办公室安置好女儿写作业后,他就立刻去筹备会务了。

会议结束后,曹国权把会场的座位牌、纸张、笔等都清理好带回办公室,这时还在写作业的女儿,目光被曹国权手里的一些圆珠笔给吸引了,尤其是其中的一支红色的圆珠笔,女儿问曹国权"爸爸,红色的笔,在班上只有老师才可以用的,你们怎么也用红色的笔呀!"曹国权微笑地对女儿说,"你说的对! 在班上是老师用的,但是红色的笔,不只是老师可以用,我们工作需要时,也可以用的!"女儿若有所思地点了点头,于是又开始对曹国权说,"爸爸,你们用完了吗?"曹国权说,"是的! 今天会议结束了!"女儿又问,"那你可以送给我吗?"曹国权愣了一下,于是语重心长地说,"这支笔爸爸不能给你,因为这不是爸爸的,是爸爸工作单位的资产,下次开会的话,还有可能会用到!"当女儿听到一向有求必应的爸爸说不时,不高兴地说,"爸爸真小气,一支笔都不给我! 我要告诉妈妈去!"

曹国权耐心地说道,"孩子,你要记住,公家的东西,再小咱们也不能拿! 这是做人做事的原则! 你喜欢红色的笔,来! 咱们走,爸爸带你买去!"

当从办公室的走廊路过,看到了墙上挂着的"誓不取一钱以肥家"的清廉格言时,曹国权似乎想起了什么，于是转身对女儿说，"等你长大了，可能会读一所学校，叫'箴言中学'，这学校最早创始人叫胡林翼，他呀，是大官，可是很清廉，并'誓不取一钱以肥家'，就是说不拿公家一分钱到自己家，并告诫后人'吾辈做官如仆之看家'，要德才为先，堂堂正正做人，这是政风、也是家风，爸爸希望你长大后……"

回家的路上，父女俩手牵着手，父亲慢条斯理地讲述着，女儿时不时地认真点个头，胡林翼的清风故事就这样一路上陪伴着他们。

三、送离安排

(一) 送离时间安排

送离时间的合理安排是确保参会者顺利离开会场的关键。送离时间安排需要考虑参会者的数量、交通状况以及会议结束后的其他活动安排。

1. 提前通知

会议结束前提醒与会人员，在会议结束前 15～30 分钟，通过广播、公告或主持人提醒的方式，告知参会者会议即将结束，并提示送离时间与相关安排。另外，在会议日程中明确标注送离时间，确保参会者提前做好离开准备。

2. 分批送离

按区域或单位分批处理，根据参会者的座位区域或单位，分批次安排送离，避免集中离开导致拥堵。对于需要统一接送的参会者，根据交通工具的到达时间，合理安排送离批次。

3. 灵活调整

如果会议结束时间延迟或提前，应及时调整送离时间，并通过现场通知或短信等方式告知参会者。

4. 特殊需求优先

对于老年人、残疾人或有特殊需求的参会者，优先安排送离，确保他们的安全和便利。

(二) 送离方式安排

送离方式的选择直接影响参会者的离开效率和体验。根据会议规模、参会者需求以及场地条件，合理选择送离方式。

1. 交通安排

对于大型会议或外地参会者，安排统一接送车辆，确保参会者能够顺利到达机场、车站或酒店。对于本地参会者，提供详细的公共交通指引，包括地铁、公交线路和出租车搭乘点。为自驾参会的嘉宾提供停车场位置和离场路线指引，避免拥堵。

2. 指引服务

在会场出口、停车场、接送点等关键位置安排工作人员，提供清晰的指引服务。同时，设置明确的标志牌，标明接送车辆停靠点、公共交通站点和离场路线。

3. 特殊需求服务

为行动不便的参会者提供专门的送离服务，如轮椅接送或专人陪同。对于国际会议，安排多语言服务人员,帮助外宾解决语言障碍。

4. 制定应急预案

制定送离应急预案,如交通堵塞、车辆故障等,确保参会者能够及时离开。另外准备备用车辆,以应对突发情况。

(三) 送离礼仪

送离礼仪体现了会议组织方的专业性和对参会者的尊重。良好的送离礼仪能够为会议画上圆满的句号。

1. 送离礼仪的基本原则

(1) 尊重与礼貌。无论参会者的身份如何,都应一视同仁,给予充分的尊重和关注。送离工作人员需使用规范、礼貌的语言,如"感谢您的参与""祝您一路顺风"等。

(2) 细致与周到。从参会者的需求出发,提供细致入微的服务,如帮助搬运行李、提供交通指引等。还应当根据参会者的特殊需求,提供个性化的送离服务。

(3) 真诚与热情通过语言、行为或小礼物,真诚表达对参会者的感谢。在送离过程中保持热情,让参会者感受到会议组织方的诚意。

(4) 专业与规范。送离工作人员应统一着装,体现会议的专业性。同时,制定规范的送离流程并严格执行,确保送离工作有序进行。

2. 送离礼仪的具体实施

(1) 语言礼仪。

① 礼貌用语。在送离时使用礼貌用语,如"期待下次再见"等。

② 个性化问候。对于重要嘉宾或 VIP 参会者,使用个性化的问候语,如"张教授,感谢您的精彩演讲"等。

③ 多语言服务。对于国际会议,安排多语言服务人员,确保外宾能够理解并感受到尊重。

(2) 行为礼仪。

① 微笑送别。工作人员在送离时应保持微笑,主动与参会者道别。

② 主动帮助。对于携带行李或行动不便的参会者,主动提供帮助,如搬运行李、引导路线等。

③ 握手致意。对于重要嘉宾或 VIP 参会者,可握手致意,表达感谢和尊重。

(3) 礼品与纪念品。

① 感谢信。在送离时,向参会者发放感谢信,表达对参会者支持的感谢。

② 纪念品。准备小礼品或纪念品,如会议定制笔记本、徽章等,增强参会者的归属感。

③ 即时打印照片。对于重要嘉宾,可提供即时打印照片服务,作为会议的美好回忆。

(4) 拍照留念。

① 合影机会。为参会者提供与会议组织者或嘉宾合影的机会,增加互动性和趣味性。

② 专业摄影。安排专业摄影师拍摄送离场景,作为会议记录和宣传素材。

（5）特殊需求服务。

① 老年人及残疾人服务。为行动不便的参会者提供专门的送离服务,如轮椅接送或专人陪同。

② 语言服务。对于国际会议,安排多语言服务人员,帮助外宾解决语言障碍。

3. 送离礼仪的优化与提升

（1）培训与演练。定期对送离工作人员进行礼仪培训,提升他们的礼仪素养和服务水平。另外,在会议前进行送离礼仪的模拟演练,确保工作人员熟悉流程和细节。

（2）反馈与改进。在送离后,通过问卷调查或访谈收集参会者对送离礼仪的反馈意见。根据反馈意见,不断优化送离礼仪的流程和细节,提升参会者的满意度。

（3）创新与个性化。根据会议主题和参会者特点,创新送离礼仪的形式,如赠送定制化礼品、互动式送别等。根据参会者的需求,提供更加细致周到的送离服务,如安排专车送至指定地点。

（四）送离后的跟进

会议送离后的跟进旨在巩固与参会者的联系、收集反馈意见、评估会议效果,并为未来的会议运营积累经验。这一环节不仅能够提升参会者的满意度,还能为会议组织方提供宝贵的数据支持和改进方向。

1. 会议送离后跟进的具体内容

（1）反馈收集。

① 问卷调查。设计详细的问卷,涵盖会议内容、组织、服务、送离安排等方面,通过邮件或在线平台发送给参会者。

② 电话回访。对于重要嘉宾或 VIP 参会者,安排电话回访,深入了解他们的意见和建议。

③ 社交媒体互动。通过微信、微博等社交媒体平台,收集参会者的反馈和评价。

（2）数据分析。

① 反馈整理。对收集到的反馈意见进行分类整理,找出共性问题和建议。

② 数据统计。统计参会者的满意度评分、参与度等关键指标,评估会议效果。

③ 报告撰写。根据分析结果,撰写会议总结报告,为未来会议提供参考。

（3）后续联系。

① 感谢信。向参会者发送感谢信,表达对他们的支持和参与的感谢。

② 资料分享。分享会议总结、演讲 PPT、照片等资料,增强参会者的参与感。

③ 活动邀请。邀请参会者参加未来的会议或相关活动,保持长期联系。

（4）关系维护。

① 建立联系。通过邮件、微信等方式与参会者保持联系,定期发送行业资讯或活动信息。

② 合作机会。对于潜在合作伙伴或重要嘉宾,送离后的联系跟进有利于和这些参会者探讨未来的合作机会,建立长期合作关系。

2. 会议送离后跟进的实施方法

（1）制定跟进计划。

① 明确目标。确定跟进的具体目标,如收集反馈、评估效果、巩固关系等。

② 时间安排。制定详细的跟进时间表,确保跟进工作有序进行。

③ 责任分工。明确跟进工作的责任人和分工,确保每个环节都有人负责。

（2）设计反馈工具。

① 问卷设计。设计简洁明了的问卷,涵盖会议内容、组织、服务、送离安排等方面。

② 回访提纲。制定回访的提纲,确保回访内容全面且有条理。

③ 社交媒体互动。设计并在社交媒体上发布互动话题,吸引参会者分享他们的参会体验。

（3）实施跟进工作。

① 发送问卷。在会议结束后 1~2 天内,通过邮件或在线平台发送问卷,确保参会者的记忆新鲜。

② 电话回访。在会议结束后 3~5 天内,安排电话回访,深入了解重要嘉宾的意见和建议。

③ 社交媒体互动。在会议结束后及时在社交媒体平台上发布总结和会议现场照片,吸引参会者互动。

知识拓展

会议满意度调查问卷模板

您好！为提高会议质量,更好地开展会务服务,特开展本次满意度调查,希望能够得到您积极配合和大力支持！我们将及时处理您的意见,使会议服务工作做得更好。本调查问卷无须填写个人姓名,答案没有正误之分,您只用根据自己的实际情况选中合适的答案,在空白栏填上适当内容即可。谢谢您的配合。

1. 请问您对会议整体效果评价。

〇满意 〇良好 〇一般,存在问题 〇不满意,没有达到效果

2. 您对会议议程环节的满意度评价。

项　　目	很好	好	一般	差	有效建议
企业文化植入	〇	〇	〇	〇	
部门汇报环节	〇	〇	〇	〇	
工作沟通协调环节	〇	〇	〇	〇	
议题讨论环节	〇	〇	〇	〇	
点评环节	〇	〇	〇	〇	
总结与工作部署环节	〇	〇	〇	〇	

3. 您对会议组织环节的满意度调查。

项　　目	很好	好	一般	差	有效建议
会议时间安排	○	○	○	○	
会议地点	○	○	○	○	
会议内容	○	○	○	○	
会议形式	○	○	○	○	
会议布置	○	○	○	○	
会议主持	○	○	○	○	
暖场 PPT	○	○	○	○	

4. 您认为目前的会议议程安排是否合理?
○合理,时间利用效率高
○还行,需要提高
○议程太慢,影响整体会议效果
○议程太快,影响整体会议效果

5. 您认为我们会议应该解决什么问题?(按照重要程序排序)
○行动和业务指导
○总结与规划
○发现问题和解决问题
○信息传递交流与沟通

6. 您认为目前会议的问题和不足还有哪些?

_____

7. 您对会议议程中最不满意的地方是什么? 如有,能否给出有效建议?

_____

8. 您对会议模式中最满意的地方是什么?

_____

9. 您对公司会议还有哪些好的建议和想法?

_____

在设计问卷时,可以参考如下的一些建议或原则。

(1) 明确调查目的。在问卷开头明确说明调查的目的和意义,确保参会者了解问卷的重要性。

(2) 简洁明了。问题设置应简洁明了,避免过于冗长的题干。

(3) 单项与多项选择题结合,便于数据统计和分析。

(4) 设置一些开放性问题,允许参会者自由表达意见和建议。

(5) 在问卷结尾处感谢参与者的答题。

任务二　结算会议费用

⚓ 任务说明

　　本任务通过讲解会议费用的重要性、结算流程、注意事项等内容,使学生能够系统掌握结算会议费用的技能。通过本任务的学习,应该能够回答以下这些问题:会议费用结算的流程是怎样的? 会议费用的项目有哪些? 会议费用结算需要注意哪些细节?

◎ 任务实施

一、会议费用的收支项目

　　会议费用的收支项目涵盖了会议筹备、进行及收尾过程中的所有财务往来,具体包括如下内容。

　　(一) 收入项目

　　(1) 注册(报名)费,是参会者注册报名时缴纳的费用,会议的主要收入来源之一。

　　(2) 赞助费,是企业或机构赞助会议提供的资金或资源支持。

　　(3) 展位费,是会议附带的展览或展示活动中的展位租赁费用。

　　(4) 其他收入,一般有会议资料费、证书费等。

　　(二) 支出项目

　　(1) 场地租赁费,一般为租用会议场地的费用。

　　(2) 设备租赁费,一般为音响、投影等会议设备的租赁费用。

　　(3) 餐饮费,一般为会议期间的餐饮安排费用。

　　(4) 住宿费,一般为参会者提供住宿安排的费用。

　　(5) 交通费,一般为参会者的交通安排及物流运输费用。

　　(6) 嘉宾费,一般为邀请嘉宾所产生的费用,如交通、住宿及酬劳等项目费用。

　　(7) 宣传费,一般为会议宣传所产生的费用,如广告、宣传资料制作等项目费用。

　　(8) 其他支出,如会议资料印刷、礼品制作等杂项费用。

二、会议费用结算的重要性

　　会议费用结算在会议运营中扮演着至关重要的角色。它不仅关乎财务本身,更影响到会议的各个方面,包括参会者体验、供应商关系、组织声誉、决策质量以及风险应对等。因此,会议组织应高度重视费用结算工作,确保其规范、高效、透明地进行。

　　(一) 确保财务透明与合规

　　(1) 提升透明度。通过详细的费用结算,所有收支项目一目了然,避免了暗箱操作和财务不透明的现象。这有助于增强参会者、赞助商及内部团队对会议组织的信任。

（2）保障合规性。遵循相关财务法规和内部管理制度进行费用结算，确保会议费用的使用符合规定，避免法律风险和内部审计问题。

（二）维护各方利益

（1）参会者权益。准确的费用结算确保参会者支付的报名费、资料费等得到合理使用，提升参会体验和满意度。

（2）供应商关系。及时、公正地结算供应商费用，如场地租赁、设备租赁、餐饮服务费用等，有助于建立长期稳定的合作关系，增加未来合作的可能。

（3）赞助商回报。对于赞助商的投入，通过费用结算明确其资金使用情况和效果，为赞助商提供明确的投资回报，增强其继续支持的意愿。

（三）提升会议效率与质量

（1）控制预算。通过费用结算，可以实时监控会议预算的执行情况，及时调整支出结构，确保会议在预算范围内顺利进行。

（2）优化资源。分析费用结算数据，可以识别出资源使用中的浪费等不足之处，为未来会议的资源配置提供优化依据。

（四）增强组织声誉与品牌形象

（1）塑造专业形象。规范的费用结算流程体现了会议组织高效、专业和负责任的形象，提升在行业内的声誉。

（2）提升品牌价值。良好的财务管理和透明的费用结算有助于打造会议品牌，吸引更多参会者、赞助商和合作伙伴。

（五）促进持续改进与创新发展

（1）数据驱动决策。费用结算提供的大量数据为会议组织的决策提供了有力支持，有助于决策者制定更科学、合理的会议计划和预算。

（2）创新激励。分析费用结算中的问题和挑战，可以激励会议组织探索新的管理模式和技术手段，推动会议产业的创新发展。

（六）应对风险与挑战

（1）预防风险。及时的费用结算有助于发现潜在的财务风险，如预算赤字、费用欠付等，便于采取有效措施进行预防和管理。

（2）应对挑战。在面临突发事件或市场变化时，合理的费用结算方式为会议组织提供了灵活调整的余地，确保会议的稳定进行。

知识拓展

会议结算岗位人员的主要职责

一、会议费用的核算和结算

结算岗位人员主要负责会议各项费用的核对、记录和报销，确保费用的合规性和准确性。这些费用包括参会人员的交通费用、住宿费用、餐饮费用等，需要按照公司的政策和会议预算进行报销。

二、协助编制和审核会议预算

在会议筹备阶段,结算岗位人员与会议组织者和相关部门合作,共同制定会议预算。根据会议的规模、时长、地点等因素,预先估算各项费用,并在会议进行过程中进行动态调整,确保预算的合理性和有效性。

三、跟进会议费用的支付和收款

结算岗位人员需要与财务部门协作,及时办理会议费用的支付和收款事宜。例如向酒店、餐厅、交通公司等单位支付费用,同时跟踪参会人员的付款情况,确保费用能够及时收回。

四、统计和分析会议费用

结算岗位人员要及时总结和分析会议费用的情况,制作报表和汇总数据,并向相关部门和负责人提供相关财务报告。通过分析会议费用的变化和趋势,为未来的会议预算和决策提供参考依据。

五、解决财务问题和纠纷

在会议结算过程中,可能会遇到一些财务问题和纠纷,如费用计算错误、发票缺失、费用争议等。结算岗位人员需要积极与相关方沟通和协调,寻求解决方案,确保会议费用的准确性和合规性。

六、提供财务咨询和支持

结算岗位人员为会议组织者和参会人员提供相应的财务咨询和支持,解答有关费用报销的问题,提供相关的财务政策和制度说明。同时,需要及时更新和提供相关的费用报销表格和模板,在合理的范围内优化报销流程,提高工作效率。

七、管理财务档案和资料

结算岗位人员对会议的财务相关文件和资料进行归档和保存,确保财务档案的完整性和保密性。例如会议费用的发票、报销单据、付款凭证等,需要按照相关法规和公司的规定进行妥善保管。

八、参与流程改进和技术应用

结算岗位人员根据会议结算工作的实际情况,参与会议的改进,不断提高工作效率和质量。

三、会议费用结算的流程

会议费用结算是会议收尾阶段的核心工作之一,涉及费用的汇总、审核、报销和分析等多个环节。一个清晰、规范的结算流程不仅能确保财务透明,还能为未来的会议提供宝贵的经验和数据支持。具体流程如图 9-1 所示。

(一) 费用汇总

费用汇总是结算流程的第一步,目的是将所有与会议相关的支出和收入进行整理和记录,确保数据的完整性和准确性。

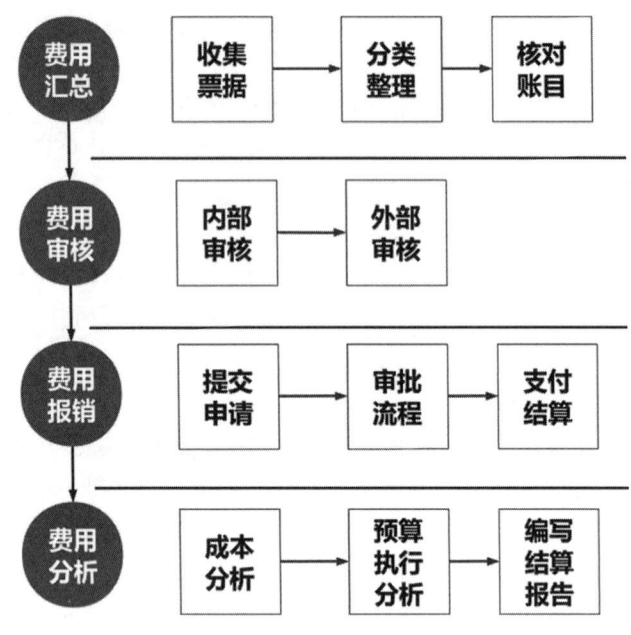

图 9-1 会议费用结算流程

1. 收集票据

收集票据范围包括场地租赁费、餐饮费、交通费、住宿费、宣传费、设备租赁费、礼品费、人员劳务费等。票据类型包括发票、收据、合同、银行转账凭证等。收集票据时，注意确保票据的合法性和有效性（如发票是否加盖公章、金额是否与实际支出一致）。对于电子票据，须妥善保存电子版并备份。

2. 分类整理

收集票据后，须将票据进行分类整理。按费用类别分类，如场地费、餐饮费、交通费等。按支付方式分类，如现金支付、银行转账、信用卡支付等。按时间顺序整理，便于核对和审核。

3. 核对账目

（1）与预算对比。将实际支出与预算进行对比，分析是否存在赤字或结余。

（2）与合同对比。核对合同约定的金额与实际支付金额是否一致。

（3）与银行流水对比。确保每一笔支出都有对应的银行流水记录。

（二）费用审核

费用审核是确保费用结算合规性和合理性的关键环节，通常分为内部审核和外部审核两个阶段。

1. 内部审核

审核内容包括票据的真实性，即是否存在虚假票据或重复报销；费用的合理性，即支出是否符合会议的实际需求；预算执行情况，即是否存在超支或未按预算执行的情况。

审核流程一般由财务部门或会议筹备组的财务专员进行初步审核，对于大额支出或特殊支出，则应提交给相关负责人进行二次审核。

2．外部审核

对于大型会议或涉及金额较大的会议，可聘请第三方审计机构进行独立审核。审核重点包括财务流程是否规范、是否存在财务漏洞或违规行为、是否符合相关法律法规。

（三）费用报销

费用报销是将审核通过的费用支付给相关方（如供应商、合作伙伴或参会人员）的过程。

1．提交申请

填写报销单，包括费用类别、金额、支付对象、支付方式等信息。同时附上票据，将审核通过的票据附在报销单后。

2．审批流程

根据公司或机构的财务制度，对报销单进行审批（如部门负责人、财务负责人、高层领导）。对于大额支出或特殊支出，一般需要额外提交说明材料。

3．支付结算

根据合同约定或实际情况，选择银行转账、现金支付或支票支付等方式。确保在规定时间内完成支付，避免因延迟支付导致的纠纷。保存支付凭证（如银行转账记录、支票存根等），便于后续查询。

（四）费用分析

费用分析是对会议总成本进行深入分析的过程，旨在为未来的会议提供数据支持和优化建议。

1．成本分析

（1）总成本计算。统计会议的总支出和总收入，计算净成本。

（2）各项支出占比。分析各项支出（如场地费、餐饮费、宣传费）在总成本中的占比。

（3）成本效益分析。评估各项支出的实际效果，如宣传费是否达到了预期效果。

2．预算执行分析

（1）预算与实际对比。分析预算执行情况，找出超支或节约的原因。

（2）预算调整记录。记录预算调整的原因和金额，为未来预算编制提供参考。

3．编制结算报告

（1）报告内容。对会议总支出和总收入、各项支出的详细说明、预算执行情况分析、费用结算中发现的问题及改进建议进行报告。

（2）报告用途。结算报告应当提交给管理层或主办方，作为会议总结的一部分存档备查，为未来的会议提供参考。

四、会议费用结算的注意事项

（一）票据管理

票据是费用结算的核心依据，确保票据的完整性和真实性是避免财务风险的基础。须确保所有票据（如发票、收据、合同等）齐全，避免遗漏。核对票据的真实性，防止虚假票据或重复报销。对于电子票据，须妥善保存并备份。

同时，分类整理票据有助于提高结算效率，便于后续审核和分析。对于大额支出，需单独标注并附上相关合同或协议。

（二）预算控制

预算是会议费用支出的指导框架，核对预算执行情况有助于发现超支或节约的原因。将实际支出与预算进行对比，分析差异原因。对于超支部分，须提交说明材料并报批。记录预算调整的原因和金额，为未来预算编制提供参考。

在会议执行过程中，可能会遇到不可预见的情况而要调整预算。预算调整须经过正式审批流程，避免随意变更。调整后的预算应及时通知相关部门和人员。

（三）合同管理

合同是费用结算的法律依据，确保合同的签订和履行是避免纠纷的关键。与供应商和合作伙伴签订正式合同，要明确费用结算的方式和时间。确保合同条款的履行，避免因合同纠纷导致的费用结算问题。

同时，要加强对合同条款的审核，尤其是合同中的付款条件、违约责任等条款。合同条款的审核有助于发现潜在风险，确保结算的合规性。对于大额合同，建议由法律顾问参与审核。

（四）税务合规

税务合规是费用结算的基本要求，要确保所有发票的合法性和合规性，避免因发票问题导致的税务风险，并及时进行税务申报，确保费用结算合法。

对于涉及跨境支付的费用，须了解相关税务政策。了解跨境支付的税务规定，避免因税务问题导致的额外成本。对于跨境合同，建议由专业税务顾问参与审核。

（五）支付结算

支付方式的规范性有助于确保资金安全，避免支付风险。根据合同约定或实际情况，选择银行转账、现金支付或支票支付等方式。对于大额支付，建议采用银行转账方式，并保存支付凭证。同时，确保在规定时间内完成支付，避免因延迟支付导致的纠纷，这有助于维护与供应商和合作伙伴的良好关系。

对于紧急支付，须提前与财务部门沟通，确保支付流程的顺利进行。

（六）沟通协调

内部沟通的顺畅有助于提高结算效率，避免信息不对称。与财务部门、采购部门等保持密切沟通，确保费用结算的顺利进行。对于结算过程中发现的问题，须及时反馈并解决。

外部沟通的顺畅有助于维护与供应商和合作伙伴的良好关系。与供应商和合作伙伴保持良好的沟通，及时解决费用结算中的问题。对于合同履行中的问题，要及时协商解决，避免影响结算进度。

（七）费用分析

费用分析有助于了解会议的实际成本，为未来的预算编制提供依据。对会议的总成本进行分析，了解各项支出的占比和合理性。对于超支部分，则应分析原因并提出改进建议。

同时，评估会议的经济效益，分析投入与产出的比例，有助于了解会议的经济效益，为未来的会议策划提供参考。

实例 9-1

会议结束后,王琳开始进行会议经费结算。

一、统计会议经费收支情况

王琳根据会议筹备时会议经费预算支出项目及实际支出情况制定了经费结算表,如表 9-1 所示。

表 9-1　经费结算表

支出项目	单位	数量	单价(元)	金额(元)	备　注
场地租用费	天	1	8 000	8 000	
摄像机租用费	台	2	1 000	2 000	
鲜花				1 000	
横幅	条	5	100	500	
充气拱门	个	2	500	1 000	
嘉宾咨询费	个	2	5 000	10 000	
餐饮	桌	12	800	96 000	
租用客车	辆	6	1 000	6 000	
公司宣传册	本	400	5	2 000	
会标					
会议代表证					
文具					
纪念品	份	300	85	25 500	
文艺演出				5 000	
公司工作人员劳务费	天		25	12 000	40 人,12 天
其他费用					
合　计				169 000	

二、确定会议经费结算的付款方法和时间

王琳在对会议期间实际发生的支出费用进行统计之后,又根据公司的财务管理规定和服务商结算的要求,对公司会议经费结算的付款方法和时间进行了罗列,以便有针对性地进行结算,具体内容如表 9-2 所示。

表9-2　经费结算的付款方法与时间表

设施和服务	费用的确定方式	付款的方法和时间
场地租用费	事先确定费用	预订时交订金。活动之后按实际支出开具发票,支票结账
摄像机租用费	活动之前确定费用	活动之后为租用费用开发票,使用现金结账
会场装饰费	会议之前申请和安排	会议之前根据实际支出费用使用现金结账
嘉宾咨询费	事先确定费用	在活动之后支付给嘉宾
宴请费	事先商定费用	预订时交订金。会议之后按实际支出开发票,支票结账
交通费用	事先商定费用	预订时交订金。会议之后按实际支出开发票,支票结账
会议用品费	会议之前申请和安排 会议之前可用零用现金购买	零用现金偿付文具订购费用,事先开发票和付款
纪念品及演出费	事先商定费用	预订时交订金。会议之后按实际支出开发票,支票结账
公司工作人员劳务费	根据公司相关规定确定	会议之后银行转账支付

三、通知与会人员结算时间、地点

统计完会议经费支出项目和了解了设施和服务经费结算的方法和时间后,根据公司关于费用发生15日内必须将所发生的费用进行报销和结算的财务管理规定,王琳确定于某日上午9:00在一号会议室进行会议经费结算后,就开始通知与会的几个部门以及在会议中发生费用的个人和部门按时参加,并将此次会议中发生的费用进行统计,将相关发票整理好一并带来。

四、清点并核实费用支出发票

王琳将各部门及个人在会议期间产生的费用发票进行了清点,并逐个地进行了审核,剔除了不符合公司财务报销制度的发票,对符合报销规定,但填写不规范的发票,要求重新开具。

五、填写报销单并将发票贴于报销单背面

在清点和核实了费用支出发票后,根据公司财务报销的相关规定,王琳填写了费用报销单,并将所有发票整齐地贴在报销单的背面。

六、请领导审批、签字

王琳填好费用报销单,请总经理和财务部经理审核签字。

七、到财务部门报销

王琳带着领导审核、签字后的报销单到财务部门报销。

八、与相关部门及人员结清费用

王琳报销完费用后,便通知相关部门及人员到总经理办公室结清费用。

任务三　寄 发 感 谢 信

 **任务说明**

本任务通过讲解会议感谢信的定义、类型、撰写技巧及原则和发送时机等内容,使学生能够系统掌握会议感谢信的撰写技能。通过本任务的学习,应该能够回答以下这些问题:会议感谢信何时有必要寄发? 会议感谢信该如何个性化设计? 会议感谢信该什么时候发送?

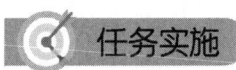 **任务实施**

一、会议感谢信

(一) 会议感谢信的基本概念

会议感谢信,是指在会议结束后,主办方或组织者向参会者、演讲嘉宾、赞助商、工作人员以及其他相关方发送的一种书面或电子形式的信函,旨在表达对他们参与、支持或贡献的感激之情。感谢信不仅是礼仪性的沟通工具,更是会议运营中不可或缺的环节,能够有效巩固会议成果、维护人际关系、提升会议品牌形象。

(二) 会议感谢信的核心要素

(1) 表达感激。感谢信的核心目的是表达对收信人的感激之情,无论是参会者的积极参与、演讲嘉宾的专业分享、赞助商的支持,还是工作人员的辛勤付出,都应通过感谢信传递出主办方的真诚谢意。

(2) 回顾成果。感谢信通常会简要回顾会议的主要成果和亮点,帮助收信人回忆会议的重要内容,增强他们对会议的认同感和满意度。

(3) 展望未来。感谢信不仅是对过去的总结,更是通向未来的桥梁。通过表达对未来合作或再次参与的期待,主办方可以为后续的合作机会奠定基础。

(4) 个性化沟通。感谢信应尽量根据不同的对象进行个性化定制,避免千篇一律的模板化内容,以体现主办方的用心和重视。

(三) 会议感谢信的功能与作用

(1) 礼仪性功能。感谢信是会议礼仪的重要组成部分,体现了主办方对参会者及相关方的尊重和重视。

（2）情感连接功能。通过感谢信,主办方可以与参会者、嘉宾、赞助商等建立情感连接,增强他们的归属感和满意度。

（3）品牌塑造功能。一封真诚、专业的感谢信能够提升会议的品牌形象,传递出主办方的专业性和责任感。

（4）关系维护功能。感谢信是维护和巩固人际关系的重要手段,能够为未来的合作创造更多机会。

（5）反馈收集功能。感谢信可以附带反馈表或链接,帮助主办方收集参会者的意见和建议,为改进未来的会议提供参考。

（四）会议感谢信的类型

会议感谢信的类型多种多样,根据不同的对象和形式,可以选择最合适的感谢信类型。无论是参会者、演讲嘉宾、赞助商、工作人员还是合作伙伴,通过个性化的感谢信,主办方都能够有效表达感激之情,巩固会议成果,维护人际关系,提升会议品牌形象,具体见表 9-3 和表 9-4。

表 9-3　按对象进行分类

类　别	定　义	内　容	目　的
参会者感谢信	针对所有参会者发送的感谢信,感谢他们的积极参与和贡献	通常包括对参会者出席的感谢、会议成果的简要回顾以及未来活动的邀请	增强参会者的归属感和满意度,鼓励他们未来继续参与
演讲嘉宾感谢信	专门为演讲嘉宾准备的感谢信,感谢其的专业分享和时间投入	除了表达感谢外,还会提及嘉宾演讲的亮点和对会议的贡献	维护与嘉宾的良好关系,为未来的合作奠定基础
赞助商感谢信	向赞助商发送的感谢信,感谢他们的资金或资源支持	详细说明赞助对会议成功的重要性,并附上赞助效果的反馈	巩固与赞助商的合作关系,确保未来继续获得支持
工作人员感谢信	针对会议工作人员(包括志愿者)的感谢信,感谢他们的辛勤付出	强调团队合作的重要性,感谢每个人的具体贡献	提升团队凝聚力,激励工作人员未来继续积极参与
合作伙伴感谢信	向合作伙伴发送的感谢信,感谢他们的协作与支持	回顾合作的具体成果,表达对未来合作的期待	促进长期合作关系,探索更多合作机会

表 9-4　按形式进行分类

类　别	定　义	特　点	适用场景
电子邮件感谢信	通过电子邮件发送的感谢信,高效便捷,适合大规模发送	可以附上会议照片、视频链接或反馈表,增强互动性	适合参会者、演讲嘉宾等需要快速传达感谢的场合

续　表

类　别	定　义	特　点	适用场景
纸质感谢信	通过邮寄方式发送的纸质感谢信,更具仪式感	可以附上纪念品或礼品,提升收信人感受	适合重要嘉宾、赞助商等需要更高重视程度的场合
社交媒体感谢信	通过官方社交媒体账号发布的感谢信,扩大影响力	可以结合图片、视频等多媒体内容,增强互动性和传播效果	适合需要广泛传播和互动的场合,如大型会议或公众活动
短信或微信感谢信	通过短信或微信发送的简短感谢信息,方便快捷	内容简洁,适合快速传达感谢之情	适合需要即时反馈或简短视频的场合,如小型会议或内部活动

实例 9-2

以下是一封极具参考价值的感谢信。

致全体市民的感谢信

亲爱的市民朋友们:

　　第16届亚洲运动会和第10届亚洲残疾人运动会已圆满落幕。在这段难忘的日子里,广州以热情、友好、开放的形象,向亚洲和世界展示了这座城市的魅力。亚运会的成功举办,离不开全体市民的积极参与和无私奉献。在此,我们向全体市民表示衷心的感谢!

　　感谢你们以主人翁的姿态,积极参与亚运、服务亚运、奉献亚运;感谢你们用热情的微笑、周到的服务、无私的奉献,为亚运会的成功举办作出了重要贡献。正是因为你们的支持和努力,广州才能以最美的姿态迎接八方来客,才能以最饱满的热情展现东道主的风采。

　　亚运会的成功举办,不仅提升了广州的国际影响力,也为城市的发展注入了新的活力。我们共同见证了广州的美丽蜕变,也共同分享了亚运带来的荣耀与喜悦。亚运会的成功,是全体市民共同努力的结果,是广州城市精神的生动体现。

　　亚运会的成功只是一个新的起点。我们将继续发扬亚运精神,努力把广州建设成为更加繁荣、和谐、宜居的城市。让我们携手并肩,共同创造广州更加美好的明天!

　　如有任何意见和建议,欢迎通过市政府官方网站或热线电话与我们联系。

　　最后,衷心祝愿全体市民身体健康、家庭幸福、工作顺利!

广州市人民政府
2010 年 12 月

二、会议感谢信的内容结构

　　感谢信的内容结构通常包括标题、称呼、开场白、具体感谢内容、会议成果回顾、未来展望、联系方式、结尾祝福和署名等部分。这里,我们以【实例9-2】中广州亚运会给市民的感谢信为案例,详细分析其内容结构,并解释每一部分的作用和意义。

(一)案例背景

广州亚运会是2010年举办的一场国际性体育盛会,吸引了来自亚洲各国的运动员和观众。在亚运会结束后,广州市政府向全体市民发布了一封感谢信,感谢市民对亚运会的支持与贡献。这封感谢信不仅表达了对市民的感激之情,还总结了亚运会的成果,并展望了广州未来的发展。

(二)内容结构分析

1. 标题

案例的标题为"致全体市民的感谢信",该标题简洁明了,直接点明感谢信的主题和对象(全体市民),让读者一目了然。标题没有过于复杂的修饰,而是以直接、真诚的方式表达感谢,符合政府公文的风格。

2. 称呼

称呼是感谢信的开端,决定了信件的语气和情感基调。案例中使用"亲爱的市民朋友们"这一称呼,既亲切又正式,拉近了政府与市民之间的距离,体现了对市民的尊重和关怀。

(三)开场白

开场白一般可以简要提及活动背景,为后续的感谢内容做铺垫。案例中的开场白直接点明亚运会的圆满成功,并强调了广州的城市形象,为感谢信奠定了积极、正面的基调。

(四)具体感谢内容

具体感谢内容是感谢信的核心部分,详细说明感谢的原因和对象。案例中具体列举了市民的贡献,如"积极参与""热情微笑""周到服务"等,让市民感受到自己的付出被认可和重视。

(五)会议成果回顾

回顾会议(或活动)的主要成果,增强收信人的成就感和认同感。案例中通过总结亚运会的成果(如提升国际影响力、推动城市发展),让市民感受到亚运会的深远意义,进一步增强他们的自豪感。

(六)未来展望

展望未来,表达对未来的期待和愿景,激励收信人继续支持或参与。案例中将亚运会的成功作为起点,提出了未来的发展目标(建设繁荣、和谐、宜居的城市),并呼吁市民继续共同努力,增强了信件的号召力。

(七)联系方式

提供联系方式,方便收信人进一步沟通或反馈。虽然案例中这封感谢信是面向全体市民的,但提供联系方式体现了政府的开放态度和对市民意见的重视。

(八)结尾祝福

以祝福语结束信件,传递温暖和关怀。案例的结尾祝福为"最后,衷心祝愿全体市民身体健康、家庭幸福、工作顺利!"简洁而真诚,符合政府公文的风格,同时也让市民感受到政府的关怀。

(九) 署名

署名是感谢信的正式结尾,标明发信方的身份。案例中署名为"广州市人民政府",体现了信件的权威性和正式性。

技能训练

一、单项选择题

1. 会议文件销毁时,应当(　　　)。

A. 使用碎纸机　　　　　　　　　　B. 使用专业销毁服务

C. 手动撕毁　　　　　　　　　　　D. 焚烧销毁

2. 会议经费结算时,对于电子票据,应(　　　)。

A. 打印出来后即可销毁　　　　　　B. 妥善保存电子版并备份

C. 注意保密,仅能保存一份　　　　D. 不得保存在私人电脑中

3. 对于大型会议或涉及金额较大的会议,(　　　)第三方审计机构进行独立审核。

A. 可以聘请　　　B. 必须聘请　　　C. 不得聘请　　　D. 单独聘请

4. 针对紧急支付的会议经费,(　　　)。

A. 可以先支付后申请　　　　　　　B. 必须完成完整的申请流程才能支付

C. 可与财务部门沟通协调支付　　　D. 可以挪用其他项目资金进行支付

5. 不属于会议感谢信的撰写原则有(　　　)。

A. 真诚表达原则　　　　　　　　　B. 简洁明了原则

C. 视觉设计原则　　　　　　　　　D. 诙谐幽默原则

二、多项选择题

1. 会场清理包括的环节有(　　　)。

A. 设备器材的整理与归位　　　　　B. 会场卫生的清洁

C. 废弃物品的分类　　　　　　　　D. 场地恢复原状

2. 送离礼仪的基本原则包括(　　　)。

A. 尊重与礼貌　　　B. 细致与周到　　　C. 真诚与热情　　　D. 专业与规范

3. 属于会议费用结算的流程有(　　　)。

A. 费用汇总　　　B. 费用审核　　　C. 费用报销　　　D. 费用分析

4. 会议感谢信的功能包括(　　　)。

A. 礼仪性功能　　　　　　　　　　B. 情感连接功能

C. 品牌塑造功能　　　　　　　　　D. 关系维护功能

5. 会议感谢信的发送时机包括(　　　)。

A. 会议结束后一周内　　　　　　　B. 决策落实或合作取得初步成果时

C. 特殊节日或纪念日　　　　　　　D. 每个季度的第一天

三、思考论述题

1. 请简述会议资料清理的环节,并举例进行说明。

2. 请对如何合理安排会议送离时间进行分析说明。

3. 请从成本分析的角度出发,对会议经费的分析方法进行阐述。

4. 请根据不同的对象,对感谢信进行分类,并说明其不同的目的。

5. 请举例分析会议感谢信的撰写原则。

四、综合实训题

[任务背景]

某高等职业院校的学生会成功举办了一场为期两天的会议,会议结束后,学生会需要对会议的实际支出进行结算分析,并与预算进行对比,以便总结经验并为未来的活动提供参考。以下是会议的实际支出情况:

场地租赁费:实际支出为每天4 800元,共9 600元(预算为每天5 000元,共10 000元)。

设备租赁费:实际支出为每天900元,共1 800元(预算为每天1 000元,共2 000元)。

餐饮费:实际参与人数为220人,每人每天的餐饮费用为95元,共41 800元(预算为200人,每人每天100元,共40 000元)。

宣传材料费:实际支出为1 800元(预算为2 000元)。

嘉宾演讲费:实际支出为每位嘉宾3 000元,共6 000元(与预算一致)。

交通与住宿费:实际支出为每位嘉宾2 200元,共4 400元(预算为每位嘉宾2 000元,共4 000元)。

其他费用:实际支出为1 200元(预算为1 000元)。

[任务要求]

1. 计算各项支出的实际金额与预算金额的差异,并分析差异原因。

2. 计算会议的总实际支出和总预算,分析是否存在超支或结余,并说明原因。

3. 根据结算分析结果,提出至少三项改进建议,以便在未来的会议中更好地控制经费。

项目评价表

学习效果评价表				
任务序号	任务内容	任 务 清 单	权	重
任务一	会议清理与送离	了解会议清理与送离安排的重要性	10分	10%
		掌握会议清理的具体安排	20分	20%
		了解会议收尾工作特殊情况的处理原则	10分	10%
任务二	结算会议费用	了解会议经费的收支项目	5分	5%
		了解会议费用结算的重要性	5分	5%
		掌握会议费用结算的流程	10分	10%
		掌握会议经费的注意事项	10分	10%

续　表

任务序号	任务内容	任务清单	权	重
任务三	寄发感谢信	了解会议感谢信的定义	5分	5%
		了解会议感谢信的类型	5分	5%
		掌握会议感谢信的内容结构	10分	10%
		掌握会议感谢信的撰写原则和发送时机	10分	10%
合　计			100分	100%

技术能力评价表				
技能序号	技能内容	技能清单	权	重
技能训练一	会议收尾工作的常识认知	会场清理安排的定义与重要性	2分	2%
		会议送离安排的定义与重要性	2分	2%
		会议经费结算的重要性	2分	2%
		会议感谢信的定义、核心要素、类型	4分	4%
技能训练二	会议收尾工作的具体安排认知	会场清理的具体安排	15分	15%
		会场送离的具体安排	15分	15%
		会议费用结算的流程	15分	15%
		会议感谢信内容的撰写技巧	15分	15%
技能训练三	会议收尾工作特殊情况处理技能	会场清理和送离安排特殊情况处理措施	10分	10%
		会议费用结算的注意事项	10分	10%
		会议感谢信的发送时机	10分	10%
合　计			100分	100%

会议评估与总结——拾遗与补缺

 **学习目标**

通过本项目的学习,了解会议评估的重大意义;了解会议评估的参与者;掌握会议评估的内容和方法,能独立撰写会议总结报告内容,树立问题意识与改进意识。

知识目标:

1. 理解会议评估的定义、目的及其在会议运营中的重要性。

2. 掌握会议评估的主要内容及常用方法。

3. 熟悉会议总结报告的格式与撰写要点。

能力目标:

1. 能够根据会议目标设计科学的评估方案。

2. 能够对会议评估数据进行分析,提炼关键问题并提出改进建议。

3. 能够独立撰写结构完整、逻辑清晰的会议总结报告。

素养目标:

1. 培养严谨细致的工作态度,确保评估数据的真实性与分析的客观性。

2. 树立问题意识与改进意识,主动发现会议运营中的不足并推动优化。

3. 强化责任意识与服务意识,以提升参会者体验和会议价值为工作导向。

 **学思践行**

可持续性发展

在当今全球倡导可持续发展的背景下,会议行业也面临着转型升级的挑战。传统的会议模式往往伴随着资源浪费、环境污染等问题,与可持续发展的理念背道而驰。因此,将可持续发展理念融入会议策划、组织和执行的各个环节,已成为行业发展的必然趋势。而会议评估与总结,正是推动会议可持续发展的重要工具。

会议评估不仅仅是对会议效果的简单衡量,更是对会议可持续性发展的深度审视。通过评估,我们可以量化会议的资源消耗、碳排放等环境影响指标,识别出会议组织中存在的浪费环节和可改进空间。例如,评估参会人员的交通方式、会议材料的电子化程度、餐饮服务的可持续性等,都能为后续会议的绿色化改进提供数据支撑和方向指引。

会议总结则是对评估结果的深度分析和经验提炼。通过总结,我们可以将评估中发现的问题转化为具体的改进措施,并将成功的经验固化为可持续的会议操作规范。例如,制定推广视频会议、使用可循环利用的会议材料、选择本地化可持续餐饮供应商等策略，并将其应用于未来的会议策划中，从而实现会议的持续优化和绿色发展。

★思考与践行

通过一段时间的系统学习与实践，王琳目前已掌握办好一场会议的要领，也认识到不断进步的科技带给会议行业的变化，唯有通过持续的评估、总结和改进，才能不断提升会议的可持续性，减少对环境的影响，最终实现会议行业的绿色发展目标。让我们携手共进，将可持续发展理念融入每一次会议，为构建绿色未来贡献力量。

 项目说明

本项目主要阐述会议评估的重大意义、知晓会议评估的参与者、掌握会议评估的内容和方法。

会议评估是会议运营的重要环节，本项目帮助会议组织者了解会议效果、发现问题、改进工作，不断提升会议质量和影响力。

 项目框架

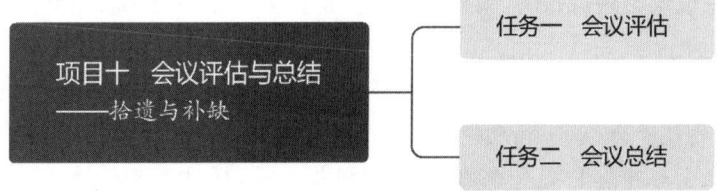

任务一　会议评估

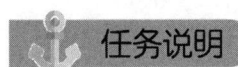

本任务通过讲解会议评估的目的、内容、对象、方法等方面的内容，让会议策划师学会在会前、会中、会后进行会议运营评估，使得会议能够越办越好。通过本任务的学习，应该能够回答以下这些问题：会议评估的目的是什么？如何撰写会议评估表？会议评估的对象有哪些？会议评估的方法有哪些？

任务实施

一、会议评估的意义

会议评估是会议运营的重要环节，它对会议效果进行系统、客观、全面的评价和分析，

会议评估

旨在总结经验、发现问题、改进工作,为未来会议的组织和运营提供参考依据。会议组织者应高度重视会议评估工作,建立科学的评估体系,采用有效的评估方法,充分利用评估结果,不断改进会议组织工作,提升会议运营水平。

(一) 衡量会议目标达成度

会议评估的首要意义在于衡量会议目标的达成度。通过收集和分析参会者的反馈意见、会议成果落实情况等数据,可以客观评估会议是否实现了预期目标,例如信息传递是否有效、问题是否得到解决、决策是否科学等。

(二) 提高与会者的满意度

通过会议评估可以了解参会者对会议环境、服务、互动等方面的体验感受,例如会场布置是否舒适、设备使用是否便捷、茶歇安排是否周到等,为提升参会体验、增强会议等方面吸引力提供改进方向。

(三) 提升会议质量和效率

通过会议评估可以发现会议流程中存在的问题和不足,例如议程安排是否合理、时间控制是否得当、互动环节是否有效等,为优化会议流程、提高会议效率提供依据。

(四) 增强会议价值和影响力

通过持续开展会议评估和改进,可以不断提升会议质量和影响力,打造会议品牌,吸引更多优质参会者和合作伙伴。同时科学的会议评估还可以促进会议成果的转化和推广,例如将会议成果整理成报告、案例、论文等,扩大会议影响力,提升会议价值。

知识拓展

　　某国际科技峰会(以下简称"峰会")是全球科技领域最具影响力的年度盛会之一,旨在汇聚全球顶尖科技人才,分享最新科技成果,探讨未来科技发展趋势。峰会自创办以来,一直致力于打造高水平的国际交流平台,但随着参会人数和影响力的不断扩大,峰会也面临着一些挑战,例如会议内容同质化、参会体验下降、成果转化率不高等。

　　为了提升峰会质量,主办方决定建立完善的会议评估机制,并将其作为峰会运营的重要环节。评估机制主要包括以下几个方面:

　　(1) 建立评估指标体系。建立涵盖会议内容、参会体验、组织服务、成果转化等多个维度的评估指标体系,并设定量化指标,例如参会者满意度、媒体曝光量、合作项目签约数量等。

　　(2) 确定数据收集方法。采用问卷调查、访谈、数据分析等多种方法收集评估数据,例如在会议结束后向参会者发放满意度调查问卷,对演讲嘉宾进行深度访谈,收集媒体报道数据等。

　　(3) 分析评估结果。对收集到的评估数据进行深入分析,识别峰会运营中的优势和不足,并形成评估报告。

　　(4) 制定改进措施。根据评估结果,制定针对性的改进措施,并落实到下一届峰会的筹备和组织工作中。

主办方将会议评估机制贯穿于峰会的整个运营周期,并取得了显著成效,具体如下。

(1) 提升会议内容质量。通过评估发现,参会者对峰会内容的深度和广度提出了更高要求。主办方据此调整了会议议程,增加了前沿技术论坛、产学研合作对接会等环节,并邀请更多领域专家和行业领袖参与演讲和讨论,提升了会议内容的专业性和吸引力。

(2) 优化参会体验。通过评估发现,参会者对峰会注册流程、会场指引、餐饮服务等方面存在一些不满。主办方据此优化了注册系统,增加了会场指引标志,提升了餐饮服务质量,并推出了峰会 APP,为参会者提供便捷的信息查询和互动交流平台,提升了参会体验。

(3) 促进成果转化。通过评估发现,峰会成果转化率有待提高。主办方据此加强了与产业界的合作,设立了科技成果展示专区,并组织了多场项目路演和投资对接活动,促进了科技成果的转化和落地。

通过这个例子,你认为会议评估还应该关注哪些方面? 如果你是峰会主办方,你会如何利用评估结果改进会议运营?

二、会议评估的参与者

评估参会者、参展商、赞助商、供应商以及其他利益相关者是会议评估的核心内容。每一类人群在会议中扮演着不同的角色,评估他们的参与情况和反馈有助于全面了解会议的实际效果、发现问题并优化未来的会议运营。

(一) 参会者

1. 会议代表

会议代表全程参与了会议的各项核心环节,涵盖了会议前期的宣传推广、注册报道安排、住宿餐饮服务等筹备工作,直至会议期间的演讲交流、专题讨论及实地参观访问等活动。鉴于他们亲身经历了这一系列流程,因此,在评估会议的组织与工作成效方面,他们拥有最为直接且权威的发言权。

2. 陪同人员

陪同人员将参与会议期间包括宴会、参观考察、访问交流以及旅游观光等在内的多项活动,这些活动构成了会议整体体验不可或缺的一部分。鉴于他们直接体验了这些活动的组织与实施过程,对活动的质量有着直观且深刻的感受,因此,将陪同人员作为评估这些活动组织工作效果的对象,显得尤为必要且具有合理性。

(二) 参展商

参展商全面参与了会议附属展览的全过程,从展览的招商宣传、报名阶段,到展品的入场布置、展览正式开展直至闭幕,以及后续的撤展工作,他们亲身经历了这一系列环节。鉴于参展商对会议组织者在此过程中的组织策划及服务质量有着最直接且全面的了解,他们无疑是最有资格对会议组织者的这一系列工作进行评价的群体,因此,参展商应当被纳为会议评估的重要对象。

（三）赞助商

赞助商为会议提供了重要的资金或资源支持，是会议成功举办的关键因素之一。赞助商投入资源的主要目的是实现品牌曝光或商业目标。通过评估赞助商的满意度，可以验证会议是否为他们提供了足够的回报，例如品牌曝光度、潜在客户获取等，为下次邀请赞助商提供帮助。

（四）供应商

供应商是对会议成功举办至关重要的一个群体，这个群体包含会议内部利益相关者，如会议策划团队、普通会务人员以及管理人员；也包括外部利益相关者，如演讲者、会议机构员工和服务承包商。

（五）其他利益相关者

其他利益相关者包括媒体、合作伙伴、政府机构等，他们的参与和支持对会议的成功同样至关重要。如媒体是会议宣传的重要渠道，评估媒体的报道情况可以了解会议的社会影响力和传播效果，从而为未来的宣传策略提供参考。

三、会议评估的内容

会议评估内容涵盖多个方面，需要从会议目标、会议设计、会议执行以及会议成果等维度进行综合分析。以下将从会议目标达成度、会议流程与组织、参会者体验、会议成果与影响四个方面，详细阐述会议评估的具体内容。

（一）会议目标达成度

会议目标是会议策划和执行的指导方向，评估会议目标是否达成是会议评估的核心内容之一。

（1）目标明确性。评估会议目标是否在策划阶段得到清晰定义，并与参会者、参展商、赞助商等利益相关者的期望相一致。

（2）目标实现情况。通过定量和定性分析，评估会议是否实现了既定目标。例如，是否完成了预期的参会人数、是否达成了品牌曝光目标、是否实现了知识传递或行业交流的目的。

（二）会议流程与组织

会议流程与组织是会议顺利进行的保障，评估这一部分内容有助于发现组织中的问题并优化未来的会议运营。

（1）议程设计与执行。评估会议议程是否科学合理，时间安排是否合理有序，是否能够满足与会者的需求。同时，评估议程的实际执行情况是否存在延误或调整。

（2）场地与设施。评估会议场地的选择是否合适，设施是否齐全（如音响、投影、网络等），是否能够满足会议的需求。

（3）后勤服务。评估会议的后勤支持，包括注册流程、餐饮服务、交通安排、安全保障等，是否高效、便捷且符合与会者的期望。

（4）应急管理。评估会议组织方在应对突发事件（如技术故障、天气变化等）时的反应速度和处置能力。

（三）参会者体验

参会者体验是会议评估的重要内容之一，直接反映了会议的成功与否。

（1）参会满意度。通过问卷调查或访谈，了解与会者对会议整体安排的满意度，包括会议内容、演讲质量、互动环节等。

（2）学习收获。评估与会者是否通过会议获得了有价值的信息、知识或技能，是否达到了他们的预期目标。

（3）互动与交流。评估与会者在会议期间的互动情况，包括与其他参会者、演讲者或展商的交流机会是否充分。

（4）服务体验。评估与会者对会议服务的满意度，包括注册是否快捷、场地设施是否齐全、餐饮安排是否合理、技术支持是否及时等。

（四）会议成果与影响

会议成果与影响是会议评估的最终落脚点，评估这一部分内容有助于了解会议的实际价值和长期影响。

（1）短期成果。评估会议在短期内取得的成果，例如参会人数、媒体报道数量、参展商满意度、赞助商回报等。

（2）长期影响。评估会议对行业、社区或社会的长期影响，例如是否推动了行业发展、是否促成了合作项目、是否提升了组织方的品牌影响力等。

（3）经济效益。评估会议的经济效益，包括会议收入与支出的平衡情况、对当地经济的带动作用等。

（4）社会效益。评估会议的社会效益，例如是否提升了公众对某一议题的关注度、是否促进了知识传播或技术创新等。

会议评估内容涵盖了会议目标达成度、会议流程与组织、参会者体验以及会议成果与影响等多个方面。通过对这些内容的系统评估，组织方可以全面了解会议的实际效果，发现潜在问题，并为未来的会议改进提供科学依据。在实际操作中，评估内容应根据会议的具体情况和目标进行适当调整，以确保评估结果的准确性和实用性。通过科学的评估，会议组织方可以不断提升会议的质量和影响力，为与会者和其他利益相关者创造更大的价值

知识拓展

会议评估表的具体问题设计（示例）

会议评估表是收集参会者、参展商、赞助商、供应商及其他利益相关者反馈的重要工具。设计科学、合理的评估问题，能够帮助组织方全面了解会议的效果、发现问题并为未来的改进提供依据。以下是针对不同评估维度的具体问题示例，供读者参考和学习。

一、会议目标与内容评估

这一部分主要评估会议的目标是否达成以及会议内容的质量。

示例问题：

1. 您认为本次会议的主题是否明确且具有吸引力？

2. 会议内容是否符合您的预期？具体表现在哪些方面？

3. 您是否通过本次会议获得了有价值的信息或知识？

4. 会议的议题设置是否全面且具有代表性？

5. 您对会议的整体内容质量评分是多少？（1～10分）

二、会议流程与组织评估

这一部分主要评估会议的流程设计、时间安排以及组织服务的质量。

示例问题：

1. 您对会议的议程安排是否满意？是否有需要改进的地方？

2. 会议的时间安排是否合理？是否存在过长或过短的情况？

3. 您对会议场地的选择及设施（如音响、投影、网络等）是否满意？

4. 会议的注册流程是否便捷高效？

5. 您对会议的后勤服务（如餐饮、交通、指引等）评分是多少？（1～10分）

三、演讲者与互动环节评估

这一部分主要评估演讲者的表现以及会议中的互动环节设计。

示例问题：

1. 您对本次会议演讲者的专业水平和表达能力是否满意？

2. 演讲内容是否具有实用性和启发性？

3. 您对会议中的互动环节（如问答、讨论、工作坊等）设计是否满意？

4. 您是否有足够的机会与其他参会者或展商进行交流？

5. 您对会议互动环节的整体评分是多少？（1～10分）

四、参展商与赞助商体验评估

这一部分主要评估参展商和赞助商的参会体验及目标达成情况。

示例问题（参展商体验）：

1. 您对本次会议的展位安排及设施是否满意？

2. 您是否通过本次会议达到了预期的宣传或商业目标？

3. 您对与会者的参观和交流情况是否满意？

4. 您对会议组织方提供的支持服务（如物流、宣传等）评分是多少？（1～10分）

5. 您是否愿意继续参与未来的会议？为什么？

示例问题（赞助商体验）：

1. 您对本次会议的赞助回报是否满意？

2. 您的品牌是否在会议中得到了充分的曝光？

3. 您是否通过本次会议达成了预期的商业目标？

4. 您对会议组织方的合作态度和支持服务评分是多少？（1～10分）

5. 您是否愿意在未来继续赞助类似会议？为什么？

五、参会者体验评估

这一部分主要评估与会者的整体参会体验及满意度。

示例问题：

1. 您对本次会议的整体满意度评分是多少？（1～10分）

2. 您对会议的哪一部分印象最深刻？

3. 您是否认为本次会议的组织服务(如注册、指引、餐饮等)高效且专业？

4. 您是否愿意推荐本次会议给他人？

5. 您对未来的会议有哪些建议或期望？

六、会议成果与影响评估

这一部分主要评估会议的短期成果和长期影响。

示例问题：

1. 您认为本次会议是否达到了预期目标？

2. 您是否通过本次会议建立了新的业务联系或合作机会？

3. 您认为本次会议对行业或社会的影响如何？

4. 您对会议的经济效益(如收入、支出等)有何评价？

5. 您对会议的未来发展有哪些建议？

实例 10-1

20××年国际科技创新大会会议评估表(样例)

1. 会议名称：20××年国际科技创新大会

2. 会议日期：20××年10月15日—10月17日

3. 参会者姓名(可选)：_____

4. 参会者身份(可选)：□与会者　□参展商　□赞助商　□其他(请注明)

_____

第一部分：会议目标与内容评估

5. 您认为本次会议的主题是否明确且具有吸引力？
□非常明确　□明确　□一般　□不明确　□非常不明确

6. 会议内容是否符合您的预期？
□完全符合　□基本符合　□一般　□不太符合　□完全不符合

7. 您是否通过本次会议获得了有价值的信息或知识？
□非常多　□较多　□一般　□较少　□几乎没有

8. 会议的议题设置是否全面且具有代表性？
□非常全面　□较全面　□一般　□不太全面　□非常不全面

9. 您对会议的整体内容质量评分是多少？
□1　□2　□3　□4　□5　□6　□7　□8　□9　□10

第二部分：会议流程与组织评估

10. 您对会议的议程安排是否满意？

□非常满意　□满意　□一般　□不满意　□非常不满意

11. 会议的时间安排是否合理？

□非常合理　□合理　□一般　□不太合理　□非常不合理

12. 您对会议场地的选择及设施(如音响、投影、网络等)是否满意？

□非常满意　□满意　□一般　□不满意　□非常不满意

13. 会议的注册流程是否便捷高效？

□非常便捷　□便捷　□一般　□不太便捷　□非常不便捷

14. 您对会议的后勤服务(如餐饮、交通、指引等)评分是多少？

□1　□2　□3　□4　□5　□6　□7　□8　□9　□10

第三部分：演讲者与互动环节评估

15. 您对本次会议演讲者的专业水平和表达能力是否满意？

□非常满意　□满意　□一般　□不满意　□非常不满意

16. 演讲内容是否具有实用性和启发性？

□非常实用　□较实用　□一般　□不太实用　□非常不实用

17. 您对会议中的互动环节(如问答、讨论、工作坊等)设计是否满意？

□非常满意　□满意　□一般　□不满意　□非常不满意

18. 您是否有足够的机会与其他参会者或展商进行交流？

□非常足够　□足够　□一般　□不太足够　□非常不足够

19. 您对会议互动环节的整体评分是多少？

□1　□2　□3　□4　□5　□6　□7　□8　□9　□10

第四部分：参会者体验评估

20. 您对本次会议的整体满意度评分是多少？

□1　□2　□3　□4　□5　□6　□7　□8　□9　□10

21. 您对会议的哪一部分印象最深刻？ _____

22. 您是否认为本次会议的组织服务(如注册、指引、餐饮等)高效且专业？

□非常高效　□较高效　□一般　□不太高效　□非常不高效

23. 您是否愿意推荐本次会议给他人？

□非常愿意　□愿意　□一般　□不太愿意　□非常不愿意

24. 您对未来的会议有哪些建议或期望？ _____

第五部分：会议成果与影响评估(可选)

25. 您认为本次会议是否达到了预期目标？

□完全达到　□基本达到　□一般　□未完全达到　□完全未达到

26. 您是否通过本次会议建立了新的业务联系或合作机会？

□非常多　□较多　□一般　□较少　□几乎没有

27. 您认为本次会议对行业或社会的影响如何？
   □非常大 □较大 □一般 □较小 □非常小

28. 您对会议的经济效益(如收入、支出等)有何评价？
   □非常好 □较好 □一般 □较差 □非常差

29. 您对会议的未来发展有哪些建议？

   _____

感谢您的参与！

您的反馈对我们改进会议运营至关重要。我们将认真分析您的意见，并在未来的会议中不断优化，为您提供更好的参会体验。

四、会议评估的方法

会议评估的方法包括问卷调查法、访谈法、观察法、数据分析法、焦点小组法和述职报告法等。每种方法都有其独特的优点和适用场景，组织方应根据会议的具体目标、规模和资源选择合适的方法，或结合多种方法进行综合评估。通过科学的评估方法，组织方可以全面了解会议的效果和参与者的反馈，从而为未来的会议改进提供依据。在实际操作中，评估方法的选择和实施应注重科学性、客观性和实用性，以确保评估结果的准确性和有效性。

(一) 问卷调查法

问卷调查法是最常用的会议评估方法，通过设计科学的问卷收集与会者、参展商、赞助商等利益相关者的反馈。

问卷调查法的优点是覆盖面广、成本低、易于量化分析，适用于各类会议，尤其是规模较大的会议。实施步骤如下：

(1) 设计问卷。根据会议目标设计问题，涵盖会议内容、流程、服务、体验等多个维度。

(2) 分发问卷。在会议结束后通过线上(如邮件、会议 APP)或线下(如纸质问卷)方式分发。

(3) 收集数据。确保问卷回收率，鼓励参会者积极参与。

(4) 分析数据。对问卷结果进行统计和分析，找出共性问题和高频建议。

(5) 撰写报告。根据分析结果撰写评估报告，提出改进建议。

需要注意的事项有：

(1) 问题设计应简洁明了，避免歧义。

(2) 问卷长度适中，避免过多问题导致填写疲劳。

(3) 提供匿名选项，鼓励真实反馈。

(二) 访谈法

访谈法是通过与参会者、参展商、赞助商等进行面对面或电话交流，深入了解他们的体验和意见的方法。访谈法的优点是能够获得详细、深入的反馈，有助于发现潜在问题，适用于小型会议或需要重点了解某些群体意见的情况。实施步骤如下：

（1）确定访谈对象。选择具有代表性的参会者、参展商或赞助商。

（2）设计访谈提纲。围绕会议目标、内容、流程、体验等设计问题。

（3）进行访谈。通过面对面、电话或视频会议等方式进行交流。

（4）记录与分析。整理访谈内容，提取关键信息并进行分析。

（5）撰写报告。根据访谈结果撰写评估报告，提出改进建议。

需要注意的事项有：

（1）访谈问题应开放性强，鼓励受访者自由表达。

（2）访谈者需具备良好的沟通技巧，避免引导性提问。

（3）确保访谈内容的保密性，尊重受访者的隐私。

（三）观察法

观察法是通过会议组织者或第三方观察员对会议现场进行观察，记录参会者的行为、互动和反应。观察法的优点是能够直接获取会议现场的真实情况，避免主观偏见，适用于评估会议流程、互动环节和参会者参与度。实施步骤如下：

（1）确定观察重点。如参会者的互动情况、演讲者的表现、会议流程的执行等。

（2）安排观察员。由会议组织者或第三方人员担任观察员。

（3）记录观察结果。使用表格、笔记或录音设备记录观察内容。

（4）分析数据。整理观察记录，分析参会者的行为模式和会议的执行情况。

（5）撰写报告。根据观察结果撰写评估报告，提出改进建议。

需要注意的事项有：

（1）观察员需保持客观中立，避免干扰会议进程。

（2）观察内容应全面，涵盖会议的不同环节和参与者。

（四）数据分析法

数据分析法是通过对会议相关数据的统计分析，评估会议的效果和影响的方法。数据分析法的优点是数据客观、可量化，能够提供直观的评估结果，适用于评估会议的参会人数、经济效益、社交媒体影响力等。实施步骤如下：

（1）确定数据来源。如注册系统、社交媒体、财务记录等。

（2）收集数据。整理参会人数、媒体报道数量、社交媒体互动量等数据。

（3）分析数据。使用统计工具对数据进行分析，评估会议的规模、影响力和经济效益。

（4）撰写报告。根据数据分析结果撰写评估报告，提出改进建议。

需要注意的事项有：

（1）确保数据的准确性和完整性。

（2）数据分析需结合会议目标，避免片面解读。

（五）焦点小组法

焦点小组法是通过组织小型讨论会，邀请参会者、参展商、赞助商等代表就会议效果进行深入讨论的方法。焦点小组法的优点是能够获得多样化的观点，促进参与者之间的交流，适用于需要深入了解不同群体意见的情况。实施步骤如下：

（1）确定讨论主题。如会议内容、流程、服务等。

（2）邀请参与者。选择具有代表性的参会者、参展商或赞助商。

（3）组织讨论会。由主持人引导讨论，确保每位参与者都有机会发言。

（4）记录与分析。整理讨论内容，提取关键信息并进行分析。

（5）撰写报告。根据讨论结果撰写评估报告，提出改进建议。

需要注意的事项有：

（1）讨论会需要控制在合理规模（通常为6～10人），确保讨论效率。

（2）主持人应具备良好的引导能力，避免讨论偏离主题。

（六）述职报告法

述职报告法是通过会议组织团队成员或相关部门负责人提交述职报告，总结会议的组织过程、执行情况及存在的问题。述职报告法的优点是能够全面了解会议的组织和执行情况，发现内部管理问题，适用于大型会议或需要评估组织团队表现的情况。实施步骤如下：

（1）确定述职对象。如会议策划团队、执行团队、后勤支持团队等。

（2）设计述职提纲。围绕会议目标、任务分工、执行情况、问题与挑战等设计问题。

（3）提交述职报告。各团队或负责人根据提纲撰写述职报告，总结工作成果和不足。

（4）组织述职会议。召开述职会议，各团队或负责人汇报工作，接受提问和反馈。

（5）分析数据。整理述职报告和会议讨论内容，提取关键信息并进行分析。

（6）撰写报告。根据述职结果撰写评估报告，提出改进建议。

需要注意的事项有：

（1）述职报告应客观真实，避免夸大成绩或隐瞒问题。

（2）述职会议须注重效率，确保每位述职者有充分的汇报时间。

（3）述职结果应与外部评估结果结合，形成全面的评估结论。

知识拓展

为了更好地掌握会议评估表的设计与应用，需要学习如何设计会议评估表、收集反馈并分析数据。以下是实操的具体步骤和任务安排。

一、实操目标

（1）掌握会议评估表的设计原则和方法。

（2）学会根据会议目标设计针对性的评估问题。

（3）通过模拟场景练习数据收集与分析。

（4）培养解决实际问题的能力，为未来的会议运营实践打下基础。

二、实操场景

假设班级将举办一场"校园创新创业论坛"，邀请校内外的创业者、投资人及学生代表参与。论坛的目标是促进创新创业知识的传播、搭建创业者与投资人的交流平台。作为会议组织团队的一员，你需要设计一份会议评估表，用于收集参会者的反馈。

第一步：明确评估目标。

（1）确定评估对象。本次会议的评估对象包括与会者（学生、创业者、投资人）、演讲者及赞助商。

（2）明确评估内容。评估内容应涵盖会议目标达成度、会议流程与组织、参会者体验、演讲者表现、互动环节、后勤服务等。

（3）设定评估重点。根据会议目标，重点评估参会者的学习收获、交流机会、演讲内容质量及会议组织服务。

第二步：设计评估表。

（1）设计参考模板。根据前文的会议评估表案例，设计一份适合"校园创新创业论坛"的评估表。

（2）设计问题。确保问题涵盖以下维度：① 会议目标与内容；② 会议流程与组织；③ 演讲者与互动环节；④ 参会者体验；⑤ 会议成果与影响（问题类型可包括单项选择题、多项选择题、评分题和开放式问题）。

第三步：模拟数据收集。

（1）角色扮演。将班级分为若干小组，每组分别扮演与会者、演讲者、赞助商等角色。

（2）填写评估表。各小组根据角色填写评估表，模拟真实的反馈。

（3）收集数据。各组将填写完成的评估表提交给"组织方"（由教师或指定学生扮演）。

第四步：数据分析与总结。

（1）数据整理。组织方将收集到的评估表进行整理，分类统计各问题的反馈结果。

（2）问题分析。找出高频问题和高满意度（或低满意度）的环节，分析原因。

（3）撰写报告。根据分析结果，撰写一份简短的评估报告，内容包括：① 会议的整体满意度；② 会议的优势与不足；③ 改进建议。

第五步：课堂展示与讨论。

（1）小组展示。各小组派代表展示评估表设计思路及数据分析结果。

（2）全班讨论。针对评估结果和改进建议展开讨论，分享不同角色的视角和意见。

（3）教师点评。教师对各组的表现进行点评，总结会议评估表设计的要点和注意事项。

三、实操任务清单

（1）设计评估表。每组设计一份完整的会议评估表，包括至少15个问题。

（2）模拟填写。每组根据角色填写其他小组设计的评估表。

（3）数据分析。每组对收集到的数据进行整理和分析，撰写评估报告。

（4）展示与讨论。每组展示评估表设计及分析结果，参与班级讨论。

任务二 会 议 总 结

任务说明

本任务通过讲解会议总结文件分类、撰写会议总结报告等方面的内容,让学生学会在会后做好会议总结相关工作,整理、收集并保存好会议材料是会后最重要的工作之一。通过本任务的学习,应该能够回答以下这些问题:会议总结的文件分类是哪些? 如何撰写会议总结报告?

任务实施

一、会议总结文件分类

会议总结文件是会议运营的重要成果,不仅是对会议过程的记录,更是对会议效果的评估和后续工作的指导。通过系统化地整理和归档这些文件,可以确保会议的价值得到充分发挥,并为未来会议的优化提供有力支持,需要收集的材料主要分为以下九个方面。

(一) 会议纪要

记录会议的主要议题、讨论内容、决策结果、任务分配等,为参会人员提供清晰的会议记录,确保后续工作有据可依。

(二) 会议评估报告

基于会议评估结果,分析会议的成效、参会人员反馈、组织执行情况等。该报告可以为改进未来会议提供依据。

(三) 会议成果文件

会议成果文件,是指会议中形成的正式文件,如战略规划、行动计划、合作协议等。此类文件应作为会议的核心输出,指导后续工作。

(四) 会议照片或视频记录

会议期间的影像资料,包括合影、演讲、讨论等环节。

(五) 参会人员反馈表

根据参会人员对会议内容、组织、设施等方面的反馈意见制成表单,用于了解参会人员的真实感受,为改进会议提供参考。

(六) 会议费用结算报告

报告会议的各项支出明细,如场地租赁、餐饮、交通、物料等,用于确保会议经费使用透明,为后续预算提供参考。

(七) 后续行动计划

根据会议决策制定后续具体行动计划,包括任务、责任人、时间节点等,制作该材料是为确保会议决策后续能落地实施。

(八) 会议宣传报道

制作会议的新闻报道或宣传稿件,用于内部或外部宣传,提升会议影响力,展示组织形象。

(九) 会议存档文件

将所有会议相关文件整理归档,包括会议通知、会议议程、会议签到表、会议纪要、会议评估报告等,便于日后查阅和参考。

二、会议总结报告内容

无论是帮助会议客户组织会议,还是自己组织会议,其重点工作都包含编纂一份详尽的会议总结报告,以下是总结报告的内容构架。

(一) 会议概述

会议概述部分是对会议基本情况的简要介绍,帮助读者快速了解会议的整体背景。

1. 撰写内容

撰写内容一般包括:

(1) 会议名称、时间、地点。

(2) 会议主题及目标。

(3) 参会人员(包括与会者、演讲者、参展商、赞助商等)。

(4) 会议规模(如参会人数、展商数量等)。

(5) 会议形式(如线上线下结合、主题演讲、圆桌讨论等)。

2. 撰写要求

(1) 语言简洁明了,突出重点。

(2) 提供关键数据,增强报告的可信度。

(二) 会议目标达成情况

这一部分是对会议目标实现情况的评估,旨在分析会议是否达到了预期目标。

1. 撰写内容

(1) 会议的主要目标(如知识传播、行业交流、品牌曝光等)。

(2) 目标实现情况的定量和定性分析(如参会人数是否达标、参会者满意度等)。

(3) 目标未达成的原因分析(如有则应写)。

2. 撰写要求

(1) 结合数据和事实,客观分析目标达成情况。

(2) 对未达成目标的原因进行深入剖析,避免泛泛而谈。

(三) 会议流程与组织评估

这一部分是对会议流程和组织工作的评估,旨在发现会议执行中的问题和不足。

1. 撰写内容

(1) 会议议程的设计与执行情况。

（2）场地设施及技术支持情况。

（3）后勤服务（如注册、餐饮、交通等）的满意度。

（4）应急管理及问题处理情况。

2. 撰写要求

（1）详细描述会议流程中的亮点和不足。

（2）结合参会者反馈和组织者观察，提出改进建议。

(四) 参会者体验评估

这一部分是对参会者体验的评估，旨在了解参会者的满意度和需求。

1. 撰写内容

（1）参会者对会议内容、演讲者、互动环节的满意度。

（2）参会者的学习收获及交流机会。

（3）参会者对后勤服务的评价。

（4）参会者的整体满意度评分及反馈意见。

2. 撰写要求

（1）引用参会者的具体反馈，增强报告的说服力。

（2）对高频问题和高满意度环节进行重点分析。

(五) 会议成果与影响评估

这一部分是对会议成果和影响的评估，旨在总结会议的短期成果和长期影响。

1. 撰写内容

（1）会议的短期成果（如媒体报道数量、社交媒体互动数据等）。

（2）会议的经济效益（如收入与支出情况）。

（3）会议的社会效益（如对行业、社区或社会的影响）。

（4）会议的长期影响（如是否促成了合作项目、是否推动了行业发展等）。

2. 撰写要求

（1）结合数据和案例，全面评估会议的成果和影响。

（2）对会议的长期价值进行展望。

(六) 经验总结与改进建议

这一部分是对会议经验的总结和对未来改进的建议，旨在为未来的会议提供参考。

1. 撰写内容

（1）会议的成功经验（如优秀的组织工作、高效的互动环节等）。

（2）会议中的问题与不足（如流程安排不合理、技术支持不足等）。

（3）针对问题的改进建议（如优化议程设计、加强技术支持等）。

（4）对未来会议的展望与规划。

2. 撰写要求

（1）总结经验时应具体、具有可操作性。

（2）改进建议应具有针对性和可行性。

(七) 附录(可选)

附录部分是对会议总结报告的补充,提供详细的数据或资料。

1. 撰写内容

(1) 会议议程表。

(2) 参会者名单。

(3) 问卷调查结果统计。

(4) 媒体报道截图或链接。

(5) 会议照片或视频。

(6) 会议其他资料。

2. 撰写要求

(1) 附录内容应与报告正文相关,避免冗余。

(2) 提供清晰的标题和说明,便于读者查阅。

实例 10 - 2

20××年国际科技创新大会总结报告

(一) 会议名称:20××年国际科技创新大会

(二) 会议时间:20××年10月15日—10月17日

(三) 会议地点:B市国际会议中心

(四) 参会人数:1 200人(其中线下800人,线上400人)

(五) 主办单位:国际科技创新协会

(六) 协办单位:B市科学技术委员会

(七) 会议概述

20××年国际科技创新大会以"科技赋能未来"为主题,旨在探讨科技创新对全球经济和社会发展的推动作用。会议邀请了来自全球的科技企业、研究机构、投资机构及政府部门的代表,共同分享前沿科技成果、探讨行业趋势、促进国际合作。会议形式包括主题演讲、圆桌讨论、项目路演及展览展示,线上线下同步进行,吸引了1 200人参会。本次会议目标是促进科技创新知识的传播与交流情况、搭建科技企业与投资机构的合作平台情况、提升主办方在科技创新领域的影响力。

(八) 目标达成情况

(1) 知识传播与交流。参会者对会议内容的满意度评分为8.5分(满分10分,下同),85%的参会者表示通过会议获得了有价值的信息。

(2) 合作平台搭建。会议期间共促成20个合作意向,其中5个项目已进入实质性谈判阶段。

(3) 影响力提升。会议吸引了50家媒体报道,社交媒体相关话题阅读量超过100万次。

(九) 未达成目标情况

原定参会人数目标为1 500人,实际参会人数为1 200人,主要原因是线上宣传力度不足。

（十）会议流程与组织评估

（1）议程设计。会议议程包括 4 场主题演讲、6 场圆桌讨论及 2 场项目路演，时间安排紧凑有序。参会者对议程设计的满意度评分为 8.2 分。

（2）场地设施。B 市国际会议中心的场地设施齐全，技术支持到位，参会者对场地设施的满意度评分为 9.0 分。

（3）后勤服务。注册流程便捷，餐饮服务优质，参会者对后勤服务的满意度评分为 8.7 分。

（4）应急管理。会议期间出现一次网络故障，技术团队在 10 分钟内解决问题，未对会议进程造成重大影响。

（十一）参会者体验评估

（1）会议内容。参会者对会议内容的满意度评分为 8.5 分，认为主题演讲和圆桌讨论内容丰富且具有启发性。

（2）演讲者表现。参会者对演讲者的专业水平和表达能力评分为 8.8 分，认为演讲内容实用且具有前瞻性。

（3）互动环节。参会者对互动环节的满意度评分为 8.0 分，认为问答环节和项目路演提供了充分的交流机会。

（4）整体体验。参会者对会议的整体满意度评分为 8.6 分，近 90% 的参会者表示愿意推荐本次会议给他人。

（十二）会议成果与影响评估

（1）短期成果。促成 20 个合作意向，其中 5 个项目已进入实质性谈判阶段、吸引 50 家媒体报道，社交媒体相关话题阅读量超过 100 万次。

（2）经济效益。会议总收入为 200 万元，总支出为 180 万元，实现盈利 20 万元。

（3）社会效益。会议推动了科技创新知识的传播，提升了公众对科技创新的关注度，同时为科技企业与投资机构搭建了合作平台，促进了行业资源的整合。

（十三）经验总结与改进建议

（1）成功经验。会议议程设计合理，内容丰富且具有前瞻性；场地设施及后勤服务优质，参会者体验良好；线上线下结合的形式扩大了会议的参与度和影响力。

（2）问题与不足。线上宣传力度不足，导致参会人数未达预期；互动环节时间较短，部分参会者反映交流机会有限。

（3）改进建议。加强线上宣传力度，利用社交媒体和行业平台扩大会议影响力；延长互动环节时间，增加参会者之间的交流机会；优化注册流程，提供更多个性化服务，提升参会者体验。

技能训练

一、单项选择题

1. 会议评估的主要目的是（　　　）。

A. 衡量会议效果　　　B. 识别改进空间　　　C. 量化环境影响　　　D. 以上全部

2. （　　　）不属于会议评估中需要考虑的环境影响指标。

A. 参会人员交通方式　　　　　　　　　　B. 会议材料电子化程度

C. 餐饮服务可持续性　　　　　　　　　　D. 参会人员满意度

3. 会议总结的主要作用是（　　　）。

A. 分析评估结果　　　B. 提炼经验教训　　　C. 制定改进措施　　　D. 以上全部

4. 使用焦点小组法应注意（　　　）。

A. 参会人数合适且有主持人　　　　　　　B. 观察内容全面

C. 访谈问题开放　　　　　　　　　　　　D. 题目长度适中

5. 会议评估与总结是一个（　　　）的过程。

A. 一次性完成　　　　　　　　　　　　　B. 循环往复、不断优化

C. 仅由会议组织者完成　　　　　　　　　D. 仅关注会议经济效益

6. （　　　）不属于会议评估中常用的数据收集方法。

A. 问卷调查　　　　　　　　　　　　　　B. 访谈

C. 观察记录　　　　　　　　　　　　　　D. 数据分析

7. 会议评估报告应该包括（　　　）。

A. 评估目的和方法　　　　　　　　　　　B. 评估结果和分析

C. 改进建议　　　　　　　　　　　　　　D. 以上全部

8. （　　　）不属于会议总结中应该关注的重点。

A. 会议目标的达成情况　　　　　　　　　B. 参会人员的反馈意见

C. 会议预算的执行情况　　　　　　　　　D. 会议场地的装饰风格

9. 会议评估与总结对于会议组织者的意义在于（　　　）。

A. 提升会议质量　　　　　　　　　　　　B. 降低会议成本

C. 增强会议可持续性　　　　　　　　　　D. 以上全部

10. （　　　）不属于会议评估中可以考虑的可持续性指标。

A. 会议碳排放量　　　　　　　　　　　　B. 会议废物产生量

C. 会议用水量　　　　　　　　　　　　　D. 会议门票价格

11. 会议总结中,对于成功的经验应该（　　　）。

A. 忽略不计　　　　　　　　　　　　　　B. 简单提及

C. 深入分析并推广应用　　　　　　　　　D. 仅用于内部参考

12. 会议评估与总结应该由（　　　）来完成。

A. 会议组织者　　　　　　　　　　　　　B. 参会人员

C. 第三方评估机构　　　　　　　　　　　D. 以上全部

13. 会议总结前要整理归档的材料是(　　)。

A. 会议纪要　　　　B. 会议评估报告　　　C. 会议视频　　　　D. 以上全部

14. 会议评估与总结的频率应该是(　　)。

A. 每场会议结束后　　　　　　　　B. 每月一次

C. 每季度一次　　　　　　　　　　D. 每年一次

15. (　　)不属于会议评估中可以考虑的参会人员体验指标。

A. 会议内容满意度　　　　　　　　B. 会议服务满意度

C. 会议场地舒适度　　　　　　　　D. 会议组织者知名度

16. 会议总结中,对于存在的问题应该(　　)。

A. 隐瞒不报　　　　　　　　　　　B. 轻描淡写

C. 深入分析并提出解决方案　　　　D. 推卸责任

17. 会议评估与总结对于提升会议行业整体水平的意义在于(　　)。

A. 促进行业交流学习　　　　　　　B. 推动行业标准制定

C. 提升行业服务质量　　　　　　　D. 以上全部

18. (　　)不属于会议评估中可以考虑的会议组织者指标。

A. 组织协调能力　　　B. 沟通表达能力　　　C. 预算控制能力　　　D. 个人兴趣爱好

19. 会议评估与总结应该遵循(　　)原则。

A. 客观公正　　　　B. 全面系统　　　　C. 注重实效　　　　D. 以上全部

20. 会议评估的参与者有(　　)。

A. 参会者　　　　　　　　　　　　B. 参展商

C. 供应商　　　　　　　　　　　　D. 以上全部

二、案例分析题

某公司年度战略会议评估

某科技公司每年都会举办一次年度战略会议,旨在回顾过去一年的业绩,制定下一年的战略目标。今年的会议在公司总部举行,参会人员包括公司高层管理人员、各部门负责人以及部分核心员工,共计50人。会议为期两天,内容包括主题演讲、分组讨论、战略规划汇报等环节。

(一)评估目标

(1)评估会议是否达到了预期目标。

(2)评估参会人员的满意度。

(3)评估会议的组织和执行情况。

(4)评估会议对后续工作的指导作用。

(二)评估方法

(1)问卷调查。会议结束后,向所有参会人员发放问卷,内容包括会议内容的实用性、会议组织的流畅性、时间安排的合理性、会议设施的满意度等。

(2)小组访谈。随机选取部分参会人员进行小组访谈,深入了解他们对会议的看法和建议。

(3)数据分析。对问卷结果进行统计分析,找出会议中的优点和不足。

（三）评估结果

（1）会议目标达成情况。80％的参会人员认为会议达到了预期目标,明确了下一年的战略方向。

（2）参会人员满意度。75％的参会人员对会议内容表示满意,认为主题演讲和分组讨论环节非常有价值。

（3）会议组织与执行。85％的参会人员对会议的组织和执行表示满意,认为时间安排合理,会议设施完善。

（4）后续工作指导。70％的参会人员认为会议对后续工作有明确的指导作用,特别是在战略规划和部门协作方面。

（四）问题

部分参会人员反映分组讨论时间较短,未能充分讨论所有议题。部分参会人员认为会议内容过于密集,导致信息过载。

（五）建议

下次会议可以适当延长分组讨论时间,或增加讨论环节的次数。可以考虑将部分内容安排在会前或会后进行,减轻会议期间的负担。

（六）结论

通过本次会议评估,公司不仅了解了会议的实际效果,还收集到了许多宝贵的建议。这些评估结果和建议将为下一次年度战略会议的策划和组织提供重要参考,确保会议效果不断提升。

结合上述材料,思考并回答:

1. 如果你是本次会议的组织者,你会如何改进分组讨论环节?

2. 你认为会议评估在会议运营中的作用是什么?如何确保评估结果的客观性和有效性?

三、思考论述题

1. 会议评估的意义是什么?

2. 会议评估的参与者有哪些?

3. 会议评估的内容可分为哪些部分?

4. 会议评估的方法有哪些?

5. 如何撰写会议总结报告?

项目评价表

学习效果评价表				
任务序号	任务内容	任务清单	权	重
任务一	会议评估	会议评估的意义	10分	10％
		会议评估的参与者	15分	15％

续　表

任务序号	任务内容	任务清单	权　重	
任务一	会议评估	会议评估的内容	20分	20%
		会议评估的方法	20分	20%
任务二	会议总结	会议总结文件的分类	15分	15%
		会议总结报告的内容	20分	20%
合　计			100分	100%

技术能力评价表				
技能序号	技能内容	技能清单	权　重	
技能训练一	会议评估认知	会议评估表设计的原则	3分	3%
		会议评估的重要性	3分	3%
		会议评估调查问卷架构	10分	10%
		会议评估对象的分类	5分	5%
		会议评估的方法	5分	5%
		各评估方法的适用场景、实施步骤和注意事项	10分	10%
技能训练二	制作会议总结文件认知	知晓会议总结文件分类方式	5分	5%
		准备会议总结文件	5分	5%
		撰写会议总结报告	10分	10%
技能训练三	综合实训	根据会议目标设计针对性评估问题	10分	10%
		根据会议目标挑选适合评估对象	10分	10%
		根据不同评估数据需求采用不同评估方法	15分	15%
		根据会议总结材料撰写会议总结报告	15分	15%
合　计			100分	100%

数字会议认知——技术驱动会议革新

 **学习目标**

通过本项目的学习,了解数字会议的定义、特点,区分数字会议与传统会议的区别;了解数字会议系统的作用和未来趋势;了解数字会议的技术支撑和应用场景,能够分析和解决数字会议中的常见问题。

知识目标:

1. 了解数字会议的概念、特点。

2. 了解数字会议的技术支撑和应用场景。

3. 了解数字会议系统的作用和未来趋势。

能力目标:

1. 能够运用数字会议平台组织和参与会议。

2. 能够分析和解决数字会议中的常见问题。

3. 能够根据实际需求选择合适的数字会议方案。

素养目标:

1. 能够积极拥抱数字化变革,主动学习和应用数字技术能够将创新思维应用于会议运营实践中。

2. 能够在数字会议环境中与团队成员进行有效沟通和协作,共同完成会议组织、参与和总结等工作。

3. 能够了解数字会议中可能存在的安全风险,并能够采取有效措施保护会议信息和参会人员的隐私。

 学思践行

数字化浪潮下的会议新常态与未来趋势

当前,中国的数字化建设已取得显著成果。从智慧城市、数字政府到电子商务、在线教育,数字化应用已渗透到社会生活的方方面面。数字技术的广泛应用有效保障了社会经济的平稳运行,其中数字会议更是发挥了不可替代的作用。在数字化浪潮席卷全球的今天,会议形式正经历着前所未有的变革。随着信息技术的飞速发展,传统的线下会议模式已逐渐无法满足现代社会对于高效、便捷与灵活性的需求,而数字会议凭借其独特的优势,正逐步成为会议运营的新常态。通过云计算、大数据、人工智能等先进技术的融合应用,数字会议不仅实现了远程实时互动、高效信息共享,还极大地降低了会议组织的成本和时间成本,提高了会议的参与度和影响力。

★思考与践行

在已经基本掌握了现代会议运营的知识的情况下,还应认识到技术赋能会议创新的必然性和重要性,数字会议有着高效、便捷、低成本、全球化、互动性强等多方面的优势。它不仅适应了现代社会对高效沟通和灵活协作的需求,还通过技术创新推动了会议形式的升级和行业的数字化转型。对于会议运营的学习者来说,理解数字会议的作用,掌握其应用场景和运营技巧,是适应数字化时代会议需求的重要基础。通过进一步深入学习,能够更好地理解技术如何赋能会议运营,为未来的职业发展奠定坚实基础。

 项目说明

本项目首先简要介绍数字会议,了解数字会议产生的背景、数字会议的定义、特点、应用场景等;其次介绍数字会议支撑技术并重点介绍新技术在数字会议领域的应用;最后介绍数字会议的重要性和未来发展趋势。

本项目将帮助了解数字会议行业现状、挑战和发展趋势,建立起对数字会议初步认知,不断提升自己的技术素养和运营能力,以适应数字化时代的会议需求,能够更好地应对未来会议运营的挑战,为行业发展注入新的活力。

 **项目框架**

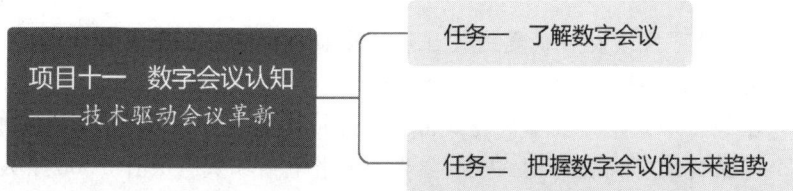

任务一　了解数字会议

 **任务说明**

本任务通过讲解数字会议产生的背景、数字会议的概念、特点、应用场景、会议功能需求等内容,使学生对数字会议运营形成初步认知。通过本任务的学习,应该能够回答以下这些问题:数字会议是什么? 数字会议产生的背景是什么? 数字会议的特点是什么? 数字会议应用的场景有哪些? 分别需要什么功能?

任务实施

一、数字会议的定义与特点

(一) 数字会议的定义

数字会议(Digital Conference),是指利用互联网、云计算、大数据、人工智能等数字技术,通过线上平台或工具实现远程会议组织、参与、互动、记录等全流程线上化、智能化的会议形式。它打破了传统线下会议在时间、空间和资源上的限制,使参与者能够通过电子设备(如电脑、智能手机、平板等)随时随地接入会议,完成交流、讨论、决策等目标。

(二) 数字会议的特点

(1) 远程参与。参会人员无须聚集在同一物理空间,可通过网络连接参与会议。

(2) 实时互动。数字会议支持音视频通话、屏幕共享、实时聊天、投票等多种互动形式。

(3) 技术支持。依托云计算、大数据、人工智能等技术,数字会议可以提供稳定、高效的会议体验。

(4) 高效便捷。节省时间、成本和资源,提高会议组织的灵活性和效率。

(5) 数据化管理。通过数据分析工具记录会议过程、参会者行为及反馈,为优化会议提供依据。

实例 11-1

2023 年全球可持续发展数字峰会

一、会议背景

随着全球对可持续发展议题的关注度不断提升,2023 年全球可持续发展数字峰会(Global Sustainable Development Summit,GSDS 2023)于 2023 年 9 月 15 日至 17 日以全线上形式举办。本次会议由国际可持续发展协会(ISDA)主办,吸引了来自 85 个国家的政府代表、企业高管、学者及非营利组织成员共计 5 000 余人参与,共同探讨气候变化、绿色能源、循环经济等核心议题。

二、会议议程

(1) 主论坛演讲:联合国环境规划署官员、知名企业 CEO 及诺贝尔奖得主通过视频连线发表主题演讲。

(2) 分论坛研讨:设置 12 个平行分论坛,采用 Breakout Rooms 功能实现小组讨论。

(3) 虚拟展览厅:通过 3D 虚拟展台展示环保技术成果,参会者可在线浏览并与企业代表一对一洽谈。

三、数字会议的优势体现

(1) 多语言支持:提供英语、西班牙语、中文的同声传译,并配备 AI 实时字幕,确保非英语母语参会者的参与体验。

（2）突破地域限制：线上形式使非洲、南美等地区的代表无须长途跋涉即可参会，参会人数较往届线下会议增长 40%。

（3）降低成本：主办方节省场地租赁、差旅接待等费用约 60 万美元；参会人员免去签证、机票等开支，学生注册费仅为线下会议的 20%。

（4）增强互动与数据沉淀：会议通过实时投票工具收集观众反馈，演讲者即时调整内容，同时会议内容全程录制，会后生成数据分析报告（如热点议题关注度），供参会者回看。

（5）环保效益显著：据测算，线上模式减少碳排放约 450 吨，契合会议可持续发展主题。

四、挑战与解决方案

（1）网络稳定性：提前要求演讲者录制备用视频，并为关键环节安排技术保障团队。

（2）时区差异：将核心议程安排在 UTC+0 时区的白天，并提供 24 小时录播回放。

GSDS 2023 展示了数字会议在全球化、成本控制及环保方面的独特价值。未来，结合 VR/AR 技术实现沉浸式会议体验、利用 AI 优化匹配洽谈等功能，将进一步推动数字会议的创新。

二、数字会议的应用场景

数字会议作为现代会议运营的重要形式，凭借其高效、便捷、低成本的优势，正在被广泛应用于各个领域。结合其技术特点、功能优势以及适用场景，大致可分为如下几种应用场景。

（一）企业内部会议

企业内部会议是数字会议最常见的应用场景之一，包括日常例会、项目讨论、部门协调、员工培训等。数字会议打破了传统线下会议的地域限制，使分布在不同地区的团队成员能够实时沟通和协作，具体如表 11-1 所示。

表 11-1　企业内部会议

会 议 需 求	具 体 功 能 要 求
实时音视频沟通	确保沟通的流畅性和清晰度
屏幕共享与协作	参会人员可以共享屏幕、文档或应用程序，便于展示和讨论工作内容
会议记录与回放	会议内容可自动记录并保存，方便后续查阅或分享给未参会人员

（二）学术会议与教育研讨会

学术会议和教育研讨会是知识传播与交流的重要平台。数字会议为学者、教育工作者和学生提供了便捷的参与方式，尤其在国际学术交流中，数字会议的优势更加明显，适用于如国际学术会议与论文发表、在线教育研讨会与公开课、科研团队的项目讨论与成果分享等场景，具体如表 11-2 所示。

表 11-2　学术会议与教育研讨会

会议需求	具体功能要求
多语言支持	通过实时翻译和字幕功能，消除语言障碍，促进国际交流
虚拟分会场	支持同时进行多个分会场讨论，参会人员可根据兴趣选择参与
互动工具	提供问答、投票、聊天等功能，增强参会人员的参与感

（三）政府与公共服务会议

政府部门通过数字会议进行政策讨论、工作部署、公共服务和应急管理。数字会议不仅提高了政府工作效率，还为公众提供了更便捷的参与渠道，适用于如政府内部工作协调与决策会议、公共服务咨询与听证会、突发事件应急指挥与协调等场景，具体如表 11-3 所示。

表 11-3　政府与公共服务会议

会议需求	具体功能要求
高安全性	采用加密技术，确保会议内容的安全性和隐私性
与会者众多	支持数千人同时在线参会，适用于大型公共会议
实时互动与反馈	通过投票、问卷调查等功能，收集公众意见和反馈

（四）行业峰会与商务活动

行业峰会与商务活动是企业和机构展示实力、拓展合作的重要平台。数字会议为这些活动提供了全新的组织形式，使全球参与者能够轻松接入，适用于如行业峰会与论坛、企业新品发布会与产品推介会、商务洽谈与合作对接会等场景，具体如表 11-4 所示。

表 11-4　行业峰会与商务活动

会议需求	具体功能要求
虚拟展台与展览	支持 3D 虚拟展台设计，参展商可展示产品并与观众互动
商务洽谈与对接	提供一对一或小组洽谈功能，促进商务合作
数据分析与追踪	记录参会人员的行为数据，为后续营销和客户管理提供依据

(五) 培训与教育类会议

培训与教育类会议是知识传递和技能提升的重要形式。数字会议为培训师和学员提供了灵活的学习方式，尤其适合远程教育和企业内训，适用于如企业员工培训与技能提升会、在线教育课程与研讨会、职业资格认证培训会等场景，具体如表 11-5 所示。

表 11-5　培训与教育类会议

会 议 需 求	具 体 功 能 要 求
互动教学工具	支持白板、实时问答、分组讨论等功能，提升教学效果
课程录制与回放	培训内容可录制并保存，方便学员复习或未参加者学习
学习效果评估	通过测试、问卷调查等功能，评估学员的学习效果

(六) 社交与文化活动会议

数字会议不仅用于正式场合，还可用于社交与文化活动会议，如线上婚礼、虚拟音乐会、文化沙龙等。这种形式为人们提供了全新的社交体验，具体如表 11-6 所示。

表 11-6　社交与文化活动会议

会 议 需 求	具 体 功 能 要 求
沉浸式体验	通过虚拟现实(VR)技术，提供沉浸式的社交体验
创意互动	支持虚拟礼物、表情包、背景替换等趣味功能，增强互动性
跨地域参与	使分布在不同地区的亲友能够共同参与活动

数字会议的应用场景涵盖了企业内部会议、学术交流、政府服务、行业峰会、教育培训、社交活动等多个领域。通过数字会议平台，会议运营不仅能够实现高效、便捷的沟通，还能通过技术创新提升参与者的体验和会议的效果。

实例 11-2

国家会议中心数字会议系统建设情况

国家会议中心位于北京奥林匹克公园中心区，总建筑面积 53 万平方米，主体建筑面积 27 万平方米，拥有国内最大的会议厅(可容纳 6 000 人)、大宴会厅(可举办 3 500 人的宴会)以及近 100 个大小各异的会议室，是举办各类会议、展览和大型活动的理想场所。为了满足各类国际会议、论坛、展览等活动的需求，国家会议中心建设了一套先进的数字会议系统。国家会议中心涵盖了大会堂、宴会厅、报告厅、多功能厅、报告厅以及中小型会议室等多种类型的会议场地。

一、国家会议中心数字会议系统设计原则

（1）先进性。采用当时最先进的数字会议技术，确保系统在未来一段时间内保持领先地位。

（2）可靠性。系统采用双机热备份、多种保护措施等技术，确保系统稳定可靠运行。

（3）实用性。系统设计紧密结合会议现场环境和实际使用需求，确保系统易用、好用。

（4）节能环保。系统采用资源共享、无线设备等技术，降低能耗，提高设备利用率。

二、国家会议中心数字会议系统

该系统主要由以下子系统组成：

（1）数字发言讨论系统。采用全数字音频传输及控制技术，支持发言、讨论、表决等功能。

（2）红外同声传译系统。采用红外辐射传播系统，支持多语种同声传译，并具备抗干扰、保密性强等特点。

（3）高速电子表决系统。采用全数字技术，支持快速、准确的数据处理，并具备双机热备份功能。

（4）无线会议系统。采用红外和 RF 传输技术，支持无线发言、讨论等功能，并具备灵活、便捷的特点。

任务二　把握数字会议的未来趋势

⚓ 任务说明

本任务帮助了解数字会议的作用以及未来的发展趋势。作为会议运营策划人员应当理解数字会议的实际价值，并将其应用于未来的会议运营中，成为工作中非常重要的一部分。通过系统学习数字会议的未来趋势，可以更好地把握行业发展的前沿动态，为未来的职业发展做好准备。通过本任务的学习，应该能够回答以下这些问题：数字会议的作用是什么？未来发展趋势有哪些？如何提升用户体验？

◎ 任务实施

一、数字会议的作用

数字会议的作用体现在其高效、便捷、低成本、全球化、互动性强等多方面的优势。它不仅适应了现代社会对高效沟通和灵活协作的需求,还通过技术创新推动了会议形式的升级和行业的数字化转型。数字会议不仅是技术进步的产物,更在现代会议运营的发展中起到了不可或缺的重要作用。

(一) 提升会议效率

传统线下会议通常需要参会者提前安排时间、预订场地、协调交通等,这些流程不仅耗时,还可能导致会议延误或取消。数字会议通过互联网技术实现了远程实时沟通,参会者只需要通过电子设备即可接入会议,无须考虑地理位置和时间差异。

(二) 降低会议成本

传统线下会议的成本包括场地租赁、设备租赁、交通费用、住宿费用、餐饮费用等,这些成本对于中小型企业或非营利组织来说可能是一笔不小的负担。数字会议通过互联网技术,大幅降低了这些成本,同时数字会议减少了纸张、能源等资源的消耗,符合绿色环保的理念。

(三) 扩大会议参与范围

传统线下会议通常受限于场地容量和地理位置,导致许多潜在参会者无法参与。数字会议通过互联网技术,打破了这些限制,使全球范围内的参会者都能轻松接入,数字会议可以吸引来自不同国家和地区的人员参会,扩大了会议的影响力,同时为偏远地区或行动不便者提供了平等的参与机会。

(四) 增强会议互动性

传统线下会议的互动通常局限于面对面交流,而数字会议通过技术手段提供了更多互动工具如(聊天、投票、问答、分组讨论等),增强了参会者的参与感和互动性。同时还可以通过分析参会者的行为数据,让组织者可以了解参会者的需求和反馈,优化会议内容和形式,提供个性化的会议内容和互动方式。

(五) 支持突发事件应对

在自然灾害等突发事件中,传统线下会议难以开展,而数字会议能够迅速替代线下会议,确保会议活动的连续性。

(六) 推动技术创新与行业发展

数字会议融合了云计算、人工智能、虚拟现实等前沿技术,推动了会议形式的创新和升级,如 AI 语音识别、实时翻译、虚拟背景等,可以提升会议的智能化水平,而元宇宙会议则可以为参会者提供沉浸式的虚拟会议体验。

(七) 促进全球化与跨文化协作

数字会议为全球范围内的信息流通和知识共享提供了高效平台,促进了国际合作与交流,使分布在不同国家和地区的团队能够实时沟通和协作。通过多语言翻译、实时字幕等功能,数字会议消除了语言障碍,使不同文化背景的参会者能够顺畅沟通。

二、数字会议的未来发展趋势

数字会议未来将围绕技术创新、模式创新和体验创新三大方向快速发展。技术创新,例如云计算、AI、5G 和区块链将提升会议效率和安全性;模式创新,例如线上线下融合、VR(虚拟现实)及 AR(增强现实)会议和混合办公将重塑会议形式;体验创新,例如沉浸式会议、个性化服务和无障碍设计将优化参会体验。此外,元宇宙会议和数据驱动的会议优化等趋势将进一步推动数字会议向智能化、个性化和沉浸化发展。

(一) 技术创新发展

技术创新是推动数字会议发展的核心动力。未来,数字会议将在以下技术领域实现突破。

1. 云计算与边缘计算

云计算为数字会议提供了强大的计算和存储能力,支持大规模并发会议和弹性扩展。未来,边缘计算将进一步降低延迟,提升实时互动的流畅性,特别是在高清视频传输和虚拟现实应用中。

2. 人工智能(AI)

AI 技术将在数字会议中发挥更大作用,包括智能语音识别、实时翻译、虚拟助手等。例如,AI 助手可以自动生成会议纪要、分析参会者情绪,甚至根据会议内容提出建议。

3. 5G 技术

5G 技术的普及将为数字会议提供高速、低延迟的网络连接,支持超高清视频传输和大规模并发会议,进一步提升会议体验。

4. 区块链技术

区块链技术可以为数字会议提供去中心化的数据存储和验证机制,确保会议记录的透明性和不可篡改性。例如,会议决议和投票结果可以通过区块链技术永久保存。

5. 情感计算与情绪识别

通过情感计算技术,数字会议平台可以识别参会者的情绪状态,实时调整会议节奏和内容,提升参会者的满意度和参与感。

(二) 模式创新发展

随着用户需求的多样化和技术的进步,数字会议的模式将不断创新,呈现出以下趋势。

1. 线上线下融合(OMO)

未来,纯线上或纯线下的会议模式将逐渐被线上线下融合模式取代。通过数字技术,线下会议可以同步直播,线上参会者可以实时互动,实现无缝衔接。

2. VR 与 AR 会议

VR 和 AR 技术将为数字会议带来沉浸式体验。参会者可以通过虚拟形象(Avatar)进入虚拟会议室,进行更加自然的互动。例如,Meta 的 Horizon Workrooms 已经展示了元宇宙会议的潜力。

3. 混合办公与分布式会议

随着远程办公的普及,混合办公模式将成为常态。数字会议将支持分布式团队的高效协作,打破地域限制,实现全球范围内的实时沟通。

4. 按需会议与微会议

未来,会议形式将更加灵活,按需会议和微会议(如 15 分钟内的快速讨论)将成为常态,满足高效沟通的需求。

5. 绿色会议与可持续发展

数字会议将更加注重环保和可持续发展。通过减少差旅、节约资源,数字会议将成为绿色会议的重要形式,符合"碳中和"目标。

(三) 体验创新发展

用户体验是数字会议发展的关键。未来,数字会议将在以下方面提升用户体验。

1. 沉浸式会议体验

通过 VR 和 AR 技术,数字会议将提供更加沉浸的体验。参会人员可以在虚拟会议室中自由走动、交流,甚至进行虚拟的握手和拥抱,极大地提升了会议的参与感和互动性。

2. 个性化会议服务

未来,数字会议平台将根据参会者的兴趣、需求和习惯,提供个性化的会议内容和互动方式。例如,智能推荐系统可以根据参会人员的职业背景推荐相关议题和演讲者。

3. 无障碍会议体验

数字会议将更加注重包容性,为残障人士提供无障碍会议体验。例如,通过实时字幕、语音转文字等功能,帮助听障人士参与会议。

4. 社交化会议体验

未来,数字会议将更加注重社交功能,为参会人员提供虚拟社交空间。例如,在会议间隙,参会人员可以在虚拟休息室中自由交流,增强社交体验。

5. 智能化会议管理

通过 AI 和大数据技术,会议管理将更加智能化。例如,智能日程管理系统可以根据参会人员的时间安排自动协调会议时间。

(四) 元宇宙会议

元宇宙作为下一代互联网的雏形,将为数字会议带来全新的体验。参会人员可以通过虚拟形象进入虚拟会议室,进行更加自然和沉浸式的互动。

(五) 数据驱动的会议优化

通过大数据分析,会议组织者可以实时了解参会人员的行为和反馈,优化会议内容和形式,提升会议效果。

(六) 跨界融合与创新应用

数字会议将与其他领域(如教育、医疗、娱乐等)深度融合,创造出新的应用场景。例如,虚拟课堂、远程医疗会诊等。

随着科技的飞速进步与数字化转型的深入,数字会议正逐步成为连接全球智慧、促进高效协作的新常态。展望未来,数字会议将推动会议行业向更加智能化、个性化和沉浸化的方向发展,数字会议将不仅是一种沟通工具,更将成为一种全新的会议体验和运营模式。

实例 11-3

元宇宙会议

——以 Meta Horizon Workrooms 为例

在数字化浪潮席卷全球的今天,会议形式正经历着前所未有的变革。随着信息技术的飞速发展,传统的线下会议模式已逐渐无法满足现代社会对于高效、便捷与灵活性的需求,而数字会议凭借其独特的优势,正逐步成为会议运营的新常态。随着 VR 和 AR 技术的快速发展,元宇宙会议作为一种全新的会议形式,正在改变人们对传统会议的认知。元宇宙会议通过虚拟环境模拟真实会议场景,为参会者提供沉浸式的互动体验。Meta 推出的 Horizon Workrooms 是元宇宙会议的典型代表,展示了未来会议的全新可能性。

Horizon Workrooms 是 Meta 推出的一款基于 VR 的会议平台,旨在为用户提供沉浸式的虚拟会议体验。参会者通过佩戴 VR 设备(如 Oculus Quest 2),可以进入一个虚拟会议室,与其他参会者进行实时互动。

1. 虚拟会议室设计

Horizon Workrooms 提供了一个高度仿真的虚拟会议室,参会者可以围绕虚拟会议桌坐下,看到其他参会者的虚拟形象(Avatar)。会议室还配备了虚拟白板、屏幕共享等功能,方便参会者展示和讨论内容。

2. 沉浸式互动体验

参会者可以通过虚拟形象进行自然互动,例如举手发言、在白板上书写、传递虚拟文件等。VR 技术还支持手势识别和语音输入,使互动更加直观和高效。

3. 跨平台协作

Horizon Workrooms 支持与传统视频会议工具(如 Zoom)的集成,使未佩戴 VR 设备的参会者也能通过视频接入虚拟会议室,实现跨平台协作。

4. 个性化设置

参会者可以根据个人喜好自定义虚拟形象和会议室环境,例如选择不同的服装、调整座位位置等,提升会议的个性化体验。

Horizon Workrooms 的成功表明,元宇宙会议不仅是技术进步的体现,更是未来会议形式的重要发展方向。通过沉浸式体验和自然互动,元宇宙会议能够显著提升参会者的参与感和满意度,为会议运营注入新的活力。对于会议运营的学习者来说,了解元宇宙会议的技术特点和应用场景,是把握未来会议趋势的重要基础。未来,随着 VR 和 AR 技术的不断成熟和普及,元宇宙会议将在更多领域发挥重要作用,为人类社会的信息交流和知识共享提供强有力的支持。

技能训练

一、单项选择题

1. 数字会议的核心技术支撑不包括( )。

A. 音视频传输技术　　　　　　　　B. 云计算与分布式架构

C. 区块链技术　　　　　　　　　　D. 传统纸质记录

2. ( )能够显著降低数字会议的延迟。

A. 5G 网络　　　　　　　　　　　B. 区块链

C. 大数据分析　　　　　　　　　　D. 传统电话会议

3. 数字会议中,实时字幕生成主要依赖( )技术。

A. 人工智能　　　　B. 云计算　　　　C. 虚拟现实　　　　D. 区块链

4. ( )是数字会议在提升效率方面的主要优势。

A. 需要预订场地　　　　　　　　B. 打破时间与空间限制

C. 增加差旅成本　　　　　　　　D. 依赖纸质文件

5. 数字会议的成本优势主要体现在( )。

A. 增加场地租赁费用　　　　　　B. 减少差旅和资源消耗

C. 提高纸张使用量　　　　　　　D. 增加设备租赁费用

6. ( )是数字会议在扩大参与范围方面的优势。

A. 仅限于本地参会者　　　　　　B. 打破地域限制,支持全球参与

C. 增加参会者的交通成本　　　　D. 依赖线下场地容量

7. 数字会议中,( )可以增强参会者的参与感。

A. 实时聊天与投票　　　　　　　B. 传统电话会议

C. 纸质签到表　　　　　　　　　D. 线下分组讨论

8. 在突发事件中,数字会议的主要作用是( )。

A. 增加组织难度　　　　　　　　B. 确保会议活动的连续性

C. 提高差旅成本　　　　　　　　D. 依赖线下场地

9. ( )能够为数字会议提供沉浸式体验。

A. 虚拟现实(VR)　　　　　　　B. 传统电话会议

C. 纸质记录　　　　　　　　　　D. 电子邮件

10. 元宇宙会议的主要特点是( )。

A. 依赖线下场地　　　　　　　　B. 提供沉浸式虚拟会议体验

C. 增加差旅成本　　　　　　　　D. 仅限于本地参会者

11. 数字会议的创新模式有( )。

A. 线上线下融合　　　　　　　　B. VR

C. 分布式会议　　　　　　　　　D. 以上全部

12. 数字会议可运用在( )场景中。

A. 企业内部会议　　　　　　　　B. 企业与公共服务会议

C. 行业峰会　　　　　　　　　　D. 以上全部

13. ( )是数字会议在提升参会者体验方面的创新。

A. 增加差旅成本　　　　　　　　B. 提供个性化会议服务

C. 依赖线下场地　　　　　　　　D. 减少互动工具

14. 数字会议中,( )可以识别参会人员的情绪状态。

A. 情感计算　　　　　　　　　　B. 传统电话会议

C. 纸质签到表　　　　　　　　　D. 电子邮件

15. ( )是数字会议在支持跨文化协作方面的优势。

A. 增加语言障碍　　　　　　　　B. 提供多语言翻译和实时字幕

C. 依赖线下场地　　　　　　　　D. 减少互动

16. 数字会议中,(　　)可以优化会议内容和形式。

A. 大数据分析　　　　B. 传统电话会议　　　C. 纸质记录　　　　D. 电子邮件

17. (　　)是数字会议在绿色环保方面的优势。

A. 增加纸张消耗　　　　　　　　　　B. 减少差旅和资源消耗

C. 依赖线下场地　　　　　　　　　　D. 提高能源消耗

18. 数字会议中,(　　)可以支持大规模并发会议。

A. 云计算　　　　　　　　　　　　　B. 传统电话会议

C. 纸质记录　　　　　　　　　　　　D. 电子邮件

19. (　　)是数字会议在提升社交体验方面的创新。

A. 减少参会者互动　　　　　　　　　B. 提供虚拟社交空间

C. 依赖线下场地　　　　　　　　　　D. 增加差旅成本

20. 数字会议中,(　　)可以自动生成会议纪要。

A. 人工智能　　　　　　　　　　　　B. 传统电话会议

C. 纸质记录　　　　　　　　　　　　D. 电子邮件

二、多项选择题

1. 数字会议的主要技术支撑包括(　　　　)。

A. 音视频传输技术　　　　　　　　　B. 云计算与分布式架构

C. 人工智能　　　　　　　　　　　　D. 区块链技术

2. 数字会议在提升效率方面的优势包括(　　　　)。

A. 打破时间与空间限制　　　　　　　B. 快速组织与响应

C. 增加差旅成本　　　　　　　　　　D. 依赖线下场地

3. 数字会议在降低成本方面的优势包括(　　　　)。

A. 节省场地与差旅费用　　　　　　　B. 减少纸张和能源消耗

C. 增加设备租赁费用　　　　　　　　D. 提高交通成本

4. 数字会议在扩大参与范围方面的优势包括(　　　　)。

A. 打破地域限制　　　　　　　　　　B. 支持全球覆盖

C. 仅限于本地参会者　　　　　　　　D. 提供多元化参与形式

5. 数字会议中常用的互动工具包括(　　　　)。

A. 实时聊天　　　　B. 投票与问答　　　C. 分组讨论　　　　D. 纸质签到表

6. 数字会议在应对突发事件中的作用包括(　　　　)。

A. 快速组织与响应　　　　　　　　　B. 确保会议活动的连续性

C. 增加差旅成本　　　　　　　　　　D. 依赖线下场地

7. 元宇宙会议的主要特点包括(　　　　)。

A. 提供沉浸式虚拟会议体验　　　　　B. 依赖线下场地

C. 支持虚拟形象互动　　　　　　　　D. 增加差旅成本

8. 数字会议在推动行业数字化转型中的作用包括(　　　　)。

A. 促进会展、教育等行业的数字化　　B. 增加纸张消耗

C. 推动技术创新　　　　　　　　　　D. 减少互动

9. 数字会议在提升参会者体验方面的创新包括( )。

A. 提供个性化会议服务　　　　　B. 支持无障碍会议体验

C. 增加差旅成本　　　　　　　　D. 提供沉浸式会议体验

10. 数字会议的未来发展趋势包括( )。

A. 线上线下融合(OMO)

B. 虚拟现实(VR)与增强现实(AR)会议

C. 按需会议与微会议

D. 增加纸张消耗

三、案例分析题

某跨国企业通过腾讯会议平台举办全球年度会议,参会者分布在不同国家和地区。会议组织者通过腾讯会议一键发送邀请、共享议程、上传资料,简化了会议的组织流程。参会者通过高清音视频进行实时沟通,利用屏幕共享功能展示工作内容,通过实时聊天和投票功能参与互动。会议内容被自动记录并保存,参会者可以随时回放会议内容,确保信息的准确传递和后续跟进。

请根据案例思考:

1. 你认为腾讯会议在提升会议效率方面有哪些优势?

2. 如果你是一名会议组织者,你会如何利用腾讯会议的功能提升参会者的参与感?

四、思考论述题

1. 你认为数字会议还有哪些潜在的应用场景?

2. 你参加过哪些印象深刻的数字会议? 请分享你的体验。

3. 请列举数字会议中常用的前沿技术,并说明其作用。

4. 数字会议有什么作用?

5. 请列举数字会议中常用的互动工具,并说明其作用。

6. 如果你是一名参会人员,你希望数字会议提供哪些互动功能?

7. 简要阐述数字会议的未来发展趋势。

五、综合实训题

通过腾讯会议平台,策划并组织一场线上主题讨论会,主题可以是学术研究、社会热点或兴趣分享。请完成以下任务,要求会议时长控制在 30 分钟以内,至少使用腾讯会议的三种功能(如屏幕共享、实时聊天、投票等),提交一份简短的会议总结,包括会议内容、参会者反馈和改进建议。

1. 确定会议主题、目标受众和议程。

2. 创建腾讯会议,设置会议时间、密码和权限。

3. 邀请参会者,发送会议链接和相关资料。

4. 会议中担任主持人或技术支持角色,确保会议顺利进行。

5. 利用腾讯会议的互动工具(如聊天、投票、分组讨论)增强参会者的参与感。

6. 会议结束后,收集参会者反馈,分析会议效果。

项目评价表

学习效果评价表				
任务序号	任务内容	任务清单	权	重
任务一	了解数字会议	数字会议产生的背景	10分	10％
		数字会议的定义与特点	10分	10％
		数字会议的应用场景	20分	20％
		数字会议支撑技术	25分	25％
任务二	把握数字会议的未来趋势	数字会议的作用	15分	15％
		数字会议的未来发展趋势	20分	20％
		合　计	100分	100％

技术能力评价表				
技能序号	技能内容	技能清单	权	重
技能训练一	了解数字会议常识	了解数字会议产生的背景	3分	3％
		掌握数字会议的定义	3分	3％
		知晓数字会议的特征	3分	3％
		了解数字会议的六大应用场景	6分	6％
		区别不同应用场景的会议对数字平台功能要求	6分	6％
		了解数字会议的八大技术支撑	8分	8％
技能训练二	了解数字会议未来发展前景	了解数字会议的意义与作用	6分	6％
		阐述数字会议的未来趋势	10分	10％
		数字会议如何推动会展行业的数字化转型	5分	5％
技能训练三	综合实训	能够更加会议目标撰写线上会议策划方案	15	15％
		能根据不同的应用场景使用合适的平台功能	25	25％
		知晓知名会议场馆的最新数字化设计	10	10％
		合　计	100分	100％

主要参考文献

[1] 叶东茂.浅谈国家会议中心数字会议系统设计及建设[J].智慧建筑与城市信息，2011(01)：74－82.

[2] 金炳良.会议实务[M].上海：华东师范大学出版社，2015.

[3] 庞华.会议运营与管理实务[M].北京：中国旅游出版社，2018.

[4] 陈建国.会议管理实务[M].4版.大连：大连理工大学出版社，2022.

[5] 仲欣.会议运营管理[M].北京：教育科学出版社，2013.

[6] 武少源,肖庆国.会议运营管理[M].北京：中国商务出版社，2023.

感谢您使用本书。为方便教学，我社为教师提供资源下载、样书申请等服务，如贵校已选用本书，您只要关注微信公众号"高职财经教学研究"，或加入下列教师交流QQ群即可免费获得相关服务。

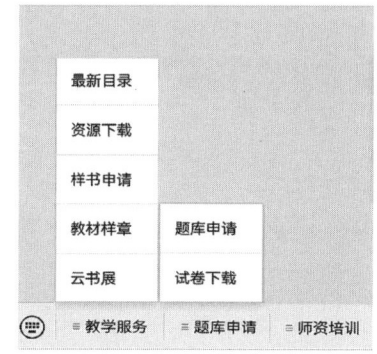

资源下载： 点击"**教学服务**"—"**资源下载**"，注册登录后可搜索相应的资源并下载。
（建议用电脑浏览器操作）

样书申请： 点击"**教学服务**"—"**样书申请**"，填写相关信息即可申请样书。

样章下载： 点击"**教学服务**"—"**教材样章**"，即可下载在供教材的前言、目录和样章。

题库申请： 点击"**题库申请**"，填写相关信息即可申请题库或下载试卷。

师资培训： 点击"**师资培训**"，获取最新会议信息、直播回放和往期师资培训视频。

 联系方式

旅游大类QQ群：142032733

联系电话：（021）56961310　　电子邮箱：3076198581@qq.com